U0623171

教育部高等学校工商管理教学指导委员会旅游会展专业组 规划教材

会议策划实务

主　编　钟　文　刘松萍

副主编　刘红霞　郭晓慧

Huiyi Cehua Shiwu

重庆大学出版社

总　序

　　进入 21 世纪以来，我国社会经济的飞速发展，综合国力不断增强，国际贸易发展风驰电掣，会展经济也迅速成为中国经济的新亮点，在中国经济舞台上扮演着越来越重要的角色。我国正逐渐步入产业升级的关键时期。这一时期，会展业持续快速发展的关键是需要大量的优秀专业人才作为支撑，而目前市场还存在很大的会展专业人才供给缺口。为了适应国内对会展人才需求日益增长的需要，我国各类高校纷纷开设了会展专业或与之相关的专业方向。据不完全统计，截至 2011 年 7 月，在全国范围内(不含港澳台)开设会展专业的高校达 96 所，涵括专业方向的高校(包括本科、高职高专院校)则已超过百所，这在一定程度上缓解了我国会展人才紧缺的现状。但是由于我国会展教育起步较晚，在课程体系设计、教材建设和师资队伍建设等方面还有待完善，培养出来的学生在知识结构、职业素养和综合能力等方面往往不能满足市场需求。尤其是目前国内会展教材零散、低层次重复并且缺乏系统性的情况比较突出，在很大程度上制约了我国会展教育和会展业的发展。因此，推出一套权威科学、系统完善、切合实用的全国高职高专会展策划与管理专业系列教材势在必行。

　　中国的会展教育发展刚刚超过 10 年时间，但我国的会展教育经过分化发展，已经形成了学科体系的基本雏形。如今，会展专业已经形成中等职业教育、高职高专、普通本科和研究生教育这样完整的教育层次体系，这展示了会展教育发展的历程和成果，同时也提出了学科建设中的一些迫切需要解决和面对的问题。其中最重要的一点，就是如何在不同教育层次和不同的教育类型上对会展教育目标和教育模式进行准确定位。为此,重庆大学出版社策划组织了国内众多知名高等院校的著名会展专家、教授、学科带头人和一线骨干教师参与编写了这套全国高职高专会展策划与管理专业系列教材,以适应中国会展业人才培养的需要。本套教材的修订出版旨在进一步完善全国会展专业的高等教育体系,总结中国会展产业发展的理论成果和实践经验,推进中国会展专业的理论发展和学科建设,并希望有助于提高中国现代会展从业人员的专业素养和理论功底。

本套教材定位于会展产业发展人才需求数量最多和分布面最广的高职高专教育层次,是在对会展职业教育的人才规格、培养目标、教育特色等方面的把握和对会展职业教育与普通本科教育的区别理解以及对发达国家会展职业教育的借鉴基础上编写而成的。另外,重庆大学出版社推出的这套全国高职高专会展策划与管理专业系列教材,其意义将不仅仅局限在高职高专教学过程本身,而且还会产生巨大的牵动和示范效应,将对高职高专会展策划与管理专业的健康发展产生积极的推动作用。

在重新修订出版这套教材的过程中,我们力求系统、完整、准确地介绍会展策划与管理专业的最新理论成果,围绕培养目标,通过理论与实际相结合,构建会展应用型高职高专系列教材特色。本套教材的内容,有知识新、结构完整、重应用等特点。教材内容的要求可以概括为精、新、广、用。"精"是指在融会贯通教学内容的基础上,挑选出最基本的内容、方法及典型应用;"新"指尽可能地将当前国内外会展产业发展的前沿理论和热点、焦点问题收纳进来以适应会展业的发展需要;"广"是指在保持基本内容的基础上,处理好与相邻及交叉学科和专业的关系;"用"是指注重理论与实际融会贯通,突出职业教育实用型人才的培养定位。

本套教材的编写出版是在教育部高等学校工商管理类学科专业教学指导委员会旅游与会展专业组的大力支持和具体指导下,由中国会展教育的开创者和著名学者、国内会展旅游教育界仅有的国家级教学成果奖获得者和国家级精品课程负责人、教育部高等学校工商管理类学科专业教学指导委员会旅游与会展专业组组长、中国会展经济研究会创会副会长马勇教授担任总主编。参与这套教材编写的作者主要来自于上海旅游高等专科学校、上海工程技术大学、上海新侨职业技术学院、湖北大学、武汉职业技术学院、湖北经济学院、湖北职业技术学院、浙江旅游职业学院、桂林旅游高等专科学校、广西国际商务职业技术学院、金华职业技术学院、昆明冶金高等专科学校、昆明学院、沈阳职业技术学院、广东交通职业技术学院、顺德职业技术学院、深圳职业技术学院等全国 40

多所知名高校。在教材的编写过程中，重庆大学出版社还邀请了全国会展教育界、政府管理界、企业界的知名教授、专家学者和企业高管进行了严格的审定，借此机会再次对支持和参与本套教材编审工作的专家、学者和业界朋友表示衷心的感谢。

本套教材的第一批选题已于2007年7月后陆续出版发行了21本，被全国众多高职院校以及会展企业选作学生教材和培训用书，得到广大师生和业界专家的广泛认可和积极使用。这套教材中一部分已被列选为国务院国资委职业技能鉴定和推广中心全国"会展管理师"培训与认证的唯一指定教材，以及全国会展策划与管理专业师资培训用书，等等。本套教材的作者队伍大多是国内会展学科领域的带头人和知名专家，涉及的专业领域十分广泛，包括了经济学、管理学、工程学等多方面；参与编写的会展业界人士，不仅长期工作在会展管理领域的第一线，而且许多还是会展业界精英。另外，作为国内高校第一套全国高职高专会展策划与管理专业系列教材，在选材内容和教材体系方面都是动态开放的。随着中国会展业的持续健康发展，为确保系列教材的前沿性和科学性，我们也会不断对该套教材进行再版修订，以及增补新的选题，欢迎各高校会展学科的学术带头人和骨干教师积极申报选题并参与编撰！

本套教材由于选题涉及面广、加之编写修订时间紧，因而不足和错漏之处在所难免，恳请广大读者和专家批评指正，以便我们不断完善。最后，我们期待这套新修订出版的全国高职高专会展策划与管理专业系列教材能够继续得到全国会展专业广大师生的欢迎和使用，能够在会展教育方面，特别是在高职高专教育层次的人才培养上起到积极的促进作用，共同为我国会展业的发展作出贡献。

全国高职高专会展策划与管理专业规划教材
编 委 会
2013 年 2 月

前　言

本书在汲取国内外会议学研究成果的基础上，紧密结合我国各种会议工作的实际，从会议策划的角度，融汇了国内外最新的会议策划与组织管理的理论、模式和经验，阐述了会议的概念与特点，会议的功能，会议的管理，会议的质量，会议的类型，会议的预算、审核、成本控制，会议营销策略，会议的信息工作，会议文件的拟制、印制与分发，会议视听设备的类型及使用，会议管理工作，会议的检查工作、联络工作、善后工作，以及秘书如何参加会议的组织与服务。对于从事会议组织、策划、管理、服务和承办的人员来说，本书可作为一本既有理论基础又有实践价值的基础教材，可供其学习和参考。本书在理论上有一定的前瞻性，体现了会议策划组织理论体系的完整性，并结合我国办会的实际情况，介绍了部分会议策划与组织工作中成熟的操作方法、原则、流程和成功范例。本书注重理论学习和实践操作相结合，以培养学生分析和解决问题的能力。本书理论与实务均衡合理，可操作性强，案例分析得当。

本书由钟文、刘松萍任主编，刘红霞、郭晓慧任副主编。钟文负责全书的总体设计和统稿，刘松萍负责框架设计和主审工作；刘红霞负责项目 1 和项目 5 的编写；郭晓慧负责项目 2 和项目 6 的编写。

由于学识水平有限,加上时间仓促,书中难免存在不足之处,恳请同仁及各界人士不吝赐教,以便今后进一步修订和完善。

编 者
2016 年 6 月

目 录 CONTENTS

项目 1
会议概述

任务 1 会议概念与特点

1.1.1 会议的概念

1) 会议的概念

会议活动是人类社会自古以来就有的一种社会现象，是一种交流、沟通、解决问题的方式和途径。

从字面上看，"会议"一词中的"会"有聚集、见面、会合等意思，"议"则指商讨、讨论。"会"与"议"合起来则是"会而议之"，即聚集起来进行商议、讨论，以解决一定的问题。《现代汉语词典》中对"会议"的解释是"有组织有领导地商议事情的集会"。孙中山先生在《民权初步》中也谈到："凡研究事理而为之解决，一人谓之独思，二人谓之对话，三人以上而循有一定规则者，则谓之会议。"从这个层面理解，会议是一种围绕特定目标进行的、组织有序的，以口头交流或书面交流为主要方式的群体性、多向性沟通和商议的活动。它具有集思广益、传达、交流、沟通、共享信息和支持决策的功能。

目前国内所谈及的广义上的会议概念涉及面较宽，即"MIC"：一般性会议、奖励性会议（如活动或旅游）、大型会议。而国外则更偏重于将广义的会议活动称为"event"，而且是"business event"，反映和强调了会议产业的性质与功能。会议越来越被视为一种商业性的（或具有商业功能的），能带来商业效益的事件活动。会议的功能在"商议和解决问题"之余，其具有的经济和商业意义更催生了"会议产业"的迅速发展。

我们可以这样认为：会议是会议组织者或主办者为达到一定的商务目的而举行的一种活动，包括企业内部或企业间就某些商务话题或就商务事宜进行商议、讨论的各种会议，以及以商业活动运作模式组织的，向社会公开的，旨在进行经济、教育、科学、文化、体育等领域的传播交流而举办的会议。

随着社会的发展，会议的范畴也在扩大，人们对会议的理解也越来越宽泛。通常来说，会议是由组织（协会）、个人或企业（单位），出于建立人际关系网络、教育或探讨某一商务话题等目的而进行的事件。会议的组织者可以是非营利性机构,也可以是营利性机构。专门筹划会议的营利性机构通常被称为会议公司。企业类论坛、企业新品发布会、记者会、营销活动、品牌展示会及各类招商会、促销会、交易会、答谢会、大型商演、巡展活动等均属于会议;媒体公关记者会、明星见面会、商务茶话会和座谈会、大型研讨会(如全国名牌大学 MBA 教学研讨会)、大型体育赛事(如亚运会)也属于现代会议的范畴。

2) 会议的内涵

会议内涵主要体现在两个方面:一方面是企业内部、企业之间或社团组织之间以商务工作为主题的会议。这类会议主要是企业会议,可分为两类:第一类是企业内关于商务决策的行政性会议,常由企业的行政部负责;第二类是营销思路的会议,由企业市场部或公关部负责。这两类会议包括了企业年会、培训会,以及企业营销、公关、客户和渠道等方面的会议。另一方面是以商业运作为主导、市场概念为主体的会议,即以商业模式运作的会议,其涵盖的会议主办方可包括企事业机构、社团协会及政府,而其组织、策划等工作则通常由一个或几个收取一定费用的企业或单位承担。这类市场化运作的会议更趋专业化和规范化,也将成为会议产业发展的必然趋势之一。

1.1.2 会议的特点

1) 组织性

会议必须要有一定的组织和计划,是一项组织有序的活动。一般的会议都有会议主持人,大型的会议通常还专门设立会议组织机构,包括主席团、秘书组、会务组等。组织一场会议,常常要经过确定会议目标、制定会议议题、选择会场、确定会议时间等一系列程序。会议活动只有具备高度的组织性,才能有序地进行,进而使会议目标得以实现。

2) 功利性

会议主办者是为了某一明确的目的而决定开展会议活动的,与会议相关的单位和部门也大多有自己的目的,或能获得一定的利益,因此会议具有明显的功利性。与会议相关的单位,尤其是商业化运作的会议服务公司,更是以承办会议作为其赢利的主业务。会议的协办单位、支持单位、赞助单位等也能通过会议获得一定的形象或经济效益。如企业常见的拓展年会,一方面是要实现企业激励员工士气、营造良好的组织氛围、深化内部的沟通、增进目标的认同等人力资源管理目标;另一方面负责拓展年会策划与操作的策划公司或旅行社也要追求其经济效益的实现。如2013年生物产业技术研讨会的主办者——中国生物工程学会通过会议获得了循环经济及可持续发展的一定发展思路,其承办者《生物产业技术》杂志社也获得了扩大其影响的效果,作为协办单位的江苏生命科技创新产业园也收获了关于其产业发展新的趋势和路径的信息。

3)沟通性

无论是大型会议还是小型会议,都是一种群体沟通活动。会议各方都是通过会议中的沟通和交流获得信息,从而解决问题,或收获新的思路,因而会议具有沟通性。缺乏沟通和交流的会议,很难想象其效果会是令人满意的。会议中面对面的群体沟通也是最直观、最直接、最符合人类本真的沟通方式。

4)可行性

会议的可行性是指会议活动在明确目标的前提下,还必须具备召开会议的现实性条件,而且要确保会议一旦召开就一定要有结果,以免做无用功或造成资源浪费。尤其是现代越来越多的大型会议,牵涉甚广,花费较多,更要考虑会议举行的可行性。

5)复杂性

如今会议活动的重要性越发显著,召开日趋频密,规模日渐增大,运作的专业化趋势日趋显著,与会议相关的机构和服务公司的作用也日渐凸显。与会议相关的各方、各组织之间的联系越来越紧密,其关系也越来越错综复杂,常常是牵一发而动全身。会议本身就是一项需要兼顾多方、全盘考虑的系统工程,所以说,其具有复杂性。

6)商务性

商务性是商务会议区别于其他会议形式最根本的特点。商务会议的商务性可以从其会议组织者和会议运作模式两方面来理解。首先,会议的组织者是商业环境中的成员之一,其策划和执行的各种会议活动都带有一定的商务目的,注重收入产出比例和工作效率。其次,会议运作模式的商务性指的是在会议策划之初就经过大量的市场调研,预见会议组织中的各种风险,并找出一种可持续的商业模式,运用品牌运营、多种赞助方式等商业操作来促进会议的发展。

任务2 会议的类型

一场会议往往兼具多种属性，难以确切归类。随着会议界定范畴的扩大，会议的分类也更为困难。对于实际操作来说，会议的某些分类实际意义并不大。但是，尽可能地对会议作出有意义的分类，有助于人们更好地认识会议。

1.2.1 会议的分类

1) 按会议的作用分类

不同的会议发挥着不同的作用，因此便有着多种类型的划分。尤其是针对商界企业来说，按会议的作用进行分类，非常有必要。企业的会议大致可以分为如下四种类型：

(1) 行政型会议

行政型会议是指商界的各个企业或单位内部所召开的与其业务、发展、管理相关的工作性和执行性的会议。如行政会、董事会等。

(2) 业务型会议

该类型的会议是指商界的有关单位所召开的与其业务及业务发展相关的专业性、技术性会议。如展览会、展销会、招商会、供货会等。

(3) 群体型会议

群体型会议是指商界各单位内部的群众团体或群众组织所召开的非行政性、非业务性的会议，旨在争取群体权利，反映群体意愿。它虽然不与企业的业务和商务行为直接挂钩，但是这里所涉及的群体利益和意愿往往会影响到企业的日常商务工作，是企业商务活动的有机组成部分。如职代会、团代会等。

(4) 社交型会议

社交型会议是商界各单位以扩大本单位的交际面和人际关系网络为目的而举行的会议。如茶话会、联欢会等。

2) 按会议的性质分类

按会议的性质分类，可分为正式会议和非正式会议。

(1)正式会议

正式会议一般规模较大,层次较高,气氛较为严肃和庄重,会议所涉及的议题往往与企业或单位的发展方针、战略等重大事件相关,会议的操作和执行过程也较为规范和严谨。正式会议通常要合乎一般的公认标准或一定程序。常见的正式会议有企业的年度大会、非常大会(针对特殊事件或非寻常大事而举办的会议)、董事会、委员会议、常务会议、法规会议等。

(2)非正式会议

非正式会议是相对于正式会议而言的,较之正式会议,它的召开频率更高、更普遍,程序和规则相对简化,会议氛围较为轻松、活跃,人数相对较少,与会人员的交流和沟通更为便利和充分。企业内常见的非正式会议有:部门会议、经理会议、情况介绍会议、进度会议和工作会议等。

3)按会议的方式分类

随着社会和科技的发展,会议的召开方式和手段也更为多样化。按会议召开的方式来分,可以分为传统会议和现代电子会议。

(1)传统会议

传统会议中与会者是面对面地围坐在一起召开会议,进行面对面的、直接的、即时实地的商议和交流。这类会议基本上不需要特殊的技术设备,是在过去技术水平比较落后时,各企业或单位的主要会议方式。现在,一些小型的、面对面的、即时性的会议也属于此类。

(2)现代电子会议

相对于传统会议而言,现代电子会议是在技术手段上借助现代通信技术、计算机技术、音像技术等现代化技术,而实现远距离商讨、交流的会议。常见的现代电子会议有远程电话会议、电视会议、计算机网络会议和电子邮件会议。

4)按会议与会人员的地域范围分类

按会议与会人员的地域范围分类,可分为区域性会议、全国性会议和国际性会议。

(1)区域性会议

区域性会议的"区域"既可以是行政区划,也可以是自然区域或经济合作区域。因此,区域性会议是指其与会代表来自于一个国家的同一区域或代表同一区域内若干单位的会议。如珠三角中小企业投融资高峰论坛、第一届广州肿瘤内科高峰论坛。

（2）全国性会议

全国性会议是指其与会人员来自或代表全国各地和各条战线的会议。如中国企业家论坛CEO圆桌会议、中国互联网经济领袖论坛、中国互联网商业论坛等都属于全国性会议。再如创业邦年会，它是中国创业者及创业生态圈的年度盛大聚会，是中国创业者共同切磋成长经验、探寻商业机会、展望商业趋势的重大会议。创业邦年会还推出了一系列旨在鼓励中国创业生态圈，对推动中国高新技术乃至中国经济的发展作出贡献的奖项评选活动。

（3）国际性会议

国际性会议是指与会者来自或代表不同的国家或地区的会议。例如2015年"无线技术世界暨物联网国际高峰会议"，邀请和吸引了众多国际权威无线技术组织和联盟的代表、国内外知名厂商代表、国内外运营商专家参会，是一次全球性高峰论坛。

5）按会议组织主体分类

按会议组织主体分类，可分为会议主办者或组织机构自行组织的会议和专业会议组织机构组织的会议。

（1）会议主办者或组织机构自行组织的商务性会议

这类商务性会议通常就是我们所说的狭义上的会议，即公司或企业因业务、管理、发展等需要而召开的会议。通常出席这类会议的人员素质比较高，一般是企业的管理人员和专业技术人员。

（2）专业会议组织机构组织的会议

该类会议是指会议主办方由于会议需要或出于成本、效率、服务质量等因素的考虑，选择专业会议组织机构来承办和组织会议，专业会议组织机构按一定规则收取会议组织或服务费用。这也可以被理解为会议的商业化运作，它是概念外延扩大的会议。随着会议产业的发展及产业链条的逐步完善，此类会议也越来越频密。

案例：中国的专业会议组织者（PCO）

堪称全球最大的会议产业组织——国际大会协会（ICCA）最近在一篇报告中指出，国际会议未来的两大发展趋势，一是国际会议附设展览会的要求增加；二是"专业会议组织者"（PCO）的角色越来越受到重视。我国的情况也基本类似。20世纪八九十年代,我国的国际会议产业刚刚起步,国际会议的举办在各行各业都是非常重要的活动。那时即使是仅有几百人参加的国际会议,会议主办单位的主要领导都要亲自挂帅,事无巨细,一律过问拍板,甚至由部长亲自决定参会人员所佩戴的名卡样式和颜色。随着我国会议产业的不断发展,在我国举办的国际会议越来越多,会议规模也越来越大,举办国际会议的方式也相应地发生了变化。会议主办单位也开始选择专业会议组织机构作为合作者,将会议的主要会务工作委托给他们来做。目前我国的许多旅游机构都开始组建专门的会议服务部门,但是大多数还只是停留在为国际会议安排住宿、餐饮和提供旅游服务的阶段,还不能扮演专业会议组织机构的角色。笔者认为,由于我国国情的特殊性,我国的专业会议组织机构应具备以下基本资质:

1.应有从事外事活动的授权。由于我国的特殊国情,在我国举办国际会议属于外事活动,要按我国有关外事规定进行组织和筹备。专业会议组织机构应得到这些外事授权,同时它们的工作人员也应熟悉这些外事规定,并按要求及时处理有关事项,例如国际会议的审批手续,国外参会代表来华的签证手续,在国外印刷的论文集的报关手续等等。专业会议组织机构享有这些授权,将会极大地方便国际会议的筹备。

2.应具有丰富的举办国际会议的经验。会议主办单位最缺少的是举办大型国际会议的经验,因为它们很少或根本没有举办过任何国际会议。而专业会议管理机构至少应有几年甚至十几年举办国际会议的经历,至少应有举办过几十甚至上百个相当规模的国际会议的经验。这些经验既要包括为会议安排住宿、饮食旅游等方面服务的经验,更要包括为会议提供会务和学术方面的管理经验,例如制订会议筹备计划、编制会议财务预算、编辑会议通知书、征集论文以及处理参会人员的注册等工作的经验。

3.应具有训练有素的人力资源。举办国际会议是一个组织行为,它需要大量的工作人员,特别是在会议召开期间。按我国财政部有关国际会议财务管理制度的规定,300人以下规模的国际会议,会议代表和工作人员的比例可以是10:1;超过300人的国际会议,超出部分的会议代表和工作人员的比例为15:1。按这个比例计算,举办一个千人的国际会议,工作人员将达到130人,而专业会议组织机构拥有一支训练有素、经验丰富的员工队伍,他们组织同样规模的国际会议,工作人员经常以一当十,通常组织一个上千人的大型国际会议只要20多位工作人员就足够了,减少会议工作人员的意义不仅在于节约大量的人员经费,更重要的是提高工作效率。

4.应具有充足的财力。大型国际会议的筹备需要几年的时间,至少需要几十万元的筹备经费。专业会议组织机构要有充足的资金,用以保证会议筹备期间的部分甚至全部财务支出,直到会议收到会议代表缴纳的注册费。

5.应具有全方位服务的能力。专业会议组织机构应能为会议提供全方位的服务,包括全部的会务、展览、集资和财务管理、预订宾馆、安排旅游等。这样做的好处是简化了为国际会议提供服务的各个机构之间的相互关系,也为参会代表进行注册、预订宾馆和旅游提供了极大的方便。

6.应与本地的服务机构有良好的合作关系。由于专业会议组织机构常年举办国际会议,它们和当地的会议中心、宾馆、汽车出租公司、设备租用公司以及所有可能为会议提供服务的机构都保持着良好的合作关系,并且是上述这些机构的最重要的客户。因而可以获得最优惠的价格和许多其他方面的优惠。特别是当国际会议召开期间出现一些特殊情况时,这些长期合作的服务机构都会鼎力相助。

专业会议组织机构真正应该下大力气做的工作是开发国际会议。目前我国各级地方政府积极发展会议产业,修建了大量的会议中心等硬件设施,但是并没有多少机构认真开发国际会议。在会议产业中,分量最重的是举办国际社团的大型国际会议。这类国际会议的规模普遍都比较大,通常都会有上千名来自世界各国的代表参加,但是申办这类会议的难度也非常大,如奥运会,每4年一届,在欧洲、亚洲、美洲等洲轮流举办,每轮到各洲举办一届可能要等待十几年甚至几十年,申办的竞争空前激烈。

申办国际会议的工作,绝不能草率,会议的组织者要作艰苦细致的努力,要制订长期计划,认真筹措,精心组织。据有关方面统计,我国已加入了几千个国际组织,但这些国际组织的会议在我国举办过的却不多。专业会议组织机构应积极努力地配合这些国际组织在我国的分支机构去申办该国际组织的国际会议。2003年,会展业受到"非典"的巨大冲击,但是,作为一个比较有影响力的专业会试组织机构,中国国际科技会议中心一刻也没停止他们的工作。虽然当年大部分国际会议都不再举办,在基本没有收入的情况下,中国国际科技会议中心仍然一如既往地投入巨大的人力、财力和物力,协助我国有关机构申办2007年的第26届国际照明大会、第15届国际禽病大会和第22届国际制冷大会以及2009年的第14届国际工效学大会等十几个大型国际会议。总之,专业会议组织机构在我国今后的会议产业发展中将会起到更加重要的作用,它们将密切配合会议组织者,保证越来越多的大型国际会议在我国成功举办。近年来中国国际科技会议中心承办了一些高水平会议,例如,中国中文信息学会承办的第23届国际计算语言学大会以及中国核学会承办的第18届国际核工程大会,均为各自领域内高水平的专业会议,影响广、规模大,收到了很好的交流效果。中国兵工学会承办的第25届国际弹道大会是经过我国兵工专家多年努力争取,首次在欧美发达国家以外举办的。在会议承办过程中,中国国际科技会议中心与学会密切配合,精心筹备,圆满完成了各项要求都很高的会务服务工作。此外,近年来还承办了一些学会同国际组织合作的系列性国际会议,如第9届全球汞污染国际会议、第29届持久性有机污染物大会、第8届世界大豆研究大会等。

（资料来源:武少源,肖庆国.会议运营与管理[M].北京:中国商务出版社,2004.）

1.2.2　常见的会议及其操作模式

1)经销商会议

经销商会议是客户为了协调用户和经销商关系而经常举办的公共关系活动,也有的客户将其称之为"年会"或"商务年会",一般一年举办一次或两次,举办时间大部分在年初或年末,规模少则百人,多则数千人。

经销商会议也是应市场竞争和厂商关系的发展而同步发展、升级的。计划经济时期,商品供不应求,厂商关系则是你买我卖、钱货两清后互不相干的交易关系,基本上不存在经销商会议。市场经济时期,竞争更加激烈,低价并不能确保长期优势,产品、渠道、传播、服务、人员的优势同样重要,在不同的时期,突出不同的单点优势,厂商关系也发展到合作型,厂家开始倾听经销商的意见与建议,并举行旨在润滑厂商关系,淡化单纯交易的联谊会。随着世界经济的一体化,具有整体优势的品牌才能在竞争中获胜,市场需求和态势促使厂商关系走得更近,不单在销售层面,厂商在产品研发、制造、服务等层面开展紧密的合作,互动频繁,"厂商一体化,合作长久化"理念被认同,同时经销商也逐渐成长,需求也越来越高,学习型、充电型和互动型经销商会议成为经销商会议的主流。

以"表彰会""旅游会""吃喝会"等形式存在的订货会、洽谈会、研讨会、联谊会等传统的经销商会议往往是形式千篇一律,场面隆重,内容简单,存在重玩乐、轻策略宣传和沟通等弊端,以至于会议效果难以达到厂家组会的目标。应市场和竞争的趋势,新型的经销商会议则偏重于"学习型"和"充电型"。如今很多厂家和商户意识到,经销商会议应该是一个"充电器",而这个"电"则由知识、信心、情感组成,使得参加会议后的每一个经销商,能统一思想,满怀信心,输入知识、信心、技能、混合成电,输出方法、信心、能力,并达成销售增长。这类经销商会议被称为"学习型经销商会议"或"充电型经销商会议"。

(1)学习型经销商会议

一次成功的学习型经销商会议,不但能提高企业的品牌,更能增加经销商的感恩之心和战略合作关系。学习型经销商会议是一场"继往开来,承前启后"的会议,既要总结过去,又要展望未来;需要"充电"和"充气"相结合,既要安排培训课程,又要弘扬愿景、策略,为经销商输入信心;要求明确经销商下一年度市场运作的方向和思路,而且必须有实际操作方案或行动计划;还需要充满"人情味",以增进厂商关系,从而推动"厂商一体"的发展。

因而,成功的学习型经销商会议可由这样一个公式表达:成功的学习型经销商会议=品牌课程+标准规范的会议流程+人性化的会议安排。在会议内容上着重"输入",输入情感、信心和知识,具体内容有以下四点:第一,总结和计划(输入信心/情感)。对上一年的得失作一个全面总结,对表现优秀的经销商进行表彰,尤其要考虑具有较大增长潜质的经销商,即下一年度的重点经销商。同时,发布下一年度的新策略、新计划、新政策。第二,沟通(输入情感/信心)。会议应预留讨论的时间,充分听取经销商的建议与意见,并回应客户的建议。但主持人应具备会议技巧,不要将讨论导向一些诸如调价、广告补贴等敏感问题,以免产生群体效应,恶化厂商关系。第三,培训。会前应对经销商的培训需求进行调查,针对经销商的知识结构、特长等设计较详尽的培训提纲,包括营销理论、经验技巧、实操方案等在内的培训内容,讲师则由外邀的理论基础和实操经验俱佳的咨询人员、厂家管理人员、优秀经销商组成。第四,联欢(输入情感)。厂商联欢是经销商会议不可或缺的部分,通过晚会等联欢手段可将会议气氛推上高潮,晚会中厂商人员的面对面交流可以消除诸多误会、不愉快等,使得厂商关系更融洽。

学习型经销商会议,为厂商搭建了新的沟通平台,切合了厂商的需求,成为销售业绩增长的有力保证,越来越受到厂商的高度重视,有广为采用、蔚然成风之势。

(2)充电型经销商会议

充电型经销商会议操作的关键点主要有:

①会前调查。会前应对与会者进行一次调查,理解他们对此次会议效果和培训内容的期待;并与重点经销商就会议内容进行小范围的交流,了解他们的想法。

②会议时间。一般来说,厂商应在冬季就规划好下一年度的工作,因此,经

销商会议的时间宜选在春节之前。

③会议地点。会议地点要僻静,封闭式,杜绝过多的娱乐项目,尽量减少与会者与外界的交流。

④《会议指南》的发放。在会前应将《会议指南》发放到与会经销商手中,让与会者清楚会议内容、会议安排、需提前准备的事项,提前做好会前热身准备。

⑤主持人。一个好的主持人将对会议效果起到十分重要的作用,主持人可创造良好的会议氛围,将会议主题导向计划的方向,提升会议效果。

⑥培训。培训是重头戏。首先要进行内容规划,培训的知识结构要能满足与会者的需求,一般三三开,三分之一内容为最新的营销理论,三分之一是厂家的营销策略、操作方法,三分之一是优秀经销商的成功经验。其次是讲师的选择,讲师的来源也是厂家、经销商、外邀各三分之一,一般要求讲师要具有一定的培训技巧。再者培训过程中要劳逸结合,穿插安排休息或游戏。

⑦适当安排相关活动。可以安排早训、运动会等,以增强团队意识,活跃会议气氛和舒缓开会的压力。有条件或有必要的话,还可以对与会经销商学员的服装进行统一。

⑧联欢会。晚会的成功举办,可为会议画上一个圆满的句号,留下一个美好的印象。

⑨会后评估。会后应对与会者进行一次调查,对会议效果进行评估。

2)招商会议

招商会议是招商组织以举办会议为途径,向外界介绍、宣传、推广自身投资环境、招商项目,促进沟通,增强联系,从而实现吸引投资目的的一种活动。招商会议不仅是招商组织有效开拓招商引资渠道的重要途径,也有利于招商组织推销自身形象、扩大社会影响。现今,在国内外举办招商会议,已成为招商组织招商引资的重要内容和手段。招商会议的组会主体有企业、社团、政府等多个方面。

招商组织根据自身的条件,确定招商的主题、内容、对象,选择合适的招商会议类型,是招商组织搞好招商工作的重要内容之一。招商会议的主要类型及其特点如下:

(1)招商会

招商会是招商组织(一般是政府部门或大型机构团体)在国内外举办的规模较大的综合型招商活动,由组织者组织本地区或本系统的优势部门和行业的招商单位及其人员参加。其主要特点是:会议场面较大,社会综合效应强;通过政府或对外有影响力的机构等各种渠道,广泛邀请客商参会;对外公布招商的项目多,投资的区域和项目规模大,行业涉及面广;会议组织形式为松散型,参加招商会的各个部门在组织上受招商组织者统一管理,业务上可独立开展对外业务洽谈,进行招商活动和贸易活动。

(2)投资研讨会

投资研讨会是招商组织(可为政府部门或企业、行业系统)在国内外举办的招商活动,由组织者组织本部门下属企业或本系统的招商单位和招商人员参加。其特点有:规模可大可小,由组织者视情况而定。会议除主办单位外,一般还邀请当地的政府、工商会、经济组织为协办单位,共同邀请所在国(或所在地)的商会和经济组织的会员等客商参会。会议目的明确,招商项目重点突出,收效较佳。

(3)项目介绍会

项目介绍会是招商组织(政府部门或企业)在国内外组织举办的小型专项招商活动。其特点是:规模小,多是单个项目介绍或多个项目联合洽谈;邀请客商针对性强,范围易于控制;项目的洽谈深入、细致。

(4)信息发布会

信息发布会是招商组织(一般为政府部门)在国内外举办的发布招商信息的招商活动。由当地政府根据本地区的情况向各界介绍本地区的投资政策和投资环境,推出招商项目,发布各种招商信息。信息发布会的主要特点是:邀请参加会议的对象主要是各国驻本地区的大使、领馆代表,外国公司驻本地办事处代表,国内各种传媒机构,当地政府各行业主管部门的人员。会议旨在宣传、介绍、推广本地区的投资政策和环境,并针对投资有关问题进行说明和解答。其特点是易于组织,规模不大,具有一定的影响力。

案例:诺华公司在中国主办的会议活动

诺华(Novartis)公司是一家总部位于瑞士巴塞尔(Basel)的跨国企业。在美国《商业周刊》2003年按市值的排名中,该公司是瑞士第一大公司,列全球500强第19位,居世界医药行业第5名。诺华制药研究、开发、生产和销售治疗多种疾病的创新处方药。诺华公司致力于维护健康,治疗疾病,提高生活品质。在全球制药行业占据领先地位,2011年连续七年位居美国《财富》杂志全球最受尊敬制药行业企业前3位。该公司主要从事制药和保健行业,是全球最具创新能力的医药保健公司之一。2002年集团总销售额达324亿瑞士法郎(209亿美元),业务遍及全球140多个国家和地区,拥有96 700位全职员工。诺华集团2008年实现净销售额增长9%(以当地货币计为5%),达415亿美元,经营收入增长3%,达90亿美元。全球范围内,制药(专利药)业务增长势头强劲,疫苗及诊断试剂以及消费者保健品业务也有良好表现。

诺华在中国有七家企业和一家综合研发中心,分别是北京诺华制药有限公司,苏州诺华制药科技有限公司、山德士(中国)制药有限公司及山德士贸易有限公司,上海诺华贸易有限公司,上海视康贸易有限公司,上海诺华动物保健有限公司,诺华(中国)生物医学研究有限公司,总投资超过3.3亿美元。目前诺华在中国雇员超过3 500人,2008年总销售额超过33亿元人民币,比2007年增长29%。

诺华公司非常重视技术开发、科学研究、集团研发等活动,并为此先后投入约43亿瑞士法郎(28亿美元)的费用,其研究开发的药品中有6个先后12次获得了被誉为制药界诺贝尔奖的"Prix Gallen"奖;诺华公司同时也很重视培训、拓展和市场营销等工作。诺华自进入中国以来,在中国各地主办了一系列的学术会议、论坛、培训会议、新产品推介会、团队拓展活动和奖励旅行活动。

(一)中国—诺华高层学术研讨会

中国—诺华小型高层次学术论坛是中华人民共和国科学技术部和瑞士诺华公司为共同探讨生物医药领域最新发展动态和趋势,促成双方信息交流与合作而举办的高层学术研讨会。自1998年开始,该研讨会每年举办一届,每届针对不同主题在不同地区进行研讨。

1998年,诺华制药与中国科技部签订意向书,每年在中国举行一次中国—诺华小型专家研讨会(China-Novartis Mini-symposium)。诺华公司希望通过每年一届的"中国—诺华小型专家研讨会"的召开,促进中国和其他国家科学家之间的学术交流,并进一步加强科技部与诺华公司的合作。当年10月在上海张江高科技园区召开了第一届中国—诺华小型专家研讨会,主题是"天然药物"。中外专家就传统中医药的研究与发展进行了高层次的学术交流。

1999年11月,第二届中国—诺华小型专家研讨会在北京召开,主题为"人类基因研究"。学术报告和讨论主要集中在功能基因研究、基因诊断和药物筛选等领域,与会的中国科学家分别来自中国医学科学院、中国科学院、军事医学科学院、国家人类基因研究中心等。

2000年1月,在上海举行了主题为"神经科学研究"的第三届中国—诺华小型专家研讨会。与会中外专家就"新基因的发现、新的治疗药物和治疗手段的研究应用"等前沿领域进行了广泛而深入的探讨。会议由2000年全国十大杰出青年、第二军医大学免疫学研究所所长曹雪涛教授和诺华公司神经科学研究部主任贝而教授主持。

2001年11月,在广州举行了主题为"肿瘤药物研究"的第四届中国—诺华小型专家研讨会(The Fouth China—Novartis Mini-Symposium),19位一流专家就

"药物作用新型靶点研究""药物发现新技术"和"国际热点新药研究概况"三个领域为议题进行了深入研讨。会议由我国著名医药生物技术专家甄永苏院士和诺华肿瘤事业部肿瘤治疗研究总监亚历克斯·马特博士主持。

2002年,在西安举行的第五届研讨会主题为"呼吸疾病研究"。

2003年9月23—25日,在昆明举行的第六届研讨会上,来自双方的21位专家以"Ⅱ型糖尿病研究"为主题展开深入研讨。会议由上海中山医院的高鑫教授和诺华公司生物医药研究中心糖尿病研究及治疗领域负责人托马斯·休博士主持。

2009年10月28—29日,第十二届中国—诺华高层小型学术研讨会在江苏苏州顺利召开。本次会议的主题是"传统中医药与天然产物",会议重点围绕中药药效与安全性评价、天然产物与新药发现等方面最新发展动态和趋势展开深入探讨,寻找双方有兴趣的共同合作研究项目,以加强该领域中外双方新药研究领域的信息交流。

2011年11月23—24日,第十四届中国—诺华小型高层学术研讨会在广西北海顺利召开。

2012年9月5—7日,第十五届中国—诺华高层小型学术研讨会在江苏省连云港市召开。此次论坛的主题为"生物药和生物仿制药",来自诺华公司和国内大学、科研院所及企业的40余名专家学者参加了本次研讨会。

2013年10月23—25日,第十六届中国—诺华小型高层学术研讨会在武汉光谷举行。此次研讨会主题为"罕见病药物开发",会议重点针对热带疾病、罕见皮肤病、孟德尔疾病等疾病,采用基因测序技术、靶向治疗、新型光动力疗法等进行信息交流。

2014年,第十七届中国—诺华小型高层学术研讨会在成都举行。诺华(中国)生物医学研究中心总经理李恩博士及诺华公司副总裁Ann Taylor女士出席会议并讲话。来自国内外生物医药领域的20余位知名专家参加了本次研讨会。本界研讨会的主题是"肝病"。

(二)诺华移植论坛

2001年7月,诺华移植论坛(Novaais Transplantation Forum)在海南博鳌举行,来自我国内地和台湾器官移植领域的160多位专家出席了会议。

2003年9月,诺华公司以"卫生部国际交流与合作中心—诺华人与环境基金会"的名义在云南丽江的一家五星级宾馆召开了"中国器官捐献与移植合作项目第一届学术研讨会",邀请了国内外器官捐献与移植方面的近百名一流专家和学者就器官捐献与移植的学术进展、亲属器官捐献的伦理学问题以及国际开展器官捐献的经验进行了三天的探讨,卫生部国际交流中心和诺华公司负责人参加了本次会议。会议还特别邀请全世界器官捐献工作卓有成效的国家之一——西班牙的"西班牙国家移植协会"主席米兰达博士(Dr. Blanca Miranda)介绍西班牙器官捐献的组织机构和管理经验。

2006年1月4—8日,北京诺华制药有限公司邀请了来自全国重点移植中心的专家在美丽的春城昆明召开了"2006年诺华移植高峰论坛"会议。

2012年,在云南省昆明市召开了第十届学术研讨会,本次大会的成功举办也意味着"中国器官捐献与移植合作项目"走过了十年的耕耘历程,圆满地完成了为期十年的合作项目,促进了我国人体器官捐献与移植领域国内外学术交流,推动了我国人体器官捐献与分配理论的不断完善,有力地支持了我国人体器官捐献体系的建设。

2015年3月28日,诺华制药(中国)器官移植的高峰论坛在杭州召开,会上由诺华支持的"植树中华"项目正式启动,该项目旨在积极搭建人才培养平台、建设与壮大移植中心专业化团队、完善并推广器官获取标准流程,从而更好地促进中国公民器官捐献事业发展,并加快与国际接轨的进程。

(三)中国器官捐献与移植合作项目第一届学术研讨会销售会议

2000年1月,北京诺华制药公司全国销售年会在泰国曼谷召开,会议制订了实现全年销售增长20倍的目标,2001年进军澳大利亚的挑战性目标。

(四)眼科视觉学高级讲习班

诺华基金会和诺华视康集团共同投资350万美元,在中国推行眼科视光学教育计划。该计划逾期5年,旨在全方位推动中国眼科视光学教育的发展,加强眼镜从业人员的专业知识和操作技能。到2002年,该计划已在广州、上海、北京、天津、成都、温州和沈阳举办过7次眼科视觉学高级讲习班,规模都在百人以上。

(五)拓展活动与奖励旅行活动

诺华还注重公司团队精神的培养,并对优秀员工给予奖励旅行作为激励。

2001年7月,他们组织公司员工到山东泰山和曲阜开展团队拓展活动,并组织制药行业的100名市场销售精英到嵩山少林寺进行奖励旅行活动。

2015年8月8日,诺华制药(中国)公司的伙伴在无锡基地进行户外拓展活动。

3)社团型会议

会议市场组织中的会议组织机构主要由三大板块组成,即企业、社团和政府。随着会议产业发展和市场成长,会议运作专业化逐渐加强,政府和社团组织的会议策划、筹备和服务越来越多地实行外包和商业化操作。

（1）社团型会议产品

社团型会议之所以归为会议主要因为它是通过商业运作来实现的。商业运作是指专门从事产品交换的营利性活动,通俗说法就是"买卖"。社团型会议就是将社团主办的会议作为一种产品进行销售,以实现会议组织或与会人员的利益。社团型会议产品的要素主要由内涵要素(包括会议的主题和议题、会议特邀报告人、会议专业活动、学术访问安排、会议附属展览、社会活动等专业内容)、外延要素(餐饮活动、会议的门禁、会议场地和会议室、住宿安排、事务安排、会议通知等会务服务)和能获取直接收益的"卖点"(如注册费、住宿费、旅费、参展费、赞助及广告费、邮品和纪念品等费用)组成。社团型会议主要是通过"卖"活动、"卖"酒店、"卖"旅游、"卖"会议展览、"卖"品牌等实现一定的会议目的和收益。

（2）社团型会议商业运作的方法

社团型会议的商业运作通常分为两个阶段:第一阶段,征文阶段,即邀请报告人或与会代表,启动时间在会前6~8个月。第二阶段,注册阶段,对于大型会议,在3个月以内约95%以上的人都已注册,且需缴纳注册费。

社团型会议的商业运作离不开会议的营销,包括征文阶段的营销和注册阶段的营销。

①在会议征文阶段,主办单位发出的会议通知书就是会议产品的营销材料,也是会议产品的第一份说明书、第一份广告。通过会议通知书的内容,可以突出会议的卖点:卖品牌,如国际会议比亚洲会议畅销,亚洲的会议比中国的会议畅销,这就是国际会议的品牌效应;卖"人"(作报告的人),作报告的人知名度越高,参加会议的人积极性越高;卖议题,要卖与会代表感兴趣的议题;卖论文,即卖检索系统;卖城市,如人们喜欢北京、上海、广州等大城市;卖机构,即具有影响力的主办单位。

②在会议注册阶段,注册通知是会议产品的第二份说明书,也是第二份广告。它的主要内容是会议活动的价格、注册和付款的渠道,主要采取网页的形式来传播。注册阶段的营销要求注册通知包含以下方面的内容:a.丰富的活动,以促进客户购买欲望。如邀请的报告人和报告题目、最新的专题讨论、新技术发布会、附设展览、专业参观、文娱活动、餐饮活动等。b.附表单,可包括注册表、签证表、饭店预订表、旅游预订表等。c.附地图,如国家地图、城市地图、会场周边的地图等。

会议的营销需要通过注册确认来反馈。在收到代表费用后,要立即发出确认,确认参会代表的注册费金额、所预订的酒店名称和房间名称、进店和离店日期、预订金的金额、预定的旅游路线和收到的旅游费用等。与会代表则可凭确认通知办理有关现场注册手续。

通过征文阶段的营销,会议获得了大量的报告人,他们给与会者带来了最新的、最广泛的和最直接的信息。通过注册阶段的营销,会议获得了众多的与会者和足够的会议经费。一个社团会议有了报告人、听众和经费,会议就可以成功举办了,商业运作的目的也就达到了。

(3)著名社团会议及其盈利模式

①达沃斯论坛及其盈利模式。

达沃斯论坛是瑞士大学教授劳斯·施瓦布于1971年发起成立的国际民间组织(当时称欧洲管理论坛)。达沃斯论坛吸引来自各个领域的领袖人物,包括杰出的商业精英、政府要员、著名学者和媒体领袖,汇聚一堂,沟通研究和探讨世界经济领域存在的问题并促进国际经济合作与交流,它被视为"非官方的国际经济最高级论坛",发表的年度全球竞争力报告,被各国视为最具权威的排行体系。

达沃斯论坛凭借其严密而高效的组织机构、极具权威和影响力的议题、优秀的品牌形象,以及为与会者提供平等地讨论问题、愉快地交流和分享各领域中成功经验的融洽氛围,成就了世界影响力和权威,也创造了强大的商业盈利能力。

达沃斯论坛实行会员制,其资金主要来源于三个方面:会员费(来自1 000个"基金会员"企业,每家"基金会员"的年费是1.5万美元);战略伙伴入股费;年会、区域会议或高峰会的参会费。达沃斯论坛的年营业额合计超过4万亿美元。

达沃斯论坛盈利模式的特点:资金支持体系保证论坛资金长期运行。论坛的基本资金来源是基金会所收的会费和战略伙伴的年度资金支持,这些费用除用于支付成本外,由理事会所管辖的资源管理中心进行资金运作,以维持论坛的正常运转和发展。而年会和区域高峰会的资金完全来源于会议收入本身,包括:会议费和合作伙伴赞助费。实际上,年会和高峰会的大部分支出包括宴会、会间茶点、交通和通信设施(包括论坛员工国际旅行)费用、会场使用的电脑、投影和同传设备,甚至部分会场费都是由不同战略伙伴赞助或资助的。因此论坛的每一次会议实际上都是一次成功的商业运作,其收入用于论坛自身的发展和改善服务。例如论坛在日内瓦新建的超现代派的总部,就是论坛成功资金运作的佳作。

②《财富》全球论坛及其盈利模式。

《财富》全球论坛由美国时代华纳集团所属的《财富》杂志创办于 1995 年，每年在全世界选一个最具有经济活力的地方举行一次论坛。《财富》全球论坛只通过邀请方式组织，出席者仅限于各大跨国公司的董事长、总裁和首席执行官，及世界知名的政治家、政府官员和经济学者，议题通常为国际焦点问题和商界关心的问题，被世界商界和跨国公司视为一扇把握世界经济最为清晰的窗口。此外，《财富》杂志还利用其影响力举办了其他一系列论坛，如《财富》500强论坛、《财富》首席金融官论坛等，并把它们视作经济增长点。

《财富》论坛充分利用《财富》杂志的影响力，争取有影响力的参会者和主讲者。例如，1999 年《财富》全球论坛上海年会，时任中国国家主席江泽民、美国前国务卿基辛格、新加坡政府资深顾问李光耀、美国前财政部长鲁宾，以及中国外经贸部、教育部、信息产业部、国家计委等部委领导是重要演讲人，有世界前 500 强企业的 60 多位 CEO 莅临大会。

历届《财富》全球论坛的议题也均是全球商界所关心的问题。如 1999 年上海年会主题"中国：未来的 50 年"，议题有"从亚洲金融危机取得的教训""探索新的中国消费市场""确定你公司的中国市场战略""中国的中央银行：职能和发展方向""向中国出口：今天和明天"等。又如，香港年会主题"亚洲新一代"，主要探讨亚洲区内逐渐形成的新的商业格局。

《财富》全球论坛引入商业化运作，目前并未实现会员制，其盈利模式及收入主要是参会费和赞助费。以 2005 年北京年会为例，就赞助费而言，分为白金赞助商（汇丰银行和甲骨文等各出 50 万美元）、黄金赞助商（深圳观澜湖高尔夫球会、中石化、yahoo! 等各出 10 万美元）、白银赞助商、知识伙伴、供货商和经济发展赞助商 6 个等级，至少有 150 万~200 万美元的进账。作为回报，主要的赞助商可在会议现场展示按照指定格式制作的公司标志，这些企业还可以获得几个参会名额，更高的赞助商甚至可以举办小范围的早餐会。至于参会费，外方 CEO 每人 5 000 美元，中方人士每人 1 500 美元，本次年会有外宾约 481 人参加，中方企业界人士 171 人参加，会费加在一起超过 200 万美元。因此，仅这两项收入，本届论坛就有至少 350 万美元的收入。

③博鳌论坛及其盈利模式。

博鳌论坛在亚太地区 26 个发起国支持下，于 2001 年成立，并永久定址中国海南省琼海市博鳌镇。其性质是非官方、非营利、定期、定址的国际组织，以"立足亚洲，深化亚洲各国间的经济交流与合作。同时，又面向世界，增强亚洲与涉及其他地区的对话与经济联系；为政府、企业及专家学者等提供一个共商经济与社会等诸多方面问题的高层对话平台;通过论坛于政界、商界及学术界建立的工作网络,为会员与会员之间、会员与非会员之间日益扩大的经济合作提供服务"为宗旨,以"亚洲寻求共赢"作为论坛的长远主题。

博鳌论坛采用与国际接轨的运作模式,由秘书处负责论坛资金筹措和运作,运作资金主要靠企业支持,实行会员制。其会员分为5种:①发起会员,是26个发起国选派的前政要、知名人士和非营利机构,每个国家拥有两个发起会员名额,共52名,每名发起会员缴纳入会费1 000美元。②荣誉会员,系在论坛创建发展过程中为论坛作出重要贡献的个人、公司和组织,不超过10名,免交入会费。如菲律宾前总统拉莫斯、澳大利亚前总理霍克,以及被誉为"博鳌之父"的博鳌投资控股有限公司董事长蒋晓松先生等都是荣誉会员。③钻石会员和白金会员,是参加论坛所有活动包括决策过程的个人、企业和组织,总数不超过160名,钻石会员入会费25万美元,白金会员入会费15万美元。④普通会员,是出席、观摩论坛年会以及其他活动的个人、企业和组织,名额不限,入会费1万美元。博鳌论坛的会员费已经超过1 000万美元,形成稳定收入。

除了会员费外,还有参会费、捐款、政府资助、在论坛业务范围内开展活动或服务的收入、论坛资金的利息、其他合法收入等。博鳌论坛的会务费为非会员3 000美元,会员1 000美元,媒体费用自理。博鳌论坛已连续几年都获得全球顶级企业的支持与赞助。

任务3 会议的基本要素

1.3.1 会议的目的

会议期望达到的目的是会议召开的原因所在,一个没有明确目的的会议是在浪费时间。会议的目的集中反映在会议要讨论和商议的问题上,这个拟解决的问题或会议的中心思想,也在一定程度上通过会议的名称来体现。

1)会议名称

会议的名称是对会议的内容、性质、参加对象、主办单位以及会议的时间、届次、地点、范围和规模等信息的概括性反映,必须用确切、规范的文字表达。使用合理的会议名称有助于与会者及公众了解会议,也有利于会议的宣传,扩大会议的影响。当然,具体的某一次会议不可能也没有必要将会议的相关内容全部涵括,而应据会议的具体要求和侧重点而定。如 2015 年 9 月 29 日在广州召开的"2015 第十二届投融资与高成长性民营企业发展论坛"显示了会议的内容、性质、届次、范围。又如"深圳××开发科技股份有限公司第××次(2015 年度)股东大会"则显示了单位、时间、届次、范围、规模、性质和参加对象。

大中型会议,其名称常做成横幅大标语,置于会议主场中的前方或后方,作为会议的标志,简称"会标"。会标必须用全称,不能随意省略,以免语意不顺或文理不通而产生误会。

2) 会议议题

在召开会议之前,首先要明确为何要"议",还要明确"议"什么,即明确会议的议题。会议的议题是根据会议目标,确定并付诸会议讨论或解决的具体问题,是会议活动的必备要素。

会议的议题对会议的顺利召开具有重要意义和作用:一方面,它准确、具体地体现了会议的目标,为会议服务,且议题的主次安排也反映了会议目标的主次轻重,能避免或减少人力、物力和财力的浪费;另一方面,议题作为会议交流的中心,能引导和制约会议的发言,而且好的会议议题还能起到集思广益的作用,而含糊不清或角度选择不当的议题则会造成会议沟通困难,从而影响会议的效率。

会议议题确定之后还要保证议题能及时、顺畅地传达。

案例:博鳌亚洲论坛年会的主题和议题设计

博鳌亚洲论坛 2002 年年会主题:"新世纪、新挑战、新亚洲",议题有 20 多个,其中主议题 4 个,例如主议题"亚洲区域经济和贸易合作回顾与展望"讨论亚洲经济一体化问题,切中了亚洲区域经济合作的命脉,受到代表的热烈响应,泛亚合作的呼声响亮,从讨论情况看,亚洲区域的经济一体化引起了亚洲各国的广泛重视,经过讨论,亚洲国家达成了共识。另一主议题"亚洲区内金融合作与金融安全"抓住了亚洲国家最共同、最切身的利益问题,在年会讨论中获重大突破,是达成共识最多的领域。发言的各国政要纷纷呼吁,加强亚洲区内货币和金融合作,防范金融危机。博鳌亚洲论坛 2003 年年会主题是"亚洲寻求共赢:合作促进发展"。

● 四个主议题:

亚洲经济发展前景;

亚洲区域经济和贸易合作与展望;

亚洲区内金融合作与金融安全；

亚洲发展之路：经济发展和社会发展的平衡。

● 十四个分议题（略）。

博鳌亚洲论坛连续两届年会的胜利召开，为亚洲区域内经济合作起到了较大的推动作用，博鳌亚洲论坛也成为中国乃至亚洲的名牌会议。

与会代表一致称赞年会设计的主、议题切中了亚洲区域经济发展的命脉，呈现准确、及时、重大的特点，为年会的成功召开起到了非常好的软件支撑作用。为博鳌亚洲论坛两届年会提供智力支持，设计主、议题的是软科学研究机构——中国（海南）改革发展研究院（以下简称"中改院"）。它成立于1991年，是一个由政府和企业共同投资创办的股份制研究机构。

第一届年会召开前4个月，中改院受秘书处紧急委托，在较短的时间内为年会设计了主题，并设计了20多个议题，这些主、议题的基本出发点是明确博鳌亚洲论坛的定位，确立其为亚洲各国政要、企业领袖和学术界提供高层对话平台，推动亚洲区域经济一体化的使命。

之后中改院又接受论坛秘书处的委托，为第二届年会设计主、议题。

中改院为第二届论坛年会提供智力支持的过程：

2002年10月，博鳌亚洲论坛秘书处研究部制作了第一份议题设计方案征求意见稿，提出了"亚洲寻求共赢，合作促进发展"的年会主题。

2003年2月10日东京会议，选举龙永图担任博鳌亚洲论坛秘书长，原则通过主题设计，提出议题修改建议。

2003年2月15日，江泽民会见亚洲论坛理事会成员，充分肯定了论坛年会主题设计。

2003年2月19日，论坛秘书处邀请以中改院亚洲问题专家委员会为基础的国内外专家，就年会议题进行讨论。中改院同时向100多位亚洲问题专家发函，征询对年会议题的建议，最终获得对议题征求意见稿十二个方面的看法。

2003年2月24日，归纳亚洲各国专家学者的意见，中改院董事局一致通过以该院亚洲发展问题研究所的名义，向博鳌亚洲论坛秘书处提交一份《博鳌亚洲论坛2003年年会议题方案建议》，共4类39个子议题。

龙永图秘书长要求论坛秘书处依据中改院的议题设计方案，并迅速发出了复议通知。

论坛秘书处密切关注世界政治经济格局的变化，关注亚洲，关注焦点的变化，令最终出台的议题充分体现了亚洲各界的声音。

此后，历届博鳌亚洲论坛年会主题如表1.1所示。

表 1.1　历届博鳌亚洲论坛年会主题

年份	年会主题
2004 年	亚洲寻求共赢:一个向世界开放的亚洲
2005 年	亚洲寻求共赢:亚洲的新角色
2006 年	亚洲寻求共赢:亚洲的新机会
2007 年	亚洲寻求共赢:亚洲制胜全球经济——创新和可持续发展
2008 年	绿色亚洲:在变革中实现共赢
2009 年	经济危机与亚洲:挑战与展望
2010 年	绿色复苏:亚洲可持续发展的现实选择
2011 年	包容性发展:共同议程与全新挑战
2012 年	变革世界中的亚洲:迈向健康与可持续发展
2013 年	革新、责任、合作:亚洲寻求共同发展
2014 年	亚洲的新未来:寻找和释放新的发展动力
2015 年	亚洲新未来:迈向命运共同体
2016 年	亚洲新未来:新活力与新愿景

1.3.2　会议的过程

会议目标明确之后,将进入会议的操作实施阶段。会议的操作和实施是一项系统工程,不同的会议有不同的操作手段和实施体系。即便如此,所有的会议在操作过程中都必须注意以下四点:

1)会议时间

会议的时间涉及会议的起止时间和时间跨度这两层含义。会议的时间指会议开始和结束的时间。会议的时间跨度指会议开始到结束之间所需的时间段,通常被称为会期。

会期与会议周期有区别。会议周期是指同一性质或同一系列的两次会议之间的时间跨度,如广交会是每年举行两次,也就是说,举行广交会的周期是半年。

会议在时间上有长短、缓急、定期与不定期之分,而会议具体时间的确定则与会议规模、会议的复杂程度以及议题的实效相关。

2)会议地点

会议的地点涉及会议的举办地和会议活动举行的具体场所两方面。会议，尤其是大型会议举办地的选择要综合考虑其政治影响和经济效果。会议举行的具体场所的选择则要根据会议的实际情况，综合考虑会场的大小、交通状况、环境和设备等因素。

现代科技的发展丰富了会议的手段，远程会议如电话会议、电视会议、视频会议和计算机网络会议等的出现，使得会议地点的概念也随之发生了变化。现代化的远程会议一般都需要设立主会场和分会场。

主会场是会议召开的中心会场，通常是会议的主要环节的发生地。分会场一般是为解决主会场的容量不足问题，或满足现代化远程会议的需要而设立。分会场的设立一般采取就近原则，以方便与会者到会。

3)会议人员

人是决定会议活动举行最重要的要素，也是会议的组织要素。会议人员包括了会议的主要策划、组织人员，即会议主体(如主办者、承办者、支持单位、赞助单位和协办单位等)，以及参加会议的对象，即会议客体(如正式成员、列席成员、特邀成员和旁听成员等)。具体内容详见本项目任务4的内容。

4)会议方式

会议方式指为了提高会议效率，保证会议目标实现而采取的各种形式或手段，如企业年会、培训会、拓展训练、茶话会、观摩会、报告会、电话会、电子邮件会等。当今，有些企业已经借助电信媒体采用"虚拟实境会议"形式如"视频会议"，有线电视、卫星传信等手段也推动了会议在召开方式上的发展和更新。现代电子会议手段的运用注重了人性化的考虑，也使得远距离沟通更为容易和通畅，并在一定程度上节约了成本，提高了效率。

1.3.3 会议保障

会议要顺利、高效的召开，需要一定的因素作为保障，其中严格的会议规则和充分的会议经费是必不可少的两个保障要素。

1)会议规则

会议规则又被称为会议的组织规则，它规定了会议的召开、组成、议事程序等方面的准则,是会议组织活动的指导原则、行为规范。会议规则是组织会议的指导思想和准则,可以有效规范与会各方的行为,维护各方面的合法权益,减少各类争执,保障会议的质量和效率。会议规则的制定详见本项目任务4的内容。

2)会议经费

会议的召开必定会消耗一定的财力和物力,在经费方面为会议提供保障要求会议组织者管理好会议经费,对会议进行成本核算和控制。

1.3.4 会议结果

会议的举行必定要达到一定的效果,实现一定的目标,其目标实现程度和效果就是会议结果。会议结果是会议的目标、议题、组织形态以及与会者之间的关系和力量对比等因素综合作用的产物。由于受到诸多因素的影响和制约,会议的结果可能同会议目的完全一致,也可能部分一致,甚至同最初的目的完全背道而驰。会议的最佳结果是会议完全达到会前预设的目标。会议的结果通常以文件的形式记载下来,可以归档保存,也可以直接公布、传达。

任务 4 会议的组织要素

1.4.1 会议人员

会议人员是指参与会议整个过程的人员,包括了会议主体、会议客体和其他与会议相关的人员。

1)会议主体

会议主体是指主要策划、组织会议的人员,包括会议主办者、承办者、支持单位、赞助单位和协办单位等。

(1)会议主办者

为了保证整个会议的组织性和有序性,主办者是其必不可少的组织要素。会议的主办者是会议活动的具体组织者,其任务主要是根据会议的目标和规则制订具体的会议方案并加以实施,为会议活动提供必要的场所、设施和服务,确保会议正常举行。

会议的主办主要有四种情况,即会议发起者主办、领导机关或部门主办、成员轮流主办以及经由申请主办。

①会议发起者主办。一般协作性、交流性的会议,其主办者通常由会议活动的发起者担任。比如一些国际性的学术或交流会议,就是由一个组织发起并主办,或由几个组织联合发起并共同主办。该类发起者和会议参与者是合作关系。如"2009年人力资源、组织行为学与领导科学国际学术会议"就是由中国管理科学学会人力资源管理专业委员会发起并主办。又如,2009年11月26日在杭州召开的"第三届国际聚氨酯高峰论坛",则由普化咨询机构旗下的环球聚氨酯网和英国泰可荣全球化学及纤维顾问公司联合发起,并合作举办。

②领导机关或部门主办。领导机关或部门主办指在一个管理系统之内,掌有领导和管理职权的机关往往需要通过会议的方式,宣布决定、传达指示和精神、通报情况、布置工作、听取意见,于是主办会议以实现其管理职能。这类会议主办者我们一般称其为会议召集者,它同与会者之间具有上下级关系或管理上的领导和从属关系。如2009年8月19—21日中华人民共和国商务部召开的"促进家政服务业发展工作会议"就是由中华人民共和国商务部主办,各省(直辖市)商务主管部门参会。

③成员轮流主办。很多合作性和学术性组织都要召开周期性或经常性的会议或例会,每一个成员单位(包括国家、地区或非政府组织)都有主办会议的权利和义务,轮流主办会议可以使每一个成员单位的权利和义务达到平衡。如亚太经济合作组织每年召开的领导人非正式会议就是由成员国轮流主办的。东盟十国的领导人之间的正式或非正式会议也是由东盟成员国轮流主办。

④经申请主办。一些重大的会议,由于具有一定的政治、经济等方面的影响,同时也为了提高会议的质量,于是采取申办竞争程序来确定主办者。会议的申办程序和条件一般要在会议规则中加以明确。如世界经济博览会,就是由各会员国提出主办会议的申请,然后经有关机构审查并通过表决决定每一届主办者的权利归属。

案例:国际会议《申办竞标书》模板

1.邀请和欢迎(由恰当的、高规格的人物发出,例如政府部长、民间领袖、市长、当地组委会高官或行业领袖)

(1)欢迎信;

(2)申办支持团队的联系方式;

(3)由行业相关的各个关键人物发出的欢迎函和支持信。

2.目的地关于申办的相关情况

(1)会议局、会议中心和市政府的信息。

(2)申办报告——为什么要到本国举办会议?（陈述目前国内已有的与会议主题相关的优势、研究专长、发起的开创性的项目等）。

(3)现有的财务支持和补贴。

(4)政治支持,例如政府高级官员参会。

(5)专项的目的地支持,包括:

——可供选择的活动场地、住宿和服务;

——为国内申办合作团队量身定制的相关实地考察;

——协助与航空公司和铁路公司沟通争取优惠票价;

——为参会代表营销提供支持和担保,最大化参会人数(包括组织申办国带包参加前一届大会);

——可供选择的陪同人员项目;

——对会议策划和执行的建议;

——其他要求的协助。

(6)关于签证、海关要求及入境限制等信息。

(7)医疗及安保服务和支持。

(8)当地组委会名单建议。

3.完美的目的地

(1)目的地概述,包括:

——城市/地区旅游景点总结;

——物有所值(性价比);

——生活方式;

——产业和经济发展情况;

——可进入性和交通情况;

——文化和历史遗产;

——购物;

——美食;

——节日和活动;

——夜生活和娱乐活动。

(2)会议城市情况。包括:

——场馆和酒店名单;

——城市地图或市中心地图;

——过往成功举办会议和活动的经验；

——为协会代表量身订制的实地考察；

——会前营销支持的详细说明。

4.活动解决方案

(1)为某国际/国内会议(会议的名称和日期)量身订制的解决方案；

(2)建议的会议(和展览)场地；

(3)专业会议组织者和目的地管理方面的支持。

5.交通便利性[对前面3(1)项目中第五条的扩充]

(1)机场和火车站的介绍；

(2)航空线路的未来发展；

(3)从主要国际城市来的旅行时间；

(4)航空公司和航线(直航和转机)的名单及其每周的航班数量；

(5)目的地的残障人设施。

6.环境和可持续发展

(1)目的地在绿色可持续发展方面的资质和成绩；

(2)使活动对环境的负面影响最小化；

(3)如果可能的话,确保活动能成为一笔社会遗产；

(4)绿色会前、会后旅游。

7.难忘的体验

对会前、会后旅游的建议。

8.补充信息

(1)国家、地区和城市的简介；

(2)时差信息；

(3)气候；

(4)税收；

(5)小费；

(6)翻译服务；

(7)旅游信息中心；

(8)银行营业时间及货币兑换；

(9)购物时间及主要的购物中心；

(10)驾照信息；

(11)电流使用；

(12)水；

（13）公共假期；

（14）附件；

（15）支持信。

（2）会议承办者

会议的承办者是指具体落实会议组织任务的机构和个人。会议的承办者可以就是其主办者，也可以不是。随着会议市场上各主体分工逐步细化和会议运作的专业化加强，主办者和承办者不是同一主体的现象越来越常见。如"2014广东（顺德）民企智慧成长沙龙"暨"顺德民营经济大讲堂"，其主办者是顺德区中小企业局（区民营经济发展服务局），承办者是广东省经信商贸服务中心。

会议的承办者可以是组织，也可以是个人；可以来自主办者内部，也可以来自主办者外部。但是，他们都必须对会议主办者负责，并且需要具备能保证会议承办工作顺利圆满完成的素质。如出色的书面和口头沟通能力；善于处理人际关系、关注细节、善于观察和思考；具备一定的财务管理知识、会议运作知识、电脑操作知识和接待礼仪知识等；且行事果断、执着。

会议外部承办者主要有以下几种类型：私营会议公司（承包者）、协会管理公司、企事业单位下设的会展服务中心（会展公司）、目的地管理公司和经营会议服务业务的旅行社。

①私营会议公司或承包商。这类会议承办者直接向客户提供会议策划服务，也被称为独立会议策划人。他们进行独立会议策划，经验丰富、办事灵活、手续简便，与其合作非常方便。

②协会管理公司，即是为那些没有聘用专职策划人的协会工作的。多数情况下，这些公司的雇员经协会董事会同意，对会议进行管理并且策划会议及其他活动。公司经常为两个或者更多的协会提供管理服务。

③企事业单位下设的会展服务中心或会展公司。一些企事业单位，尤其是事业单位和政府部门，有时候下设专门的会展服务中心来承办单位的会议活动，这些服务中心也采用企业制度和管理方式，从事非营利性会议服务活动。如广州经贸委下设专门单位——广州商务会展促进服务中心。

④目的地管理公司。目的地管理公司是地方性会议服务机构，主要在会议举办城市提供会议服务，其优势在于对所在地区的了解及相关资源的占有。这类公司提供主要服务内容有咨询服务、会场预订及酒店预订、地面交通服务、会议现场服务以及会议附加活动的组织和管理等会议的一条龙服务。

⑤经营会议服务的旅行社。旅行社的业务早已从传统的销售报价旅游、交通以及客房服务延伸到向公司类客户提供会议策划与组织服务，而且很多旅行

社将"会议组织与服务"视为其高端市场并进行开发。

会议承办者的主要工作是:制订会议计划和方案;选择或提议会议场所并视察相关设施;安排好交通、食宿等相关接待和服务工作;做好有关方面的协商和协调工作(如运输公司、接送服务公司、旅游公司、特殊服务公司、视听服务公司等);协调会务工作人员活动等。简而言之,就是做好各种与会议相关的计划、安排、组织和协调工作,尽力保证会议活动圆满举行。

(3)会议相关支持者

会议的相关支持者主要有会议的协办单位、支持单位、赞助单位及合作单位等。会议的协办单位就是协助安排、组织会议的机构;支持单位是为会议的召开给予全力支持的机构;赞助单位指为会议的顺利召开提供经济帮助和设备、场地支持的机构;合作单位则是为对于会议的召开与会议主办者进行合作的机构。在会议组织和策划工作中,也要充分考虑相关支持者的利益,尽量使得会议能为其实现一定价值,如支持单位形象、宣传推广、品牌及营销等价值。

值得注意的是,并非所有会议都需要会议组织要素的全部参与。如"2013年国际经济合作论坛暨中外企业项目对接会",由中华人民共和国商务部、商务部中国国际经济合作学会和对外经济贸易大学国际经济研究院主办,其承办单位为中国国际经济合作学会及中国与全球化研究中心,协办单位是中国与全球化研究中心,还拥有商务部合作司、商务部外贸司、中国外商投资企业协会、中国WTO学会、美国商会、欧盟商会、中国开发区协会等十几家支持单位。

(4)会议的相关服务机构

①专业协会。国外会议业有许多与会议相关的专业协会。以美国为例,就有与会议相关的协会数十个。按其服务对象的不同,大致可分为以下几种类型:以会议产业为关注对象的,如会议产业理事会;以会议组织机构中的会议策划人为服务对象的,如会议专业人员国际组织;以会议场所管理者为服务对象的,如国际会议中心协会;以会议产业中某一个特定群体为服务对象的,如美国的国家演讲人协会。

②专业媒体。与会议相关的专业媒体,就其内容来说,有办给会议策划人的,也有办给某一类专业人员的。如国内的《中国会议》《会议》杂志,美国的《成功会议》《办会》《会议新闻》《协会会议》《医药会议》《会议技术》等。

③教育、研究、咨询等机构。随着会议产业的发展,专门的会议教育、研究和咨询机构的发展前景也日趋明朗,发展速度日渐加快。这些机构也为会议的服务和质量的提升、完善发挥了作用。

2) 会议客体

会议的客体是指参加会议的对象,包括会议正式成员、会议列席者、特邀成员和会议旁听者。会议的客体规模也是决定会议规模的主要因素。

(1)会议正式成员

会议的正式成员是指被正式邀请或者被正式要求参加会议,并在会议上享有表决权、选举权和发言权的与会人员,也是会议活动的主要成员。

(2)会议列席成员

由于有些会议的议题涉及有关部门的管理权限和日常工作,为便于了解情况和信息沟通,需要邀请一部分人员列席会议。会议的列席成员不具有会议的正式资格,只有一定的发言权,但无表决权和选举权。是否需要列席成员参加会议,如何确定列席成员,列席成员参加会议中的哪些活动,则需根据会议的实际情况而定。

(3)会议特邀成员

由会议的主办者根据会议的需要而专门邀请的成员,如上级机关的领导人、专家、权威人士、特别来宾和报告人等。

(4)会议旁听成员

即受邀请参加会议,但不具有正式资格,既无表决权,也无发言权的会议成员。

3) 会议主持人

会议主持人作为特殊的、与会议举办过程和效果密切相关的个体,是会议非常重要的组织要素。"会议的主持人犹如一个乐队的指挥",主持人往往也可以被看作会议的召集人、组织者和引导者。一个成功的会议,离不开主持人适时适当地引导提醒和循序渐进的进度安排。主持人主持工作的好坏,将对会议进展、过程及效果产生直接的影响。优秀的会议主持人能很好地控制会议的进程、调动与会人员的互动积极性、引导会场气氛,从而产生良好的会议效果。

会议主持人在主持会议的过程中需扮演多种角色,以及进行多种角色的转换。一名优秀的会议主持人应具备的素质有:第一,清晰敏锐的思考——主持者在会议之前做充分的准备,有助于提高会议现场的思考能力;第二,善于言语的表达——能以语言推动讨论,疏导与会者的思维方向,以及在会议各个阶段总结所取得的成果;第三,良好的分析能力——懂得如何澄清问题,透视问题的每一个层面,指出每一种意见的利弊得失,以及分辨事情的轻重缓急;第四,具有对事不对人的态度——不能因自己对与会者的喜、恶而影响他人对事情的判断,及时提出自己的观点时,也应该明示自己是站在个人立场发言,而非以主持人的身份说话;第五,公正——不应有袒护行为;第六,耐心——对某些词不达意或胆怯的与会者耐心地提供协助和鼓励;第七,灵活应变——灵活地解决某些突发状况,尤其是要在不冒犯"挑刺"人物的前提下,有效地对付他们;第八,沉着并自我约束——态度果敢而沉着坚定,且应避免放荡不羁地发表自己的意见,垄断发言或理论教育等过度暴露自己的行为;第九,具有幽默感——幽默感对消除紧张气氛和使会议顺利进行具有一定的积极作用,但应避免在运用幽默时使用轻浮或浅薄的话语。

4)其他与会议相关的人员

其他与会议有关的人员常包括会议秘书人员和会议服务人员等。会议的秘书人员承担着从会议筹备到会议结束整个过程中的一系列工作,如会场选择、制作会议证件、准备会议文件和材料、会议签到与报道工作、办妥后勤服务事宜等。会议的服务人员是指具体从事会场布置、设备支持、会场服务以及负责生活服务等方面工作的人员。

1.4.2　会议相关规则

会议规则是会议组织工作的指导思想和准则,也是对与会各方的有效规范,它是会议的重要组织要素。会议规则的制定,应当注意以下5点:

①会议规则本身必须"合法",也即从内容到形式都不能与法律、法规以及其他效用等级高的制度规定相抵触。

②会议规则的具体内容应由会议的性质以及具体实情来决定。

③规则的表达应该文字化、文件化、规范化。

④要明确规定特殊情况下暂时停止执行既定规则的必要条件,同时要规定新的暂时实行的规则的产生办法。

⑤规则的制定要简繁得当,条款要具体和具有可操作性。

1.4.3　会议方案

会议方案是会议召开之前,对如何召开会议所作的预想性方案(如对会议预期效果、整体日程作出安排),是对会议工作作出的总体部署,是关于会议的计划。它也是会议组织工作中必不可少的要素。会议方案的具体内容详见项目3的内容。

【复习思考题】

1.什么是会议？会议具有哪些特征和功能？请举例说明。

2.会议由哪些基本要素构成？

3.构成会议的主要组织要素是什么？

4.谈谈会议主持人的能力和素质要求。

5.了解几种常见的会议,并谈谈这些成功会议的经验。

项目2
会议策划方法

任务1 会议策划要求

2.1.1 会议策划的概念与意义

"策划"有谋划、筹划、计划、对策等意思。策划是一项立足现实、面向未来的活动。它是策划者依靠自身理性,并根据收集到的各种信息,来判断事物变化发展的趋势,全面构思、设计、选择合理可行的行动方式,从而形成正确决策及高效工作,以实现特定目标的过程。策划是一个综合性的系统工程,其中目标是策划的起点,信息是策划的基础和前提,创意是策划的核心。

《哈佛企业管理》书中提到:策划是针对未来要发生的事情作出当前的决策。即策划是决定将来做什么、何时做、谁来做。会议策划是对会议进行管理和决策的一种程序,它是一种对会议活动的进程,以及会议活动的总体战略进行前瞻性规划的活动。它始于会议活动的最初阶段,有时甚至要贯穿于会议活动的始终。简而言之,会议策划就是为了使会议预期目的得以实现,而进行构思、设计并选择合理可行的方案的过程。

出色的会议策划是会议圆满举办的前提。会议策划不是一种简单的堆砌工作,而是根据会议的目的、性质、预算进行缜密策划的过程。完整的会议策划是一个节奏分明、条理清楚、面面俱到的周全计划,不仅具有可行性,并在某些方面具有突破性,富有新意和创意。只有通过专业策划和充分准备的会议才能取得预期效果。

2.1.2 会议策划的要求

1)会议策划的基本程序与步骤

在会议的决策过程中,由于会议的组织机构不同、所针对的问题不同、会议项目内容不同,决策的程序也不尽相同。大型会议如以国际组织、国家政府部门、贸促机构、工商会、集团公司为主办者的会议,大多有相应的部门或人员专门从事会议工作并有固定的决策程序,会议策划的环节相对也比较规范合理。对于某些小公司而言,会议策划的环节也许比较简单。

无论是会议的整体策划,还是会议中具体活动的策划,都要按照一定的、科学的、合理的程序进行,按照一定的步骤、章法去思考问题。科学的策划程序应包括确定目标、设计方案、执行方案这三大基本步骤。

(1)确定目标

目标是行动的方向和指南。选择并确定切实可行的目标,才能保证会议活动有效地实施。因此,确定合理的目标是会议策划的起点和重要环节,它本身也是一个过程:

①要明确策划的主题。目标与会议活动主题关系紧密,目标不能脱离会议活动主题。在策划过程中,最重要的问题即明确主题。从众多纷繁复杂的头绪中,针对目标,抓住重点;在问题的解决过程中,可再有效地细分,选择好解决问题的切入点,从而更有效地解决问题。

②要明确策划的重点。从目标到主题,再到重大问题中挖掘出策划的对象。根据自身的情况,制定选择策划对象的工作程序及确定对象的标准。通常来说,主题的明确,有利于具体工作的开展,是成功策划的重要保证。

③要收集相关资料。一个成功的会议及活动项目策划方案应该建立在丰富而全面的信息资料之上,这也是灵感和创意诞生的源泉。对这些信息资料的运用,应有一定的删减处理,并进行加工,才可能成为策划创意的切入点。通过对资料的整理和分析,在头脑中逐渐形成创意的雏形。

(2)设计方案

实现会议活动目标是会议活动策划的终极目标,这就要求方案设计的各个环节和方面都要围绕如何实现目标而展开,制订具体行动的途径和方法。设计方案时,应注意以下3项原则:

①要遵守量力而行的原则。即从自身现有的条件、具备的能力出发,要考虑项目的经费预算是多少;同时,要尽可能挖掘内部潜力,充分利用内部条件和有利因素。

②要大胆创新。对于策划而言,创新是关键。会议活动策划也是如此,大胆创新能为活动成功奠定基础,是一个良好的开端。

③要细致全面。会议策划方案考虑的是整个活动,因此,需要考虑多方面情况,既要照顾到会议活动的各个细节,又要体现出方案的独创性。

方案最后要形成文字稿,即策划书。策划书的写作需文字简明扼要,逻辑顺序合理清楚,主题鲜明,必要时可辅以图表、实物照片、设计模型等。

(3)执行方案

通过会议策划书,已基本确定会议实施的方案。最后要做的就是制定各个

步骤的实施细则,以保证会议目标实现过程的顺利进行。要保证方案的正确实施应做好如下工作:

①防范措施。任何事物的进展都有不可预测的情况。会议策划方案的实施也必须事先做好防范措施,准备好不同的预案,以备不时之需。同时,也可以做几套备用方案,可以根据临时状况,随时启用。

②评估措施。评估既可以是全程结束后的总体评估,也可以是阶段性的评估。就会议策划过程来说,策划书的完成并非意味着策划的结束,保证方案的有效执行及对策划经过和结果做充分的分析、探讨,得出经验或教训,并在下一次策划中将其改善,如此循环这才是一项完整的会议策划工作。

2)会议策划的原则与要求

一般来说,一次完整的会议策划,基本上包括会议策划者、策划对象、策划依据、策划方案和策划效果评估等要素。策划者在会议过程中起着"智囊"的作用,策划者的素质直接影响着会议成果和质量水平。策划对象既可以是某项整体会议活动,也可以是会议诸要素中的某一要素(如会场设计、物料管理)。策划依据包括策划者的知识结构、信息储存以及有关策划对象的专业信息。策划方案是为实现策划目标,针对策划对象而设计创意的一套策略、方法和步骤。策划效果评估是对实施策划方案可能产生的效果进行预先的判断和评估。会议策划诸要素之间相互影响、相互制约,构成一个完整的体系。

会议策划是为综合性的会议活动提供策略指导的具体计划。它必须遵循市场经济的客观规律和会议活动的基本原则。

(1)目的性原则

会议的举行总是为了达到或完成主办者一定的目标,如传递有关的信息、知识、观念,或促成某项商业性协议,或树立企业品牌等。从宏观上来讲,大型的、政府性的或区域性的会议甚至是为了对一个地区的经济起到促进作用。因此,在会议策划过程中应遵循目的性原则。

(2)利益主导原则

会议策划时应注意权衡和考虑多方面的利益,尽量实现策划对象、策划者本身及其他相应的利益相关者的多赢。如在为策划对象创造效果的同时也为策划者自身创造收益,因为会议策划忽视或损害利益相关者任何一方的利益,这个策划就可能是失败的策划。

(3)整体规划原则

一次成功的会议,从会前准备到会后评估,是由会议场地的选择、出席者邀请、食宿安排、会议期间的组织与管理及其他事项等一系列环节组成的系统工程。整体规划原则要求会议策划者具有全局观,能从长期利益出发,统筹规划所有事项,在必要的时间内用最有效的方式来计划和协调会议活动。

(4)可操作性原则

会议的顺利实施是会议策划的直接目的,因此,会议策划不仅要为会议活动提供总体策略和指导,还要提供具体的行动计划,使会议活动能在总体策略指导下顺利进行,要具有充分的可操作性。即在制订会议策划方案时,要结合市场的客观实际情况,以及会议公司的具体情况、实施能力来进行,避免出现"纸上谈兵"的现象。

(5)周密性原则

由策划的内涵可知,会议策划工作需要对会议的诸多方面制订周密的计划,并做出精心的安排,包括对人和事进行最佳搭配和组合。如果计划不够周密,安排不够周到,就可能给商务活动造成无法弥补的损失。

(6)规范性原则

首先要求策划活动必须遵守法律,在不违反法律条规的前提下开展。其次,必须遵守伦理道德,在不违背人们的价值观念、宗教信仰、图腾禁忌、风俗习惯下进行。规范性原则还要求会议策划,必须遵循行业规范,做到管理规范、程序合理、操作有方、竞争有序,在深刻把握会议经济内在规律的基础上完成策划。

3)会议策划的思路

开展一个大型会议活动需要耗费大量的人力、物力以及财力。不仅如此,要操控一个大型论坛的顺利进行,需要把论坛相关的每个细节做好,而一个大型论坛需要做的工作是非常多的,包括论坛的宣传、嘉宾的邀请、观众的邀请、会场的布置、资料的收集整理,等等。

(1)会议目的

会议目的一定要在项目启动的早期确定下来,然后整个活动的基调一定要围绕起初的这个目标,不排除会有在项目进行中不断改进深化目标的情况发生,但不能偏离太远。有一句老话是这样说的:"我们已经离开了太远了,以至于我们都忘记了当初大家是为了什么而启程"。

(2)会议规模

主要是指参加会议活动的人数以及其重要性,即举办的等级控制等问题。

（3）会议形式（时间、地点）

时间的设定不仅需要参考主要演讲嘉宾的时间，还需要参考大部分参会人员的时间。另外，地点的选择也是非常重要的，要在适合的场地办会议活动，才能达到最佳的效果。

（4）拟邀请对象

让各个项目负责人上报希望邀请名单，统一整理活动拟邀请名单。这里的总名单的构成主要包括销售部门和市场部门两方面，销售部门整理的名单主要是产品或服务的目标客户，市场部门整理的名单的则是产品或服务所处行业的专家、团体以及专业或大众媒体等影响力大的人群。我们在邀请参会人员的时候，需要注重"羊群效应"，即是首先邀请行业内分量比较重要的名人或行业内龙头企业，然后用名人和企业的带动力去吸引更多的目标参会者。

（5）会议主题及议程

会议主题及议程对于会议策划至关重要，详见本项目任务3的内容。

（6）场地布置以及需要准备的资料、器材等

成功见于细节！注意：灯光的变化、温度是否适中，避免温度有大的调整。如拿干净的披肩给表现很冷的女性，时间比较长的会议在每人的桌子上可以预先放置薄荷糖等提神。

（7）会议工作分工（时间进程表，见表2.1）

整个会议需要按照甲方和乙方的工作进行分工，然后在这个基础上再继续细分各项落地工作。

表2.1 时间进程表

项　目	工作内容	负责方
提案及定案	活动要求告知	甲方
	提交活动提案	乙方承办方
	活动提案定案	甲方
	签订服务合同	双方
活动场地	确定活动酒店	甲方
	确定晚宴安排	甲方
	确定交通路线	乙方承办方

续表

项　目	工作内容	负责方
场地设计	活动场地勘察	乙方承办方
	提交初步设计方案	乙方承办方
	确定场地设计方案	甲方
	制作开始及监督	乙方承办方
	制作物运输及进场	乙方承办方
媒体邀请	前期媒体沟通	乙方承办方
	邀请媒体名单建议	乙方承办方
	确定媒体名单	甲方
	媒体邀请 RSVP	乙方承办方
	确认媒体出席名单	乙方承办方
领导/VIP 邀请	提交邀请函设计	乙方承办方
	确认邀请函设计	甲方
	邀请函印刷、制作	乙方承办方
	领导/VIP 数量确定	甲方
	发放邀请函	乙方承办方
	领导/VIP 出席人数确认	甲方
新闻资料	活动日程指南	乙方承办方
	活动新闻通稿	乙方承办方
	甲方产品宣传资料	甲方
	甲方专柜照片	甲方
	嘉宾演讲词	乙方承办方

续表

项　目	工作内容	负责方
其他准备	提交活动司仪建议	乙方承办方
	活动司仪面试确认	甲方
	提交模特建议	乙方承办方
	活动模特面试确认	甲方
	司仪及模特服装确认	甲方
	晚宴表演确定	甲方
	交通车安排	乙方承办方
	活动司仪稿确认	乙方承办方
客户提供资料	新闻资料封套	甲方
	信封、信签、手提袋	甲方
	活动礼品提交及确定	甲方
活动执行	Event Kick-off	双方

（8）现场协调控制

现场协调的最大难度在于不同单位之间的沟通,建议会前多开几次通气协调会,把分工进行多次明确。另外需要注重会前的彩排工作,因为会议阶段可能随时出现许多突发情况,彩排一定不能少。

（9）会议预算

（略,请查看任务9）

（10）会议项目执行总结

不足之处:

①前期准备工作做得不够充足,座谈会将要举行时才手忙脚乱,这是活动大忌。以后要提前做好一切准备。

②邀请到会嘉宾时出现混乱状态,邀请人数超出预计人数较多,以后在邀请参会人员方面要做好预计。

③邀请名单在××号当天才真正确定,之前一直无法掌握确切的参会人员,时间过于仓促,以后至少要提前一天完成此项工作。

④座谈会期间有员工拍个人照片以及聚拢吵闹,这是很不尊重在会人员的做法。员工形象代表公司形象,也代表公司的素质,因此各人员都要注意,绝不

允许再有此类事情发生。

　　⑤由于器材问题,负责拍摄的员工拍出的照片"惨不忍睹",导致后期无法提供足够的图片发放到网站作相关报导。建议请专业公司或购买更新的器材做好图片资料的收集工作。

　　(11)会议后期工作

　　会议后期工作见表2.2。

表2.2　会议后期工作

项　目	内容说明
嘉宾到达情况	名片资料分类录入客户资料数据库中
信息收集	收集客户提出的意见和建议、关心的问题及相关解答
图像收集	保存图像资料,刻录光盘,归档
数据收集	人员名单、单位、邮箱以及图像等资料一并刻录保存,归档
网站更新	出简略文字报报道,配图,会议结束后的3日内上传到公司网站
与会名单收集	所有与会人员名单录入,存档
发感谢信给与会人士	拟定感谢信,给每一位到会者发一封感谢信以表谢意。
对于公司重要的人士可以在感谢信里加上大会现场拍摄的有此人出现的相片和DV等资料	活动举行之前,就要邀请专业的摄影师和摄像师跟踪记录整个活动的一切亮点!
跟进媒体宣传报道活动情况	在会议前一天就以邀请函的形式把活动的具体内容告知各界媒体朋友,因为有的媒体可以在活动前一天或者当天就预先报道有活动举行,吸引更多有兴趣的人参加。在活动结束的当天晚上一定要把整理好的更新版活动新闻发布稿件电子版发给各位媒体朋友,方便其在会议举办后的第二天就发布文章。和每个媒体说明,如果有报道要通知我们,以便公司收集整理。时效性很强,一定要和记者们保持沟通。

（12）会议后跟进工作

①销售部门：联络感情、建立比较紧密地业务关系，了解其真实的市场需求。

②市场部门：筛选整理决定向外界投放的信息；决定利用哪些渠道以及媒体投放这些信息。

以上的活动只能算是前期宣传工作，还有接下来的另一个宣传高峰——集中宣传阶段。

2.1.3　会议策划的方法

1）头脑风暴法

头脑风暴法，又称智力激励法。头脑风暴法是一种专家会议形式，目的是进行决策预测和策划方案设计。这种专家会议是在一种非常融洽和轻松的气氛下进行的，人们可以畅所欲言地发表自己的看法。头脑风暴法的心理基础是一种集体自由联想而获得创造性设想的方法，它可以创造知识互补、思维共振、相互激发、开拓思路的条件。因此，可收到思考流畅、思考领域扩大的效果。

这种方法适用于研讨战略性决策问题，可以从中产生出新思想、新观念、新方法、新成果。但这种方法受与会者主观素质条件限制，整理分析要花相当长的时间，甚至会延误决策。

（1）头脑风暴法的原则

掌握头脑风暴法的原则是成功运用头脑风暴法的关键：

第一，互不批判原则。为了消除每个与会者的心理压力，创造一个融洽、自由、轻松、活泼的气氛，保证思维的发散性和流畅性，会议上不得对任何人提的任何设想有丝毫批判的意思，任何人也不得作出判断性结论。为了确保互不批判原则彻底实行，在会上也禁止吹捧、溢美之言。互不批判原则是头脑风暴法中最重要原则，是其他各项原则的前提和基础。

第二，自由奔放原则。就是使人的主观想象力得到充分的发挥，让与会者的思维保持在自由奔放的状态，以便提出各种奇特的构想，突破束缚和障碍，形成富有创造性的设想和方案。

第三，数量最大化原则。会议上所提出的各种设想不在乎质量的高低，其目的在于获得最大数量的设想。这要求鼓励与会者自由地大胆地展开想象，踊跃发言，提出的方案越多越好。在各种设想大量增加的条件下，各种优质设想就会蕴藏在其中。

第四,借题发挥原则。就是善于结合别人的意见来提出自己的设想,目的是鼓励对他人的设想加以改善,或将他人的设想加以结合,巧妙地利用他人的设想,从中提出更加新奇的设想,这就是要促成思维的连锁裂变反应。

(2)头脑风暴法实施程序

头脑风暴法运作程序大体有如下几个步骤:

①会前准备。会前准备有四个环节:

a.确定会议主题。也就是确定策划所要集中解决的问题。

b.选择主持人。主持人关系到会议的成败。主持人必须十分熟悉会议的主题,熟练掌握 BS 技法。同时要求其平易近人、头脑灵活,健谈幽默,善于启发和提示,善于制造气氛和保持气氛。主持人不一定是群体中最高权威者或最高领导者,可以是群体中地位、资历、学识居于中间且符合以上标准的人员。

c.组成专家小组。小组成员可以是各方面的人员,一般以 8~15 人为宜。专家小组的人员选择有三个原则:第一,如果参加者相互认识,要从同一职位(职称或级别)的人员中选取,领导人员原则上不应参加,否则可能对参加者造成某种心理压力。第二,如果参加者互不认识,可从不同职位的人员中选取。这时,不论成员的职称或级别的高低,都应同等对待。第三,参加者的专业应尽量与所讨论的策划的中心问题一致,同时专家组中最好包括一些学识渊博,对所论及问题有较深理解的其他领域的专家。

头脑风暴法专家小组应由下列人员组成:(a)方法学者——策划领域的专家;(b)设想产生者——专业领域的专家;(c)分析者——专业领域的高级专家;(d)演绎者——具有较高逻辑思维能力的专家。

d.确定会议时间。通过经验证明,头脑风暴会议的最佳时间应控制在 20~60 分钟。

②会议召开。会议的程序大体上有四种:

第一,会议开始,主持人宣布讨论课题,申明基本原则。

第二,自由发言。必须把自由和集中统一起来。自由指的是会议气氛轻松,大家言论无拘无束。集中指要有重点的针对性问题,而不是漫无边际地夸夸其谈。此时如果出现冷场,主持人可抛出事先准备好的设想,以达到抛砖引玉的作用。

第三,随时公布方案。应有两名记录员参加会议。一人做书面记录,另一人将发言随时整理,利用黑板或投影仪反映出来,以相互启发,相互激励。

第四,适时宣布休会。会议已达到预期效果或已超过预期时间,宣布散会,同时请大家继续思考,有了新的构想,予以补充。

③加工处理。会议结束后,会议主持人和记录员要及时把会议讨论的问题进行归纳分类,并作全面技术性分析、可行性论证及评估和系统化处理,有的方案还可以建立数学模型,然后一并送给策划者进行优化选择。

2) KJ 法

KJ 法是日本著名创意策划大师川喜田二郎先生所发明使用的方法。这是一种将本来众多的个别资料或要素,加以整理而形成易懂的体系的方法。它的实施步骤如下:

①先从团体创意中收集各类意见,再将每一个意见写于名片大小的卡片上,而后将卡片如扑克牌般地排列在大桌上。

②将创意有相似之处的卡片聚成一处,则桌面上会形成一个个卡片大小的小集合。

a.以简洁的文字,浓缩每一堆卡片的意义,在每一堆卡片的最上面,放上一张以一行字代表其内容的卡片。

b.将数张一行字的卡片,按其相似处编成中集合,再把中集合编成大集合。

c.编完大集合后,把这些大集合中的小卡片,在大张的纸上展开做成相关图或构造图,而后再贴上各自所属的卡片,形成各个体系的体系图。

结合这些过程做成的体系图,可使最初杂乱无章的数十甚至数百种创意一目了然,并能突出问题的关键要素,对实施计划的讨论及评价非常方便。

3) 纸牌法

纸牌法是由日本新力公司的小林茂先生命名的,这个方法是 KJ 法的变形。小林茂先生希望有更简便、更好的新方法,于是创造出了由集体创造的"新法","纸牌式集体创意法"简称"纸牌法"。

"纸牌法"是事先分配好数张卡片,请参加人员在每一张卡片上写一个创意。然后决定一名主持人,主持人将各成员的卡片全部收集,接着以洗纸牌的方法,将卡片均匀混合,再将卡片分给每一位成员,每人获得的卡片数目也大致相同。大家仔细阅读手中的卡片,若有不明白之处,可向原作者提出疑问;假如手中的卡片有相似之处,就自行先予以归类。

从主持人的右侧开始,每个人将自己手中卡片内容逐一念出来,然后当场放在桌上;在座的成员,若听到与自己手中内容相似的卡片时,也拿出来与之归于一处。如此经过一轮之后,放一张封面卡片在上面,标明这些相似内容卡片的共同特点,再放到主持人那儿。

重复进行这种程序,以后会形成数堆集合以及仅有单独一张的"单独卡片";把"单独卡片"和整堆的封面卡片,再重复以上程序,最后会形成四五堆集合,接着就与 KJ 法一样做关联图。

纸牌法的作者曾表示,这不单是收集创意的创意法,更是成员对一个题目利用纸牌法探究的过程,会产生各种讨论而帮助了解。最后做关联图时,会激起所有成员的团队精神,并强烈关怀问题的解决或实行方式。因此作者将其又命名为"组织复苏法"。

任务2 会议策划内容

1)会议目标和任务的策划

(1)会议目标和任务的含义

会议的目标是会议组织者的期望,而会议的任务则是在目标统率下所要完成的具体工作。会议的目标决定了会议策划的其他许多环节。只有确定了会议的目标,才可以确定与会人员的选择,相应地才可以确定会议的地点、会议的议程和会议预算等相关因素。

(2)会议目标和任务策划要注意的主要问题

①目标和任务的提出要切实。会议的召开本身是为了解决问题、协调关系、推动工作,因此,会议的目标和任务一定要切合工作实际和人们的思想实际。目标过高或者过低,目标空洞、虚幻,具体任务不明确,不仅无助于会议的成功,有时候甚至会造成负面效果。

②处理好目标层次之间的关系。会议的目标根据实际情况可以是一个或多个,而具有多个目标的会议,要处理好目标层次之间的关系。一方面,要处理好总目标与具体目标的关系。有的大型会议需要解决的问题较多,在总目标之下需确定一些具体的目标,此时则应遵循总目标统率具体目标,具体目标服从于总目标的原则。另一方面,还需要处理好主要目标与次要目标的关系。举行会议,尤其是大型会议时,应首先明确会议的主要目标,处理好主、次目标之间的关系,并适当控制次要目标的数量。在会议实践中,通常会议的目标越集中,会议的议事质量就越高,与会者对会议的结果印象就越深刻,贯彻会议的精神

也就越顺利。反之,会议目标越庞杂,主次不分,势必造成议会议效果不理想。

会议的目标通常是由少数会议领导者和组织者在会前确定的,有可能会存在一定的主观性和片面性。因此,会议确定的目标是否合理可行,还必须接受会议的过程和实践结果的最终检验。

2)会议议题的策划

(1)会议议题策划的要求

①会议的议题要服务于会议目标和任务。任何一种会议目标都必须通过会议的具体议题来体现。也就是说,会议的议题应当根据会议的目标和任务来确定,与会议目标和任务无关或者偏离会议目标的议题都应当舍弃。因此,议题应当在会议召开之前与会议的目标和任务一起确定。但在会议过程中,也可以围绕会议目标和任务补充新的议题或修正原来的议题,甚至提出反议题(针对某项议题的反对性议题)。

②会议议题的策划要高效,即保证会议的效率。为此,在策划会议议题时要做到:一次会议的议题要适量,以免议题过多而导致会议效率低下;相关的议题集中或归并讨论,最大幅度地减少会议中重复讨论;分清议题的主次轻重,明确中心议题或主要议题,以保证与会者能够把主要精力集中于最重要和最需要认真思考的问题上;在拟定议题的同时,提交相关的背景材料,或形成备选方案,做到准备充分,以便最大限度地提高会议的决策质量。

③会议的议题表述要清楚准确,避免含混或产生歧义。同时,议题的内容必须与会议的权限相符,不能超出会议的职权范围。

(2)会议议题的形式

①书面形式

重要会议的议题要采用书面形式,以示郑重,并便于与会者仔细研究。书面形式的议题则主要包括:议案、议程表和提纲。

议案是指单项议题的正式书面文件。重要的会议,特别是法定性会议,正式代表和法定机关提出的议题,应当采用议案这一书面形式。议案必须经过一定的审查程序,并获得通过才能成为会议的议题,被列入会议的议程。

议程表是反映多项议题讨论顺序的书面形式。有些研究工作的内部性会议或协调会议,多直接用议程表的形式表述各项议题,无须形成议案。

提纲有讨论提纲、调查提纲等,一般用于无严格会议程序的商务讨论会、调查会等。

②口头形式

有些事务性会议或小型商务调查会议，无须强调议题的程序性，可事先将议题口头告知与会者，由会议主持人根据会议具体进展灵活掌握，不一定采取书面形式。

(3)会议议题的决定和处理

纵向性会议的议题经过审查后，可直接交给会议的领导人参考决定。横向性会议的议题则要经过表决或磋商确定。确定了的议题应列入会议的议程。

对于不能确定的议题，其处理办法有撤题、转题、缓题和协调等。撤题是把不符合会议举办组织的管理目标、不符合政策精神的议题以及不需要拿到会议上讨论的问题予以撤回。转题是把不应该由本次会议讨论的议题，转给相关机构或部门的会议去研究处理。缓题是对那些情况复杂、解决问题的时机尚未成熟，或相关材料准备不足、需要充实情况的议题，采取缓议的办法，等时机成熟后再议，或退回有关部门进行充分补充后提交下一次会议讨论。协调则是对内容涉及诸多部门和单位的议题，在会前进行充分协调，使各方的立场趋于一致，并能形成一个初步方案，再提交会议正式通过。

(4)其他应注意的事项

安排好会议的议题是会议工作的一项重要内容，会议组织者和相关策划人员一定要在思想上高度重视会议议题的安排，会前充分研究以确定有效的、具有实际意义的议题。在进行会议议题策划时，还应处理好主题与一般性议题的关系，使得主题性会议既能突出主题，又能通过议题将主题具体化。

①会议规模、方式策划及与会人员的确定

a.会议规模的策划。会议规模是指会议组织存在的时间和会议占用的空间，即会议存在的时间长短以及动用的人力和物力的总和。一般来说，决定会议规模的主要因素是动用的人员数量，其中又以参加会议的总人数为主要依据。策划会议的规模时，应综合考虑会议组织的效果、效率、场地条件及成本预算等因素。

b.会议活动的效果。会议的规模与会议的效果密切相关。有的会议保密性较强，必须严格控制与会人数与会务人员，以防会议内容扩散。有的会议则要求造成声势，扩大影响，需要达到一定的规模才能产生效果。盲目追求规模，则有可能产生不良的影响和效果。

c.会议活动的效率。会议的规模直接制约会议的效率。也就是说，会议人数越少，会议所花时间越少，会议效率就越高；会议人数越多，意见越不容易集中,会议时间越长,效率也就越低。管理学研究表明,出席会议的人数超过 12 人,其中就可能出现懒于思维者。因此,除了法定性会议和必须举行的大规模会议之外,要尽可能地控制与会人数。

d.会议场地。一般来说,会议规模决定场地,但由于场地的限制,会议规模也会受到相应的限制。因此,决定会议规模之前应当考察场地条件。

e.会议成本。会议规模与会议成本二者构成正比关系,会议规模越大,动用的人力、物力、财力就越多,会议成本也就越高。在确定会议规模时,要量力而行,在考虑会议显性成本的同时,还要预算隐性成本。

②会议方式的策划

在会议目标、议题、性质、对象、规模等确定之后,会议方式也就可以确定了。在确定会议方式时,应当综合考虑会场的座位格局、会议气氛的渲染手段以及会议的技术手段等多方面的问题。

a.会议会场的座位格局。会议会场的格局也就是与会者座位的摆放形式,它同会议的目的、会议的效果等有着密切联系。比如,商务座谈会应当将与会者的座位摆放成围坐式,以增加轻松和谐的会议气氛。商务报告会应当突出报告人的地位,需要设主席台,座位格局以上下对应式为宜。

b.会议气氛的渲染手段。怎样运用宣传手段和会场布置创设会议的特定气氛,以达到会议的目标,是影响会议方式的主要因素。不同的会议,需要根据会议的目标、性质等采用不同的手段渲染会议的气氛。有些特殊的会议,还需要运用传播的手段给会议创造良好的社会氛围。

c.会议的技术手段。运用现代技术手段举行会议是现代会议的特征之一。比如运用电视、电话、计算机及其网络系统召开的远程会议,快捷方便,能提高会议的效率及降低会议的成本,成为现代会议方式的亮点。

③与会人员的确定

会议的与会人员应当依据会议的目的、性质、议题以及议事规则等来确定。与会人员的确定既关系到会议领导者的职权,又关系到与会人员的权利,同时也关系到会议的目标能否顺利实现。因此,应当慎重。会议与会人员的确定可以通过领导确定、规则确定、磋商确定或选举确定等确定途径来实现。

确定与会人员时应注意的问题有:第一,与会人员的确定是否符合法律、法规、规章以及组织章程、议事规则的有关规定。第二,强调或明确会议必须参加人员。第三,明确与会人员职务或级别,因为针对不同身份的与会人员,其参加会议的提法也不一样。如,正式成员称之为"出席",列席人员称之为"列席",且应当在会议邀请书或会议通知中说明与会者的资格,或以"出席"和"列席"

"旁听"区分,以免误会。当不需要对与会者资格进行区分时,可通用"参加会议"一词。第四,充分考虑与会人员的代表性,因为与会者是否具有代表性是会议能否真正集思广益或有价值的关键因素。

3)会议时间、地点的策划

(1)会议时间的策划

会议时间的策划涉及两个方面的问题:一是会议召开的具体时间;二是会期的长短。

会议的举行应选择合适的会议时间,即会议召开的时间富有意义,能烘托会议主题或有利于推动工作,具体时间的选择还应符合人的生理和心理规律,注意劳逸结合。

会议会期的长短也应根据会议的实际需要来确定:会议的各项议程能否完成;与会者能否充分发言和表达意见;会议中会否有临时动议提出,进而讨论动议所需的大致时间长短;是否需要留有一定的机动时间,以应对预料之外的情况。

在进行会议时间策划时,还需要注意几个问题:会议的主要领导人、嘉宾是否能在这一时间参加会议;对于招标性会议、论证会等,与会者是否有足够的时间准备提交相关文件或材料;会议的各项组织和准备工作能否完成;会议具体日期的选定是否会同与会者的民族风俗不符,或有可能伤害与会者的宗教感情。

(2)会议地点的策划

会议地点的策划包括两方面的含义:一是选择合适的会议地,如国家性会议要考虑选择在哪个国家或地区以及哪个城市举行;二是选择合适的场馆,包括会场、宾馆、饭店等。

①会议地点策划的意义

会议地点的合理选择,对会议活动本身和会议举办地都具有重要意义。对于会议活动本身来说,会议地点选择合理有助于突出会议的主题和营造良好的会议气氛,从而提高会议活动的效果。例如,我国2001年举办APEC贸易部长会议选址上海,并在会议当天下午移师周庄,做出这种会址选择和策划是别有一番深意的:一方面,这是在向世界展示,中国在积极参与对外开放的同时很好地保留了民族文化、民族传统和民族的价值观;另一方面,选址周庄活跃并优化了会议的气氛,提高了会议效率和效果。

对于会议举办地点或相关城市来说,大型会议,尤其是国际性会议的举办,有利于举办地产生良好的政治影响和经济效果。(如作为全球最负盛名的国际骨科学术组织之一,第36届SICOT世界骨科大会在业内极具影响力,其年度学术会议被称为骨科界的"奥林匹克"。由北京协和医院和南方医科大学第三附属医院联合申办2015年SICOT世界骨科大会,最终广州在五个城市中脱颖而出,获得主办权。这也给广州市创造了一个展示国际大都市形象的极好机会。)

②会议地点策划的主要考虑因素

a.会议地点的便利性。包括对距离、交通费用、交通便利程度的考虑,甚至气候条件的舒适度,以及气候影响下的会议地点的可达性。

b.会议服务及相关设施配套。包括了解会议举办地历来举办会议的服务水平和客户满意度,考察其是否具备相应的配套服务设施,如汽车租赁、商店、医疗服务,会议指引标志及安全或应急设备等。

c.会议的费用。充分了解会议场地,如酒店的收费方式、折扣时段、折扣程度,以及是否加收服务、设备或空间的额外费用等。

d.会议旅游及服务状况。了解会议地点附近是否有可供休闲和旅游的景点、名胜古迹,以及能否提供良好的会议旅游组织和服务。

4) 会议名称的策划

会议名称是指会议的正式称谓,是会议基本特征的信息标志。举行任何会议都应事先确定会议名称。因为会议名称对会议的举行具有重要作用。它能揭示会议主题、性质、范围等基本特征信息,以区别于各类不同的会议;便于人们从听觉和视觉两种渠道宣传会议,扩大会议影响;制作与会议名称密切相关的会标,增强会议的庄重气氛;便于会议文件的记述、立卷归档和今后的查考利用。

(1)策划会议名称的基本方法——揭示会议主要特征

①揭示会议主题特征。如"第××届中国市场用户满意品牌高峰论坛年会"。

②揭示会议出席者范围特征。如"2015年苏州地区AMD杯电子设计竞赛新闻发布会"。

③揭示会议主办者特征。如"埃古服饰2014年春夏季新品发布会暨产品订货会"。

④揭示与会者身份特征。如"浙江省人才洽谈会"。

⑤揭示会议功能特征。如"2015年北京图书订货会专家荐书发布会"。

⑥揭示会议时间和届次特征。如"2015 年中国·内蒙古国际农业博览会暨现代农业机械装备展示订货会"。

⑦揭示会议地点特征。如"2015 年中国·洛阳洛河文化旅游节投资洽谈会"。

⑧揭示会议方式特征。如"2016 企业家沙龙"。

(2)会议名称策划的注意事项

正式场合、正式文件、会议记录中应当用会议全称,以示庄重。会议简报、宣传报道可使用简称,但须使用规范化、习惯性简称。

5)会议策划的相关事宜

会议及其活动的策划者必须考虑周密,否则将会影响到会议活动的整体形象与效果。故因注意如下相关事宜:

(1)资源中心

资源中心是对各种可以组合或单独进行的活动的统称,其目的是为了向与会者提供一个常规会议之外的分享信息的组织形式。在小型会议中,资源中心可以取代展览,甚至非与会者也可以索取材料。与销售演说或产品展示不同,这里的资源中心只提供印刷资料。

会议的策划者需要考虑的是,会议是否需要设置资源中心,与会者使用资源中心是否要付费,资源中心的资料从哪里来等问题。

在组建资源中心之前,首先要确定与会者是否能够提供真正有帮助的信息或材料。建立资源中心的目的在于,为与会者提供更多的助益。如果建立资源中心可能与会议的主旨发生冲突,那么就不必建立了。

会议不应将资源中心视为一个收费来源。不过如果会议承办者需要为库存、空间使用或者安全保卫付费的话,展示材料者可能就有必要支付一定的费用了。承办者也可能将这笔开支纳入会议的预算,因为资源中心可能为会议吸引来更多的与会者。

中心材料的最主要来源通常是与会者。协会组织在其主办的会议上可能通过资源中心向与会者提供一些与本组织相关的材料。雇主在自己主办的会议上可能也会为资源中心提供一些关于本公司的材料,如产品及财务信息等。

(2)文化活动

文化活动包括看戏剧、芭蕾舞演出、音乐会、歌剧,以及参观博物馆和展览等。会议活动的策划者需要考虑的是,是否应该安排一些文化活动作为会议的一部分;会议地点或附近地区是否能够提供文化活动;会议承办者是否需要为与会者参与的文化活动购买门票等。

大型会议活动一般都将相关文化活动列入会议的策划方案,或者作为自由活动时间的可选项目。国际性会议通常举行的文化活动有名胜实地旅游,参观当地手工艺品展,或者观看民间歌舞等。值得注意的是,文化活动的安排要以方便与会者为宗旨,尽量在离会议地点不远的地方安排活动。

(3)休息区

在会议过程中,与会者常常需要从会议的忙乱和紧张中抽身出来,放松一会儿,休息区就是为与会者提供的这样一个场所。

休息区应该设计一些半正式的桌椅和长椅。如果椅子很沉重,不易搬动,最好把它们放置成四五个一组的形式,方便人们在那里进行非正式交谈。容易搬动的椅子则无须特意摆放。

一般休息区不需配备工作人员,但层次较高的会议在休息区会准备一些简单的饮料果品,并可以适当安排些服务人员。

(4)纪念礼品

对与会者赠送适当的礼品是现代会议常常采用的一个做法。以何种方式,赠送什么礼品可因会议的不同而灵活设计。

(5)影像记录

现代会议一般都比较注重媒体报道,重要的会议往往还进行现场直播(或网上直播)。作为宣传,影像记录资料是十分必要的。因而,选择合适的摄影师和速记师也是要考虑的。

任务 3 会议策划方案

2.3.1 会议策划方案的内容

会议策划方案是会议策划成果形成文书形式的反映和表达,是会议各项策划目标、意图和实施细则的书面形态,是会务工作机构根据领导者的意图和指示制订的详细周密的书面方案。它是会议筹备工作的依据,也是会议筹备工作有序进行的保障。会议策划方案经领导者审核批准后,由会务机构具体实施。

会议策划方案主要包括会议概要、会议日程及相关事务、会议预算以及其他需要说明的事项。

1) 会议概要

在会议概要部分要确定会议主题。会议主题应该与会议的目标保持一致，同时要具有号召力，要能够引起注意力和共鸣。如区域商业合作论坛可以"共谋未来"作为主题。公司新产品营销动员大会可以"开拓市场创新品牌"为主题。为了使主题更加生动形象及深入人心，图形标志也常被用于主题表达中。如用"携手同行，共创区域商业之光"之类的图形表示"共谋未来"的主题。

会议策划方案之中还应写明会议具体的召开时间、召开地点。涉及多个会场的会议还应逐一注明各分会场。策划方案中最好还能写明所设立的会议组织机构，如主席团、秘书组、宣传组、会务组和保卫组等，并确定各组负责人，以保证各项会议工作落实。

对于涉及特殊设备要求的会议，还应在会议策划方案中，写明设备品种、规格和具体要求等。

2) 会议日程及相关事务

会议日程是会议方案的主体部分。会议日程经常是一份由时间和事件组成的表格，但是很多会议主要事项并不能在日程表中详细列举，因此，对于会议策划人员来说，一份详尽的，包含了会议从策划、实施到评估反馈每个环节的相关事务列表是必需的。会议日程中要考虑与会者的到达和离开时间、每一时段的活动安排、会议主题内容、活动地点等。除正式的会议议程外，包括与会者用餐、参观、娱乐和中间休息安排等事项，也都需要尽可能详尽准确地考虑。详尽的会议日程与相关事务列表，实际上是提供了会议组织一份操作蓝图，按图索骥，自然能将会议组织得井井有条，达到会议的预定目标。

3) 会议预算以及其他需要说明的事项

会议预算要从实际出发，预算会议所需的交通费用、餐宿费用、场地租用费、会议资料以及其他一些固定支出。会议的预算通常遵照"节约、高效"的会议原则操作。

2.3.2 会议策划方案的一般格式

会议策划方案的格式通常是条文式或表格式。其主要构成为以下内容：

①标题。会议策划方案的标题,应当写明会议的主题或内容,由会议全称加上文种名称。如标题可以用"××高峰会议预案""××高峰会议策划书",也可以用"××会议策划方案"或"××会议方案"等。

②主送机关。写与不写视情况而定。

③正文。一般由开头、主体和结语组成。

开头写会议举办背景、主办单位、会议名称、时间、地点、会期等,可以"特制订会议方案如下"作为承上启下的连接语。

主体部分应当逐项写明策划的具体内容。可以写会议目的、会议日程、筹备小组分工责任、会议预算、会议规模(参加会议人员名单)等内容,有时还可以写邀请嘉宾贵宾名单及他们的讲话报告文件等。

结语通常写"以上方案,当否,请研究、批示"。

④落款或签署。会议方案要写明具体策划方案的部门名称,由具体承办人员来拟写的策划方案,可以由拟写人员具名。

⑤成文日期。商务策划方案还应写明具体的形成时间。

制订会议策划方案时,要注意商务策划方案和会议进程时间表之间的区别。会议进程时间表是会议的技术流程表,它是会议策划者经过对整个会议的过程进行精心的研究和计划而制定出来的。严格遵守会议进程表是保证会议圆满结束的重要保障。在格式上,它应该是一份正式详尽的会议策划方案的附件或直接包括的内容。

2.3.3 实用范例

[例1]   东风标致207(成都)上市发布会活动策划方案

一、活动主题:东风标致207(成都)上市发布会

二、活动时间:2014年3月1日,14:00—15:00

三、活动地点:成都万达广场

四、活动参与人群:固定邀请人员和万达商圈流动人员

五、活动内容

(1)以魔术方式揭开标致207新款车型的帷幕;

(2)标致207展示,让更多消费者在近距离感受其魅力;

(3)标致207产品知识介绍;

(4)标致207投产过程介绍;

(5)试坐标致207,回答问题,答对有奖;

(6)目标消费者资料收集;

(7)标致207车性能展示小实验(待定);

(8)活动中穿插乐队或模特表演。

注:时尚、动感的标致207在人群聚集的广场展示,主持人身穿亮丽、个性的服装,立体、强劲的动感音乐从标致207车中向周围扩散,青春劲舞散发着力与美的热力,让消费者从视觉、听觉上强烈地感受到标致207的冲击!

在热力四射的展示现场,标致207生动的产品知识介绍(配合趣味的现场演示)、精美的图片展示、充满乐趣的标致207投产过程介绍以及邀请消费者亲自乘坐标致207车,并就标致207车内部的装置回答主持人提出的问题,诸多环节都将有效地增强活动的知识性、趣味性和可参与性。

现场收集目标消费者的资料为进一步的跟踪目标消费群体,全面的市场调查提供第一手的资料。

六、活动流程(见表2.3)

表2.3 活动流程

时 间	内 容
10:50—14:05	舞队暖场表演
14:05—14:10	主持人上台,介绍活动内容
14:10—14:20	魔术表演,并借由魔术师表演将标致207以魔术形式呈现在舞台
14:20—14:30	主持人向大家介绍标致207产品知识(配车模协助展示)
14:30—14:40	标致207性能展示
14:40—14:50	标致207投产过程介绍 试坐标致207
14:50—15:00	有奖回答环节
15:00	活动结束

七、活动创意阐释

以时下最为流行和吸引人的魔术表现方式来将标致207呈现在大家面前,其目的在于展现标致207时尚、潮流的个性。同时由于在常态公关活动中用到的比较少,魔术的新颖性又能在最短的时间内吸引大量观众凝聚力和注意力。

创意一:标致207由魔术师从舞台背景后变出来

先将车停在舞台背景布后面,当到魔术师表演时,由工作人员将车从舞台背景后面直接冲破背景开出来。

优点:有极强的视觉冲击力;

注意事宜:背景画面最好是一条海边高速路上标致207飞驰的画面,高速路直接延伸到舞台。

创意二:由舞台上的标致207照片直接变成标致207

先将标致207布置在舞台中央,在车子面上罩上车罩。车罩上面用写真喷绘喷成标致207的车型照片,达到以假乱真的效果。在魔术师表演时,直接将车罩扯开,标致207展现在大家面前。

优点:有极强的画面感,并能产生极强的记忆效果。

注意事宜:车罩必须达到以假乱真的程度与真车吻合,表演时,可在喷干冰的同时扯开车罩,更有视觉冲击力。

八、效果预估

(1)通过活动执行,向目标人群传递本次活动信息,让大众彻底认知产品,达到良好口碑效应,做好销售的强势后盾;

(2)促进4S店两个月销售提升10%~20%。

[例2] 东莞市首届润滑油高峰论坛活动方案

一、活动背景

此时,东莞市创建国家环保模范城市工作正在如火如荼、紧锣密鼓地开展着……如何优化东莞的润滑油市场?在如今的大经济环境下,如何在保障东莞润滑油市场的有序健康发展的前提下,减少废润滑油对环境及人身健康的危害?在润滑油方面,如何节约能源,防止环境污染,创建国家环保模范城市,保持生态平衡,保障人类社会的持续发展?因此计划联合举办东莞市首届润滑油高峰论坛。

二、活动目的

1.有效防止我市环境污染,为我市创建国家环保模范城市作努力(略)

2.积极指导消费者正确使用润滑油,减少润滑油的消耗,节约能源(略)

3.促进东莞润滑油市场健康有序发展,为东莞经济发展作贡献(略)

4.提升广大人民群众对废弃润滑油回收再生意识(略)

5.宣传环保理念,共创和谐社会(略)

三、活动元素

1.活动时间:为期1天(待定)

2.活动地点:3个大约200 m² 的报告厅(待定)

3.活动组织

主办单位:东莞市创模办、东莞市经贸局、东莞市环境保护局、东莞市交通

局、东莞市质量监测局

协办单位:道达尔石油(广州)有限公司

支持单位:(待定)

承办单位:东莞市汽车维修行业协会

策划单位:东莞市华南品牌策划机构

4.支持媒体:《南方日报》《羊城晚报》《广州日报》《东莞日报》《东莞时报》《新快报》,以及广州电视台、东莞电视台、深圳电视台、东莞在线、东莞阳光网、华南品牌推广网站。

四、活动内容

主要由"东莞市润滑油行业发展研讨会""道达尔(东莞)废弃润滑油合作回收中心成立新闻发布会""道达尔润滑油产品招商展示会""东莞市创建国家环保城市大记事之图片展"等四大主题活动构成。

(一)东莞市润滑油行业发展研讨会

1.时间:活动当天上午,9:30—11:30(待定)

2.地点:一个至少可容纳200人的会议报告厅(一号报告厅)(待定)

3.内容

备选主题:

(1)最新《普通基础油润滑油标准》的出台及其影响

(2)全球经济下滑给东莞润滑油市场带来的挑战和机遇

(3)东莞工业润滑油和车用润滑油市场现状和前景分析

(4)润滑油对东莞环境的影响

概要:诚邀国家经济学界、国家发改委、省级环境保护机构、中国润滑油行业业界、国内机械工业业界等业界精英到会,就国家润滑油行业相关政策法规的出台及实施对东莞润滑油市场的规范化发展及在全球经济下滑背景下的东莞市润滑油行业发展前景作深入探讨和分析。

4.拟邀与会人员

(1)拟邀出席嘉宾(主讲)

①国家经济学界在石油方面有深入研究的经济学家

②国家发展和改革委员会中心在润滑油行业资深研究人员

③省级环境保护部门的相关人员

④道达尔(中国)公司的总经理

⑤国内机械工业业界关于润滑油对机械的作用有重要研究的人员

(2)拟邀出席领导

①东莞市政府相关职能及社会业务部门的领导

②东莞市汽车维修行业协会领导

(3)拟邀参与单位(个人)

①各润滑油品牌东莞区公司及经销商

②机械重工业企业

③其他润滑油经营企业或个体

5.活动现场(略)

6.活动安排(略)

(二)道达尔(东莞)废弃润滑油合作回收中心成立新闻发布会

前提:根据商业部、国家计委、国家经委、国家能委关于废润滑油回收再生的暂行规定的指示精神,由道达尔润滑油(广州)有限公司及东莞市的某一废品回收机构联合向东莞市政府相关部门申请成立东莞市政府制定的废润滑油回收中心——道达尔(东莞)废弃润滑油合作回收中心。

1.时间:活动当天下午2:30—3:00

2.地点:可容纳200人的会议报告厅(一号报告厅)

3.发布会内容概要

(1)讲述和分析废弃润滑油对环境及人身健康的危害

(2)陈述废弃润滑油的回收贮存、清除处理方法及设施标准

(3)道达尔(东莞)废弃润滑油合作回收中心简介

(4)道达尔(东莞)废弃润滑油合作回收中心对社会及润滑油消费者的承诺

概要:整个发布会分前后两半部分,前半部分由东莞市环境保护局领导和东莞市经济贸易局领导分别讲述和分析废弃润滑油对环境及人身健康的危害,陈述废弃润滑油的回收贮存、清除处理方法及设施标准;后半部分由道达尔(东莞)废弃润滑油合作回收中心总经理为道达尔(东莞)废弃润滑油合作回收中心作简单介绍,由道达尔润滑油(广州)有限公司总经理和道达尔(东莞)废弃润滑油合作回收中心总经理联合向社会及润滑油消费者做出承诺。

4.发布会出席嘉宾

(1)东莞市经济贸易局领导

(2)东莞市环境保护局领导

(3)道达尔润滑油(广州)有限公司总经理

(4)道达尔(东莞)废弃润滑油合作回收中心总经理

5.应邀出席单位(个人):

(1)其他润滑油品牌企业

(2)机械重工业企业

(3)公交公司

(4)物流公司

(5)汽车销售公司

(6)东莞市汽车维修行业协会及其会员

(7)东莞润滑油经销商

6.应邀媒体:

《南方日报》《羊城晚报》《广州日报》《东莞日报》《东莞时报》《新快报》,以及广东电视台、东莞电视台、深圳电视台、东莞在线、东莞阳光网等

7.现场布置:(略)

8.活动安排:(略)

(三)道达尔润滑油产品招商展示会

1.时间:活动当天下午4:00—5:00

2.地点:大约200 m² 的展示报告厅(2号报告厅)

3.内容

(1)道达尔产品展示

(2)润滑油产品知识讲座:包括润滑油的分类、功能作用;如何区分假冒伪劣润滑油;如何正确使用润滑油;道达尔润滑油产品介绍等。

(3)道达尔润滑油产品招商会

概况:在活动地点设置一个大约200 m² 的展示报告厅,展示报告厅的四周为道达尔润滑油产品展示区,中间为报告及招商会现场。整个现场从整体活动开始时向众人开放,先向参加活动的所有人员展示道达尔产品,并现场提供讲解,使参会人员能更好地了解道达尔的产品。在招商展示会开始后,前半部分为润滑油产品知识讲座;后半部分为道达尔润滑油产品招商会,现场招商签约,拓展销售渠道。

4.拟邀与会人员:

(1)拟邀出席嘉宾:

①省、市质检部门的相关专业人员

②道达尔润滑油(中国)公司的相关专家

③国内机械工业业界的润滑油专家

(2)拟邀出席领导:

①东莞市政府相关职能及社会业务部门的领导

②东莞市汽车维修行业协会领导

（3）拟邀参与单位（个人）：

①机械重工业企业

②公交公司

③物流公司

④汽车销售公司

⑤东莞市汽车维修行业协会及其会员

⑥东莞润滑油经销商

5.现场布置：在会场四周设置道达尔产品展示区，中间部分为报告及招商会现场（具体不知，暂略）

6.活动安排：（略）

（四）东莞市创建国家环保模范城市大记事之图片展

1.时间：整体活动的所有时间

2.地点：大约100 m^{2}的展示厅（3号展示厅）

3.内容：在会场设置一块区域，用来展示东莞市在创建国家环保模范城市以来所有事件及项目实施过程中的精美图片。一是向东莞市的广大市民展示创建国家环保模范城市的相关工作及进展情况；二是宣传东莞市的创建国家环保模范城市工作，以此号召更多的人参与到这项事情中来，有利于加速创建工作的进行；三可以让广大的市民朋友看到东莞的美丽与美好未来。

4.现场布置：（略）

五、活动费用

1.策划费：（略）

2.人员费：（略）

3.场地租用费：（略）

4.现场布置费：（略）

5.餐饮费：（略）

6.其他费用：（略）

[例3]　广汽丰田 LEVIN 雷凌上市活动方案

1.活动名称：广汽丰田 LEVIN 雷凌上市活动

2.活动日期：2015 年 8 月 23 日

3.活动城市：哈尔滨

4.活动地点：学府路凯德广场

5.活动目标:掀起媒体报道2015雷凌上市的高潮,提升广汽丰田品牌形象。

6.活动背景:借助观影活动的热潮,利用现场气氛及集群效应,举办2015雷凌哈尔滨上市发布会。提升产品形象,提高客户知晓度。

7.主要内容:新车发布、车型讲解、媒体传播、消费者体验

8.活动邀请:厂家领导3人、特约店嘉宾12人、车主75人、媒体15人,合计105人

9.观影邀请:意向客户和老客户300人

10.活动形式:上市发布会+观影活动

11.相关单位

主办:广汽丰田哈尔滨

承办:哈尔滨×××广告有限公司

12.时间推进表

前期准备　第一阶段(①方案沟通;②确定场地)

第二阶段(①方案确定;②物料准备;③客户邀约)

第三阶段(①活动当日;②人员准备;③活动彩排;④活动运营)

第四阶段(①媒体传播;②活动总结)

13.人员安排(见表2.4)

表2.4　人员安排表

人　员	人　数	位　置	负责工作	备　注
礼仪小姐	1人	舞台指引	负责指引嘉宾上台和揭幕	1.礼仪小姐统一着装服饰 2.签到和展厅对应人员请安排销售顾问,以便更好地对应客户
	1人	签到处	引导嘉宾签到	
车模	4人	展车旁	模特走秀	车辆揭幕后配合做车辆展示
广告公司现场工作人员	10人	现场	负责灯光、音箱、LED、舞台、冷餐、签到、演出等	现场执行
4S店工作人员	16人	现场	维持秩序和接待客户,以及临时工作	现场配合
车辆解说员	1人	展厅展车旁	车辆解说	广汽丰田销售顾问

14.活动总体流程(见表2.5、表2.6)

表2.5　第一天总体流程表

日期	地点	活动安排	时　间	环　节	描　述
8月23日	凯德广场	第一场互动游戏	11:00—11:30	互动游戏	集客+A卡收集
		第一场发布会	12:30—13:20	详细见发布会流程	详见发布会流程
		第二场互动游戏	13:30—14:00	互动游戏	集客+A卡收集
		第二场发布会	14:30—15:20	详细见发布会流程	详见发布会流程
		第一场电影包场	15:30—17:30	看电影	详见"雷凌约您免费看电影"流程
		第三场互动游戏	15:30—16:00	互动游戏	集客+A卡收集
		第三场发布会	16:30—17:20	详细见发布会流程	详见发布会流程
		第四场互动游戏	18:00—18:30	互动游戏	集客+A卡收集

表2.6　第二天总体流程表

日期	地点	活动安排	时　间	环　节	描　述
8月24日	凯德广场	第一场互动游戏	11:30—12:00	互动游戏	集客+A卡收集
		第二场互动游戏	12:30—13:00	互动游戏	集客+A卡收集
		第三场互动游戏	13:30—14:00	互动游戏	集客+A卡收集
		第四场互动游戏	14:30—15:00	互动游戏	集客+A卡收集
		第五场互动游戏	15:30—16:00	互动游戏	集客+A卡收集
		第二场电影包场	15:30—17:30	看电影	详见"雷凌约您免费看电影"流程
		第六场互动游戏	16:30—17:00	互动游戏	集客+A卡收集
		第七场互动游戏	17:30—18:00	互动游戏	集客+A卡收集

15. 发布会流程（见表 2.7）

表 2.7　发布会流程表

序号	项目	时间	历时/分钟	内容	备注
1	设备检查	02:00—04:00	120	设备检查	当天凌晨布展完毕立即检查设备
2	彩排	13:00—13:30	30	彩排	确认各种装饰装备及车辆到位情况/最终彩排
3	签到	13:55—14:25	30	嘉宾签到	暖场音乐
4	贵宾入场	14:25—14:30	5	领导入场	
5	开场节目演艺	14:30—14:35	5	开场舞蹈	省歌舞团
6	开场	14:35—14:37	2	主持人亮相,开场致辞	电视台著名主持人
7	领导致辞	14:37—14:40	3	厂家领导、特约店领导致欢迎辞	
8	好莱坞短片电影	14:40—14:43	3	播放宣传电影	
9	新车揭幕	14:43—14:45	2	领导上台新车揭幕	领导上台为2014雷凌揭幕并合影
10	车模走秀	14:45—14:48	3	模特T台秀	两名模特
11	新车讲解	14:48—14:51	3	产品介绍	讲解员（广汽丰田销售顾问）
12	新车价格	14:51—14:56	5	公布雷凌凯美瑞价格	
13	有奖问答	14:56—15:01	5	与广汽丰田及雷凌相关的智力问答题	游戏环节,可适当增减游戏数量
14	首位车主交车仪式	15:01—15:03	2	为雷凌新车车主颁发钥匙并合影	
15	活动结束,自由赏车	15:03—15:20	20	客户自由赏车	

16.互动游戏流程(见表2.8)

表2.8　互动游戏流程表

序号	项　目	历时/分钟	内　容	备　注
1	"三微"互动	5	大屏幕播放参与方式+主持人热场	参与微博微信互动,可得到抓娃娃机游戏币两枚或爆米花一桶
2	喝可乐大赛	5	邀请现场观众参与比赛	LED 大屏"三微互动"实时画面
3	套圈游戏	5	邀请现场观众参与比赛	LED 大屏"三微互动"实时画面
4	遥控车大赛	5	邀请现场观众参与比赛	LED 大屏"三微互动"实时画面
5	萝卜蹲比赛	5	邀请现场观众参与比赛	LED 大屏"三微互动"实时画面

*"三微"全互动

(1)参与方式:现场摆放广汽丰田四家店微互动宣传物料,活动游戏中大屏幕播放参与方式,客户关注 4S 店微信公众平台、微博并发表关于雷凌的评论,或者转发微信朋友圈即可参与。

(2)工作人员精选参与客户的评论,在大屏幕上循环播放。

(3)参与四家店微互动即可获赠爆米花一桶。

(4)每一轮活动游戏结束时,进行一次幸运大转盘抽奖。

17.雷凌约您免费看电影流程(见表2.9)

表2.9　"雷凌约您免费看电影"流程表

序　号	项　目	历时/分钟	内　容	备　注
1	客户入场	20	客户入场	影院入口摆放雷凌宣传立体雕刻
2	新车讲解	3	讲解员介绍	新车讲解视频
3	雷凌宣传片	9	宣传片	雷凌宣传片
4	正式观影	120	观影	选择当时热门大片
5	活动结束	0	活动结束	客户长期跟进

[例4]　2013年中国·珠海滨海(国际)文化节整体方案

一、项目背景

(一)前言

作为中国经济特区的珠海,得益于优越的区位优势和良好的政策优势,在改革开放30多年里,其经济发展、城市建设、产业升级等方面都取得了巨大的成果,这是珠海市委、市政府以及全体珠海人共同努力的美丽结果。它的成功不仅是珠海的成功,同时也是中国改革开放的成功。

但随着国家政策效应的殆尽和国际经济形势的巨大变革,加上珠三角、长三角、滨海新区、北部湾城市群的迎头追赶以及西部大开发和中部崛起战略的实施,各城市纷纷解放思想、抢抓机遇、深化改革,无论是在经济建设方面,还是在城市品牌建设领域,都表现出强大的进取意识和发展潜力,珠海优势变得越来越缺乏支撑点。

那么在中国新一轮的发展机遇下,珠海是选择默默无闻、自甘落后呢,还是放开心态,审视自我、积极竞争,实现"二次飞跃"呢? 答案不言而喻,那么珠海的未来在哪里? 她需要怎样正视和定位自己? 她具备哪些优势? 她需要什么样的有效途径来实现"二次飞跃"呢?

(二)立项分析

1.珠海优势:

(1)中国唯一一个以"爱情"为主题的城市;(2)良好的城市环境、完备的基础设施;(3)丰富的旅游资源;(4)毗邻港、澳的区位优势;(5)合理的产业布局、强大的经济实力。

2.珠海劣势:

(1)城市定位模糊,缺乏城市品牌形象,城市知名度不高;(2)城市人口基础薄弱,人气长期不足;(3)企业数量和经济规模偏小;(4)缺乏对优秀人才和优秀企业的吸引力。

综合分析珠海市的优势和劣势,我们可以看到摆在珠海人面前的是迫切而现实的两个问题。一是怎么进行城市品牌定位、建设和传播,增强城市知名度和美誉度,提升城市对企业、对人才的集聚功能(城市品牌问题);二是怎样立足自身的城市优势,与其他城市进行差异化竞争,服务产业发展和推动企业做强、做大(经济发展问题)。

(三)分析结果

珠海的问题是要解决城市品牌建设和城市经济发展这两个搅糅在一起的问题,这就要求我们必须采取综合性的方法与措施,而在国内外,以促进城市品牌建设和经济发展最成功的手段莫过于城市节庆营销,它是城市品牌营销和商贸平台的融合体,具有其他独立活动不可比拟的综合性优势。

立足城市形象资源、旅游资源、文化资源和产业资源的节庆营销活动,以发展城市经济、提升城市品牌形象为目标,以政府机构强力主导、企业和群众深度参与、市场化运作模式灵活切入为主要特征。它是一个城市功能的振荡器和整合器,它能够激活和优化城市的各种资源配置,提高城市的品牌形象,做强城市的人气、商气和财气,促进物质和精神文明的共同发展,同时它还具备城市发展软、硬实力的聚集和辐射功能。真正实现一个载体搭台、多个行业唱戏的联动效果。

基于此,我们特建议策划和实施中国·珠海滨海(国际)文化节,采取整合营销的思想和运作模式来定位、建设和传播珠海城市品牌形象并以此促进上述两个问题的解决。

(四)项目意义

1.通过活动的举办,建立、传播和提升珠海城市的差异化品牌形象,塑造"浪漫在珠海""吃、住在珠海""旅游休闲在珠海""创业在珠海"等珠海的城市名片。

2.通过活动的举办,构筑国际性、综合型的商贸平台,促进珠海企业、产业、城市、民生的共同发展和进步,打造中国的商贸交易中心、信息交流中心、会议论坛之都。

3.通过活动的举办,打造国际爱情旅游文化中心。

二、策划思路

(一)项目概述

在中国·珠海首届滨海(国际)文化节的实际运作过程中,我们将以节促展,以节促会,展、会、节相互依存的形式,综合提升珠海的城市形象和企业形象,寻找城市和企业发展机遇。通过节庆活动强化城市间产业协作、商贸流通、旅游休闲、文化交流的合作力度,不仅直接为大量企业寻找商机,同时还带动包括"吃、住、行、游、购、乐"等相关产业的发展,盘活整个城市的商业资源,达到政府愿意、企业满意、群众乐意的多赢局面。

(二)立项原则

三个立足:立足珠海的城市定位;立足珠海的产业基础;立足珠海的发展需求。

(三)立项宗旨

四个有利于:有利于珠海城市形象和城市品牌的差异化塑造和提升;有利

于强化珠海对企业和人才的聚集功能；有利于推动珠海产业的发展；有利于促进珠海国际化程度的提高。

（四）项目定位

整个项目以"政府主导、市场化运作"为指导思想；形成现"以节促展、以节促会，展、会、节"三位一体的活动构架。以"浪漫"鲜明和定位城市形象，以"爱情"为主要节庆元素的文体活动来搭建娱乐平台；以商贸展览、经济论坛、高峰对话、项目推介、城市交流为主要形式搭建商贸合作平台，将"中国珠海滨海文化节"打造成中国重要的招商引资平台、贸易洽谈平台、信息交流平台和节庆盛典。

（五）立项思想

本次活动的总体策划思路将围绕着"三个立足"、"四个有利于"、"强化城市优势、弥补发展劣势"的整体思想，以娱乐活动带动人气增长、以经贸活动带动产业发展、以宣传包装带动城市品牌形象提升为目标，对整个文化节的项目主题、活动板块、参与主体以及宣传包装进行针对性的策划和包装。

1.节庆主题："浪漫珠海、激情之都"

以"浪漫"来形容珠海，主要是我们基于珠海市良好的城市环境、花园式滨海休闲之都的城市定位。我们将结合爱情岛、情侣路、世纪婚礼大广场、珠海渔女等诸多与浪漫爱情元素有关的标志性建筑和人文景观，举办与爱情有关的活动，从视觉和体验两个角度来强化珠海的浪漫气质和城市特点。而"激情"所包含的意义则是多层次的，它不仅包括珠海市民和来访宾客参与节庆活动、感受城市盛典的视觉激情和体验激情，更是政府机构和商界人士在商贸、文化活动中发掘和获得城市发展及项目合作所带来的成就体验，我们更愿意称之为合作交流、共同发展所带来的激情体验。

综上所述，我们知道，本次活动的举办不仅具备"喜迎世间人，娱乐天下客"的功能，更是政商互动、挖掘商机的商贸大平台。

2.活动板块

（1）形象展示板块

主要通过结合珠海的城市品牌、景点特色、民俗民风、产业优势、发展成果等元素，开展展览展示、文艺表演、体育活动、市民狂欢等娱乐休闲性活动，特别是以"爱情"为主题的活动为来访游客和珠海市民带来浪漫的视觉性和体验性感受。以"浪漫爱情"作为"特殊名片"和"核心元素"来增加珠海市的知名度和美誉度，并与其他城市形成差异化的定位，吸引更多优秀企业和人才落户珠海，为珠海的城市建设和经济发展夯实企业资源和智力资源。

（2）经贸活动板块

立足珠海的科教经济、港口经济、海洋经济以及旅游经济特色，以产业主题为方向，加强产业政策的引导与制度的完善，提升产业配套能力。通过贸易展会、经济论坛、高峰对话、投融资和项目推介大会等形式来深化外来项目的引进和自身产业与其他城市的合作力度，特别是要尽快创建一些在珠海举办的全国性甚至世界区域性的权威经济类品牌论坛、会议和展览。通过这些形式来提高城市对产业资源的吸纳和辐射能力，发挥其聚集效应、扩散效应和回流效应，从而形成吸引投资、聚集企业、招纳人才的洼地效应，扩大珠海经济总量，夯实产业基础，改善珠海的经济结构和经济质量，以主题产业基础支撑珠海优势产业，加快"主题产业城区"的建设步伐，推动珠海经济的快速发展。

（3）综合人文板块

综合人文板块主要是指珠海市与珠三角、长三角、环渤海、北部湾等区域经济中心城市的政府、企业、民间组织、协会团体在文化、科技、艺术和商贸等四个层面的交流合作。建议通过在文化节期间为各兄弟城市分别设立"中国珠海滨海（国际）文化节××（城市）日"，开展珠海与各城市之间的交流合作，使珠海全面融入各个城市政府、企业和媒体，增进两地政商之间的了解和沟通，从而发现并抓住商机，促进合作。它是经贸活动板块的有益补充和积极探索。

（4）发展创新板块

主要立足于珠海的产业布局和发展方向，通过举办产业发展大会，科技、文化创新创业大赛，优秀人才培训和奖励计划等形式，吸引包括珠海在内的国内外高新企业、大中院校、科研机构的人才，为珠海的经济发展、产业提升贡献出自己的智慧，它同时也是吸引和留住人才的创新方式之一。

3. 参与主体

政府主导、企业参与、群众支持是本次活动主体的基本构成方式。政府主要在其中扮演着领导协调、平台搭建、政企邀请、政府接待、综合保障等服务者的角色。企业是所有活动的重要参与主体，特别是经贸活动的主角，他们的功能主要是立足自身，积极地参与到政府所搭建的这个交流舞台去结识朋友和挖掘商机。而市民主要是作为东道主，通过积极融入到各项活动当中，作好服务者、志愿者，在展示珠海人的精神文明面貌的同时，与其他游客共同分享这一节庆盛典。

三、项目介绍

（一）活动时间

11月1日—12月7日（历时一个月左右时间，这段时间天气主要以晴天为主,正是秋高气爽的好时节,有利于许多户外活动的举办。)

（二）活动口号

"珠海——爱情与激情交融的城市!"

（三）会场布置

会场的布局基本形成滨海沙滩,主要以旅游景点、体育中心、商业广场、会展中心、大型酒店形成分会场的独立格局。除开幕式设主会场以外,其他均在满足活动需求的基础上布设各子活动的会场,形成遍地开花的局面。

（四）组织机构

中国·珠海首届滨海(国际)文化节的组织机构分别由组委会、组委会办公室、组委会办公室各专业工作部等从上到下三个保障层次组成。

1.组委会

名誉主任:×××

主　任:×××

副　主　任:×××

秘　书　长:×××

副秘书长:×××

2.组委会办公室

主　任:×××

副主任:×××

3.组委会办公室各专业工作部及其主要工作内容

（1）秘书处:秘书处负责文化节的日常综合事务,在全面掌握情况、及时沟通信息的基础上,认真做好参谋,积极开展协调,督促各部门工作,主动进行服务,及时掌握工作进度,承担文化节官方网站建设、管理、组委会的综合文字工作及领导交办的各项工作。

（2）新闻中心:充分运用各种宣传载体、宣传渠道和宣传形式,全方位、多层次、立体式宣传滨海文化节和珠海市经济和社会发展成就,宣传珠海城市形象,扩大珠海影响,提升城市综合竞争力;发动企业、市民以东道主的姿态关注和支持博览会,并为文化节的举办营造一个热烈、欢乐、充满激情的舆论氛围。

（3）资金筹备部:制定政府预算编制,积极探索和践行市场运作模式,多渠道筹集项目资金;制订和实施项目财务管理细则,对资金运用实行全过程监控;审核组委会各工作机构上报的经费预算;做好资金调度和结算工作;做好活动经费预决算报告等。

（4）展览工作部:立足珠海产业特色,指导和促进各展会活动的招展、招商、宣传工作;构筑宣传企业形象、培育产品品牌、洽谈合作贸易、了解行业动态、交流业界技术的平台和联系供求商的金桥,实现珠海产业链与其他地区的对接和联动,凸现产业优势和投资洼地效应。

(5)会议工作部:在组委会的统一领导和指挥下,统筹文化节期间的论坛工作和人文活动,通过论坛等多种形式,积极拓展和丰富政府之间、协会之间、企业之间、行业之间的交流和联动发展。

(6)综合保障部:围绕自身工作职责,强化服务、保障等功能,按照组委会的总体要求,本着结构合理、组织有力、精简高效、职责明确的原则,主动服务,及时、准确、高效地完成组委会交办的各项任务,确保文化节各项工作有序进行。

(7)接待联络部:按照组委会对文化节工作的总体要求,切实落实国内外嘉宾的接待工作,重点做好重要贵宾的接待服务任务。

(8)安全保卫部:在组委会的统一领导下,精心组织、周密部署,明确职责,狠抓落实,全力以赴做好各项活动的安全保卫工作,确保实现"四个不发生"的目标,即不发生影响政治稳定和文化节顺利进行的事件,不发生危及首长和来宾人身安全的事件,不发生有影响的重大交通、火灾事故,不发生爆炸等重大恶性案件,力争做到万无一失,确保各项活动顺利进行。

(9)卫生保障部:在组委会的统一领导下,增强卫生安全特别是食品安全意识,周密计划,密切监控、统筹安排,扎实做好医疗保障、食品卫生监督检查和疾病预防控制工作,确保活动期间宾客的卫生安全。

(五)活动选题

1.形象展示板块

(1)爱情长跑(情侣路)

(2)沙滩派对(沙雕节)

(3)珠海国际海洋音乐焰火晚会

(4)"激情珠海"大型文艺晚会暨2013中国·珠海

首届滨海(国际)文化节开幕式

(5)珠海国际美食节

(6)"爱情岛"年度命名活动暨年度最感人的爱情故事网络评选

(7)珠海旅游节暨珠海黄金旅游线路推介活动

(8)"情定珠海"国际婚礼

(9)珠海赛车节

(10)"我眼中的珠海"摄影大赛暨珠海成长历程图片展

(11)珠海城市狂欢日暨花车游行大会

(12)珠海游艇展

2.经贸活动板块

(1)2013珠港澳区域合作发展论坛

(2)2013珠海引资暨项目投资洽谈会

(3)珠海"主题产业城区"项目推介会

(4)珠海(香港)购物节

(5)珠海休闲产业文化节

(6)珠海国际婚庆文化节

(7)珠海文化产业交易展

3.综合人文板块

(1)珠海城市定位与品牌建设高峰论坛

(2)中国商帮大会(珠海)论坛

(3)珠海兄弟城市日

(4)珠海海洋生物医药高峰论坛

(5)珠海港口文化节

(6)"海韵"中国大学生钢琴(珠海)邀请赛

4.发展创新板块

(1)珠海大学生文化节

(2)珠海市科技、文化创意创业大赛

(3)珠海特殊人才表彰大会

(4)珠海市服务业创新发展大会

(5)珠海市特殊人才培养和激励机制创新发展大会

四、项目的宣传包装

城市节庆营销活动作为现代服务业,它同样具备一般产品的属性在被政府、企业、市民和游客消费并为他们创造价值,它同样需要通过宣传包装来赋予其品牌形象。节庆活动本身只是一个载体,只有通过包装和宣传策划将珠海的节庆效应、城市推广、企业宣传在广度和深度上进行扩张,才能产生巨大的经济和社会效益。我们将从项目定位和成长、城市形象、利益诉求、传播对象等方面对滨海博览会进行整体的项目包装,使之成为珠海城市宣传的载体、经贸活动的平台、对外交流的窗口。

(一)项目的 VI 导入和传播

1.项目品牌形象 VI 设计原则

(1)主题性:要结合滨海文化节的宗旨、原则和定位。

（2）形象性：在充分理解项目定位的基础上运用设计元素生动形象地表现项目的内涵，并要密切结合珠海的城市文化和地域特色（如沙滩、海洋、爱情等元素）。

（3）艺术性：在满足主题明确的基础上，要保证 VI 标记的情感性、文化性以及充满激情和诱惑的想象空间。

2.项目品牌形象定位原则

（1）理解和升华项目的定位：提升活动的基本价值，赋予项目更多的社会意义、政治意义、文化意义和想象空间。

（2）确定展会诉求群体：项目的品牌形象是站在受众的立场和角度来实施和传播的，我们要充分考虑参与主体（政府、企业、群众）的需求和愿望。

（3）赋予项目品牌的个性：品牌的生命力在于差异，我们拒绝雷同，一定要立足珠海特色，创造鲜明的差异化的项目品牌个性，展示珠海的竞争优势。

3.项目品牌形象传播原则

（1）针对性：它包含两层意思，即诉求内容和传播方式的针对性。在确定项目的利益相关者后，要对利益者进行区分和分析，确定不同者之间的需求差异和传播途径，有效制定广告诉求和媒体组合。

（2）连续性：VI 系统、宣传口号、形象定位不要随便更改，要有长期的项目品牌培育和形象推广意识、方法和途径，除非项目内涵有大变革，否则要保持项目 VI 系统、项目理念和口号的连续性。这有利于培养项目品牌的知名度、美誉度和忠诚度。

（3）广泛性：在文化节期间的各种宣传平台和载体上，尽量体现项目的 VI 系统、主题口号、吉祥物标志，做到传播载体和方式的多样性。

（二）项目的宣传推广

要通过各种传媒手段和方式，加强媒体沟通，特别是加强与省级、中央和境外媒体的合作，对滨海文化节的品牌内涵、活动亮点、运作模式进行深入挖掘和概念提升，把对项目的宣传上升到对城市、对企业的宣传上来。整个项目宣传推广工作要建立在系统性、科学性、计划性、节奏性的基础上，要做到有媒体有资源、宣传有方案、推广有重点、报道有深度。

1.媒体平台建设

媒体资源是项目发展壮大、城市形象腾飞的翅膀，我们不仅要了解大众媒体的传播途径、广告价格、影响力和受众群体，还要了解专业媒体的相关信息，做到心中有数，灵活把握。

（1）全面性：指媒体数量和相关信息的准确性和全面性。

（2）便利性：指在检索媒体信息时的便利性（可运用相关数据处理软件）。

（3）经济性：指在运用媒体组合传播的时候，要在保证传播效果的前提下，做到"重点多宣传、弱点有宣传"，保证宣传推广的经济性原则。

（4）互动性：要与各媒体建立良好的合作关系，善于开发媒体资源和驾驭媒体资讯，为我所用。

2."五有"宣传战略

媒体宣传应该更加注重于受众的明确和效果的监测，并实施有层次、有组合、有反馈、有区域、有角度的"五有"媒体宣传战略。

（1）有层次：按照文化节各项工作的时间进度，在宣传范围、诉求内容和方式以及媒体选择等方面应该注意节奏和层次感，结合项目周期和不同的时间段，对广告实时控制。

①项目筹备期：主要以电视、报纸、杂志的形象广告为主，明确项目时间、地点、主题、活动设置以及重大意义等内容，集中展示项目的基本情况。

②项目前期：主要为招商招展、企业赞助、媒体吸引、政府沟通等工作服务，以报纸等平面媒体为主，介绍文化节的各项工作进度、招展招商和项目引进亮点，并建议做好招展招商的专版广告。

③项目近期：针对招商招展的情况，适当调节媒体类别，向专业性细分媒体上倾斜，介绍招展招商的重点、热点和亮点，发布经贸和投资项目，加快促进各地企业参展参会意向成为现实。

④项目期间：主要是突出文化节的新闻亮点，最好是以政府高层、参与企业的访谈内容为素材进行实际报道，这样更具有现场感和真实感。

⑤项目后期：主要通过媒体对活动的各项成果进行总结性的宣传报道，并适当发布明年的活动情况。

（2）有组合：要充分利用媒体组合的优势和互补功能，做到宣传立体化和完整化，并且在媒体选择的数量、区域和特点上进行组合，并形成一个大致比例范围，重视投入产出比。

（3）有反馈：充分收集媒体的受众群体范围和特点，建立媒体反馈机制，要明确各媒体对我们文化节工作的作用和功能，并及时调整媒体组合。

（4）有区域：要考察媒体的宣传范围和诉求对象的区域性，做到宣传不求无盲点但要有重点，针对不同区域的重要性做好广告预算和方案。

（5）有角度：对于新闻的宣传要尽量避免重复性，但可以一个活动从多个角度进行报道，对新闻亮点进行深度报道和有效延伸。

3.综合宣传平台建设

引入"会网刊书盟"宣传平台概念和机制,强化和升华"会网刊书盟"五轮驱动模式在重大活动中的重要性和内涵性,并以此作为项目的重要服务平台进行长期打造和完善。

(1)会:逐渐建立长期落户在珠海的高端经济类、文化类、科技类、教育类的权威会议和论坛。

(2)网:节庆的网络化和信息化工作是一个重点,需要重视和发挥网络媒体的力量来放大节庆效应和影响力。建立中国(珠海)滨海文化节官方网站,对活动涉及的各个方面进行全方位的信息发布,同时它也是政府、企业、群众、媒体及时、全面了解活动状况的权威平台。

(3)刊:既包括各种会刊,同时也有论坛、会议等活动的专门刊物。

(4)书:政企之间论坛、会议所发布的备忘录、权威经济数据报告和行业协会发布的白皮书等。

(5)盟:在珠海为建立起经济类、文化类、科技类、教育类的权威合作联盟机构,并设常务理事机构。

4.吉祥物的征集、设计和发放

征集、设计和制作象征珠海形象的城市吉祥物,它既是项目宣传的新闻亮点,也是资金筹集的重要渠道,同时又能以之作为旅游工艺礼品的形式广泛通过游客来传播,扩大项目和城市的知名度。

五、项目管理

(一)项目管理综述

各工作组要在组委会的统一领导和管理下,在时间、空间、成本、质量等客观因素的制约下,保证文化节各项活动安全、顺利、高效的推进和举办。各项子活动由一个或者多个政府职能部门牵头,联合相关单位具体执行承办,责任落实至各承办单位;活动时间和地点由组委会统一安排,避免时间和空间的冲突。

(二)项目资金管理

活动资金的筹集采取政府补贴和市场化运作相结合的方式解决。各活动具体执行单位采取上报活动成本预算报表的形式向组委会提出部分资金申请,其他资金采用活动冠名、赞助收益、门票收益、广告收益等市场化运作模式进行合理补差。

(三)项目时间管理

组委会在确定各活动举办时间后,各承办单位要细化方案、早做准备,按照计划日程及时做好前期筹备工作,有力保障活动的按时、顺利举办。

（四）项目成本管理

细化财务预算，杜绝贪污和铺张浪费的情况发生，真正体现政府为企业、为百姓办实事的服务者形象。

（五）项目质量管理

各活动涉及的策划、礼仪、工程服务单位需向组委会签订施工质量承诺书，保证活动的高起点和高质量。

（六）项目公共管理

由组委会、新闻中心共同建立新闻发言人制度，设计新闻发言人，定期或不定期地针对活动的重大事件与媒体和群众进行沟通；加强官方网站信息披露的力度、深度和频率，保证公众的知情权。

（七）礼仪接待管理

由市接待办统一制定重要来宾的接待规格和标准，并领导、指挥和协调各大酒店、旅行社、旅游景区的礼仪接待工作。

六、项目日程

（一）2013 年 1 月至 2013 年 2 月

1.对 2013 中国·珠海滨海文化节进行调研、讨论，征求各方意见，拟订活动的整体方案；

2.成立组委会，完成各工作组的设置、任务规划和工作进度安排；

3.落实各子活动的承办主体，并细化活动方案；

4.对外启动中国·珠海滨海文化节 VI 系统和吉祥物的设计招标工作；

5.启动中国·珠海滨海文化节官方网站的建设；

6.组委会下发举办 2013 中国·珠海滨海文化节的通知；

7.完成设计、制作和印刷展览、会议、文体活动的相关邀请函和平面宣传资料。

（二）2013 年 3 月至 2013 年 8 月

1.全面启动活动的招展、招商工作；

2.启动参与文化节的政府和企业人士的邀请工作；

3.完成编制宣传计划，启动活动前期的整体宣传工作；

4.举行中国·珠海滨海文化节首次新闻发布会暨官方网站开通仪式；

5.下发《中国·珠海滨海文化节工作大纲》，明确各部门工作职责等事项。

（三）2013 年 9 月至 2013 年 10 月上旬

1.制订完善各专项活动方案；

2.对筹备工作落实情况进行一次全面检查，协调解决有关问题，督促各工作组织落实、制度健全、人员到位；

3.下发《中国·珠海滨海文化节重要活动实施方案》；

4.确定各活动场馆和外环境布置方案；

5.完成嘉宾邀请工作；

6.基本完成招展、招商工作。

（四）2013 年 10 月中旬至 2013 年 10 月底

1.组织召开组委会全体会议，对筹备工作进行一次动员，对各工作机构及各工作环节进行一次全面、系统检查；

2.进一步加大新闻和环境宣传力度；

3.组织青年志愿者参与文化节的各项准备工作；

4.筹备工作开始进入倒计时；

5.对综合、新闻、接待、安全、环境、招展、招商等各项筹备工作进行最后的检查、落实；

6.最后检查、审定《中国·珠海滨海文化节重要活动实施方案》，拟订应急预案。

（五）2013 年 11 月

1.召开文化节前最后一次新闻发布会；

2.组织开幕招待会；

3.按《中国·珠海滨海文化节工作大纲》和《中国·珠海滨海文化节实施方案》全面展开各项工作。

七、工作要求

1.在中国·珠海滨海文化节组委会的统一领导下，各工作部门要按照总体方案和各自工作职责制订详细的工作方案并认真组织实施。

2.组委会办公室要在组委会领导下，全面负责各项活动的组织实施工作，确保组织工作科学、有序、安全、高效。

3.各工作部门既要做到职责明确，又要密切配合，保质、保量、按时完成博览会的各项筹备工作。

4.各职能部门要提高认识、充分准备、注意团结和协作，为文化节的成功举办提供强有力的综合保障。

5.认真做好来宾接待工作。

6.妥善安排境外人员及物资进出境的报送验收工作。

八、其他建议

(一)项目的渐进性

考虑到珠海目前尚未举行过规模如此庞大,整体性如此统一的城市节庆活动,建议在举办首届活动的时候,不应追求活动的数量,而是通过对各板块活动精心策划、精心筛选,在既保持四个板快构架的完整性前提下,又要保证活动质量和规格。随着举办经验和项目知名度的提高,可以逐步策划和吸纳更多优秀的活动,增强项目的重要性和影响力。

(二)项目的参与性

充分考虑到政府、企业、市民对节庆活动的各方面需求,鼓励政府单位、企业、街道、社会团体策划和组织优秀活动参与到整个项目当中,甚至可以出台相关政策和奖励措施,吸引外来优秀展览、论坛、会议和活动到珠海举办。

(三)项目的复杂性

由于项目本身是一个系统工程,不仅牵涉到珠海和其他城市的政府机关,还需要大量的企业和市民参与其中,需要耗费巨大的人力、物力和财力,所以珠海市政府需要高度重视,统一认识,筹建强有力的指挥机构和保障机构。

(四)项目的生命力

本项目既包括娱乐性、观赏性活动,也包括竞技性、商业性的活动。所以所有活动的策划和实施务必要考虑市场的需求、企业的需求、市民的需求。要想保证项目的生命力和发展潜力,必须取得企业和市民的支持。

【复习思考题】

1.会议策划要遵循哪些原则和要求?

2.会议策划涉及的主要内容有哪些?

3.会议策划应注意哪些相关事宜?

项目 3
会议信息管理

任务 1 会议信息的内容

3.1.1 会议信息的概念与内容

1) 会议信息的概念

"信息"一词来源于拉丁文"information",意为"陈述、解释"。随着人们对信息这一概念认识的加深,信息已经成为一个含义深刻、内容丰富的概念。会议的信息则是指通过各种形式,包括数据(字母、符号和数字)、代码、图纸、报表、报告等书面材料,以及图片、音频、影像等可闻和可视化手段表现的,与会议活动举行密切相关的内容与知识。

会议是人们在商务活动中所特有的一种聚众议事的过程,也是一个信息交流、汇集、传达的过程。会议所涉及的信息内容广泛而多样,涵盖了会前准备、会中收集整理、会后反馈多个环节的信息内容。

2) 会议信息的内容

会议的主要信息内容包括会议的基本要素信息、一般文件及程序信息、宣传性信息、会议管理与服务信息、会议总结与反馈信息以及不同载体的相关材料。

会议的基本要素信息主要是指会议的报名时间、地点、费用及方法,会议的议题及相关活动,会务联系电话与联系人,会议报送的交流信息,会议的记录和纪要内容及会议的决议等基本信息内容。

会议举办需要大量的文件信息,其中包括纸张型的文件和电子型的文件。就文件信息阶段性类型来说,会议所需的文件信息主要包括了会议前期的文件、会议中期的文件以及会议后期的文件等三类。就文件的用途来说,会议的常用文件信息包括会议的一些指导性文件信息、程序性文件信息、交流性文件信息、宣传性文件信息、参考性文件信息及管理性文件信息等。会议的程序性文件信息主要用于规范会议成员的行为、保障会议活动有序进行,主要有议事规则、会议议程与日程安排表、会议时间安排表、选举程序及表决程序安排表等。

会议的宣传性文件信息是指传达会议情况、会议精神、扩大会议影响力的文件信息,如会议纪要、会议公报、会议简报、会议消息,以及配合会议宣传的广告、招贴等。

会议的管理性文件信息是与对会议活动进行有效管理相关的文件信息,包括会议通知、会议须知、出席证件、作息安排表,及保密规定、会议主席团名单、委员会名单、与会人员名单、票证、签到簿、文件清退表等。及时准确地收集会议管理方面的信息,对于做好会议筹备工作意义重大。只有了解与会者名单和作息安排表等,才能做好会议的接待工作。事先掌握前来采访会议的媒体和记者的情况,有助于做好会议宣传工作。

会议的总结及反馈信息是在会议召开之后形成的,关于会议举办情况、会议收获(包括会议中所收集整理的信息、会议成果等)、会议评估及经验教训总结等方面的信息。

会议在会议结束之后都会形成完整的会议记录,有些还会在会后根据会议主题、议题及会议记录形成大会决议。会议举办之后,应将会议自筹备到结束的情况写成书面材料,并对会议进行评估总结,编制成文件,向上汇报并归档。会议中关于领导讲话、与会者发言等信息的收集,与会议通知、议程、工作报告、会议总结等组成整套会议材料,真实记录一个会议的全过程,反映会议的基本情况,对日后的工作会有很好的考查价值。

3.1.2　会议信息的来源与特征

1)会议信息的来源

(1)组织者内部的信息

会议组织者主要有两类:一类是以商务话题为主题召开会议的企业或企业间组织;另一类是专业的会议公司。因此会议组织者内部信息主要有以下5类:

①会议产品的基本信息,如主题、时间、地点、目标与会对象、相关活动、服务等;

②会议组织中的分工与执行信息;

③会议产品与服务的价格信息;

④会议产品的销售渠道信息;

⑤会议宣传方面的信息。

当今,许多企业包括专业会议公司都在企业内部,建立了企业内部信息网或企业门户网站。建立企业内部信息网的目的是在有限范围内,利用企业内部信息网成熟的标准,构建企业内部的网络系统。它不仅使企业内部信息收集和发布系统具有严格的网络安全保障机制,同时又具有良好的开放性,从而有效地解决了系统内部信息的共享和交流问题。企业门户网站也是会议公司宣传推广和销售的重要工具。

(2)客户的信息

会议的客户是指商业化运作的会议的客户。狭义上讲,是指为会议公司带来直接经济效益的组织或个人,即会议主办者和与会代表。广义上讲,是指与会议公司发生业务关系的组织或个人,还可能包括媒体、服务商、代理商、赞助商等。

会议客户的信息是根据对客户的调查以及第二手资料搜集获得,对会议客户调查的具体内容包括:会议客户性质、所属区域、所属行业、会议需求频次、会议目标、会议期望、会议满意程度等。

(3)竞争者的信息

专业会议公司的竞争信息主要可以从企业外部和企业内部两方面获得。

①竞争者信息获得的外部源泉:包括会议客户所提供的信息、竞争者本身公布的资料所反映的信息、新闻媒介披露的信息、与竞争者合作过程中获得的信息、出访考察所获得的信息、从专业咨询公司以及公共或私人数据库所获得的信息。但是在获取竞争者信息的过程中,或多或少地要付出一定的代价。

②竞争者信息获得的内部源泉:主要是公司的销售人员在工作过程中获得的信息。

为了对会议公司长期生存环境进行监控,营销部门应该承担起对竞争对手进行评估的责任,因而要非常重视对竞争者的信息进行收集。竞争者信息的来源与客户信息的来源有很大的相似之处,两者往往也可以同时进行。

2)会议信息的特征

(1)客观性

会议信息是会议客观事实和情况的最新反映。它立足于客观的会议状况本身,而不能是主观臆造的。这也就要求会议的信息是真实、准确而全面的,不是虚假、含糊和片面的。因此,负责会议信息收集、整理和发布等信息处理的工作人员,要有严肃认真负责的态度,做好去粗取精、去伪存真的工作,并防止会议信息在处理过程中变异或失真。

（2）时效性

会议信息的时效性是指会议信息发展、传递、加工、利用的时间间隔及其效果。一个有价值的会议信息，如果传递速度过慢，就失去了时效，成为了滞后信息，从而失去了价值。从某种意义上说，会议信息的价值取决于信息的时效性。

（3）可加工性

会议信息应具有可以归纳、综合和精炼、浓缩的特征，从而便于人们更好地利用它。在具体的会议信息服务工作中，会议信息的可加工性可表现为：能将繁杂的信息总结成简明扼要的材料，呈送领导作为决策时的参考。将篇幅较长的公文材料，用内容提要的形式进行浓缩，摘出事情的梗概、要点和主要精神，以便信息接收人参阅。将与本次会议举办相关的事件、活动等用条文化的文字记录下来，以备忘录的形式提交有关人员。

（4）可传递性

会议信息应该可以通过各种渠道和手段进行传播和传递，甚至还可以将一些信息转换为符号、标语、图片等，通过人员传递、媒体传递、电子技术传递等方式进行空间传递。通过文字、录音带、录像带、照相胶片等多种手段进行储存，实现时间上的传递。

（5）可共享性

会议信息一经传播、扩散，大家便可以分享，共同利用会议信息所提供的有价值的内容。利用会议信息的可共享性，可增加信息的扩散面，提高会议效率。

3）会议信息的作用

在会议活动过程中，充分把握和合理利用会议信息，有利于完善会议的各项工作，提高会议的成效。会议信息的主要作用在于其能为会议活动提供一些决策依据，或作为辅助决策的重要手段，保证会议活动过程的顺利沟通，并作为会议相关工作开展的督促手段，从而保障会议的顺利进行，提高会议效率。

（1）利用信息辅助决策，保证会议顺利进行

①利用信息策划会议。会议的类型很多，虽然会议的内容不同，但同一类型会议的性质和作用有相似之处，人们在策划会议时，可以充分利用以往所召开的会议有关信息，借鉴同类型会议以组织开展活动。如采用类似的程序，选择以前的服务提供商，使会议的策划建立在一定的基础之上。但要避免脱离实

际、生搬硬套以往的会议形式,要在参考以往会议信息的基础上,针对本次会议的目的与任务,实事求是地做好会议策划工作。注意保留会议的信息资料,以便日后查考利用。

②利用信息把握到会情况。与会人员的到会情况,对于会议各项安排和活动十分重要。要熟悉到会情况,利用获得的到会信息,做好会议工作。通过会议签到,搜集到会者人数、缺席者人数和名单,让会议主持者及时了解具体的准备情况,让会务后勤部门准确把握与会者到会情况,做好相应的安排。重要贵宾到会后,要准确了解其身份、主要成就、到会演讲的主要内容,及时报告给会议主持者,以便于沟通。要详细了解年老、体弱的与会者的有关情况,在住宿、保健等方面给予必要的照顾。特别是大、中型会议,到会人数多,情况复杂,必须准确把握到会情况,以便对可能发生的各种意外情况,及时采取应急措施。

③利用信息进行情况反馈。对与会者向会议提交的建议、议案或提案,必须及时搜集、整理,慎重处理,并迅速汇总呈送给会议主持者和主席团,以便按规定的程序进行审议,及时进行综合处理。对信息要分类向领导汇报,以便对具体问题予以解决。

对会议决议和决定事项的督促和贯彻落实情况进行跟踪、反馈。检查会议精神的传达情况、执行会议精神的实际活动情况和效果等,发现问题要及时向单位领导汇报,并采取相应措施解决出现的问题。

(2)利用信息促进会议顺利沟通

会议的过程本身就是沟通协调的过程,要充分利用信息,实现有效的沟通。如发出会议通知,提前让与会者和有关单位做好会议准备;与特邀领导、专家学者、著名人士等贵宾联系,邀其光临会议;搜集与会者和贵宾能否出席会议的信息反馈,落实会议出席者;根据反馈信息对各项具体事务做好安排;根据会议需要,与电视台、报刊等传播媒介联系,做好宣传准备;根据会议需要,与有关要视察、考察、参观的单位联系,以便具体安排有关事项。

在会期较长的会议上,要办好会议简报,作为会场信息沟通的工具和分组讨论各组信息沟通的重要渠道,并以此作为形成会议纪要等会议文件的信息依据。

信息沟通工作十分繁杂,必须做到心中有数,件件落实。会议通知发出后,由于情况的变化使得会议不得不改期召开或更换地址时,必须及时把补充通知发送给所有与会者。沟通中出现问题,如重要与会者不能按期出席会议等情况,要及时向领导汇报;沟通中一时未能得到确定回复的,必须继续联系,直至得到确定答复为止。要准确无误地记录沟通的记录进行反复检查,避免出现疏漏,及时应对情况的变化。

(3)利用信息催办各项工作

会议形式的文件信息是会议取得的重要成果,是会议精神贯彻落实的重要依据。利用信息加强催办,可以使领导全面了解会议精神贯彻落实的情况,了解实施过程中出现的新情况、新问题,并根据实际需要采取必要的措施,及时解决会议事项办理中遇到的困难和问题。

要根据会议文件信息内容,加强检查催办工作,使会议精神落到实处,防止有关单位或部门不重视会议交办的事项,长期拖延,甚至从自身局部利益出发,防止对会议交办事项采取消极态度,故意不办。

(4)利用信息增强会议公司的经营能力

对于专业会议公司来说,利用信息增强其经营和发展能力,提高其竞争力尤其具有重要作用和意义。提高会议公司活动策划的工作效率和经济收益,降低会议公司总体运营成本并增强其综合竞争力,开拓会议公司项目和宣传的地域范围,并促进其向国际化发展。

任务2　会议信息的收集

会议的信息收集是指通过各种方式获取会议活动所需的信息。信息收集工作的好坏,直接关系到整个信息管理工作的质量,乃至影响到会议活动举办的过程、效果和效率。

3.2.1　会议信息收集的原则

1)准确性原则

进行会议信息收集工作时,所收集的会议信息要真实、准确,这也是会议信息收集工作最基本的原则。为达到这一要求,会议信息收集者,必须对收集到的信息反复核实,不断验证,力求把误差减小到最低限度。

2)全面性原则

会议信息收集者所搜集到的信息要广泛、全面、完整。只有全面地搜集信息,才能完整地反映会议管理活动、决策对象发展的全貌,为决策的科学性提供保障。当然,实际所收集到的会议信息,不可能做到绝对的全面完整。因此,如何在不完整、不完备的信息下,作出关于会议的科学决策也是一个值得探讨的问题。

3)时效性原则

会议信息的利用价值,取决于该信息是否能及时地提供,即它的时效性。会议信息,尤其是"会前"信息,只有及时、迅速地提供给会议组织者及相关工作人员,才能有效地发挥它的作用,对决策才有意义。

3.2.2　会议信息收集的程序

1)确定会议信息的收集范围

凡是在会议活动中形成和使用的有参考价值的文字、图像、声音、视频以及其他各种形式的信息记录都属于搜集范围,包括会前、会中和会后产生的所有文件材料。

会议召开之前的信息收集,主要是围绕确定召开会议的必要性、会议准备工作、会议相关活动及会议文件的形成等方面进行。会议进行中,主要收集与会员人到会情况信息和与会人员会中交流信息。会后信息的收集,主要集中在会议形成的文件信息,以备日后归档并作为会议精神贯彻落实的主要依据及会后工作查考的凭证。

具体来讲,要收集的会议文件信息主要有:有关会议立项方面的文件,如关于召开会议的请示,关于召开会议的批复;有关会议筹备工作的文件,如会议预案、会议策划书、会议通知;有关会议内容的文件,如会议议程、讨论提纲、各种报告和发言材料、会议记录、议案、决定、决议;有关会议宣传报道的文件,如会议宣传提纲、新闻发布会上的介绍材料、新闻发布会稿件,包括报刊上刊登新闻版面、会议简报;有关会议管理与服务方面的文件,如各种名单、票证、报告、簿册、会议总结;不同载体的信息材料,如有关会议活动的照片、有关会议活动的录音和录像;记载会议信息的计算机软盘、磁盘、光盘;各种形式的文件材料,如会议文件的定稿、会议通过的正式文件及其附件、会议所有正式语言书写或翻译的文本、重要文件的草稿、讨论稿、送审稿、草案、修正草案等。

2)选择会议信息的收集渠道

会议信息的来源广泛、内容丰富,在会议策划、立项、实施、总结及其他各个工作环节都会产生信息,因此要通过各种渠道,运用适宜的信息收集方法,获得全面、准确的会议信息。

会议信息收集的主要渠道有:向全体与会人员收集文件;向会议的领导人、召集人和发言人收集文件;向有关的工作人员收集文件,如会议的记录人员、文书起草人员;收集各种会议记录,如主席团会议记录、主持人会议记录,分组会议记录、召集各团组织联络员碰头会,汇总情况,收集代表的提案、发言稿和书面建议等。而且,随着网络和科技的日渐发达,网络信息收集或文献检索也逐渐成为主要的信息收集手段。

3)确定会议收集的方法

会议信息收集可以通过调查、访谈、观察、文献检索和网络信息收集等方法实现。会议信息收集的具体方法有:

①召集开会。召集能提供信息的人开会,是收集信息的一种有效的方法。

②提供书面材料。信息提供者以书面形式提交信息。

③个别约见。通过个别约见有关人士,当面向他们收集信息。

④会议结束时及时收集。一般小型内部会议,由于参加会议的人数较少,人员又比较熟悉,可以由会议领导在会议结束时,要求与会者将需要收集的文件当场留下,由秘书人员统一收集,也可由秘书人员在会场门口随时收集。

⑤资料归档。当会议结束之后,建议会议项目相关负责人把和此次会议有关的所有资料,按照电子版文档资料和纸质版文档资料进行分部归档整理。这样做有两大好处:第一,有利于下次举办类似活动的时候进行资料查找;第二,有利于把此次会议的整体策划流程进行一次梳理和回顾。

任务 3 会议信息的处理

3.3.1 会议信息的整体开发和综合利用

会议信息利用是对信息进行整体开发的过程,即通过对信息的收集、加工、传递、存储,使得会议信息资源能发挥效用,充分为会议活动所利用,进而促进会议活动效率的提高。会议的各个环节都会形成信息或需要利用信息,因此,会议活动过程中需要围绕会议中心任务,充分开发和利用信息,以提高会议工作水平。

1)会议信息的整体开发

会议信息的整体开发,包括两层意思:一是从整体着眼,站在会议活动全局的高度,广泛收集会议工作需要的各种信息;二是进行两个层次的开发,即基础性会议信息的开发和高层次会议信息的开发。基础性会议信息是指对从信息网络得到的原始信息进行初步加工后,形成的关于会议基本情况和问题的概括等。高层次会议信息,即对各种相对零碎、孤立的基础性信息,进行归纳整理、分析综合和调查研究,从整体上开发它的深层价值,提出有分析、有建议、有深度的材料,其对会议决策具有更大的参谋咨询作用。这两个层次的会议信息,相辅相成,不可偏废。

2)会议信息的综合利用

会议信息具有共享性特点。在会议信息开发和利用中,一些重要的会议信息可向上报送,向下通报,要把上、下级的信息服务有机地结合起来,在向本级和上级报送会议信息的同时,及时把一些对下级或有关部门有重要参考价值的信息转报或报送有关部门,最大限度地发挥会议信息的整体效应。

3.3.2 会议信息利用的途径

1)利用会议信息掌握会议基本情况

会议信息能提供会议基本情况,如会议议题,会议时间、地点和相关活动,与会人员情况等。

2)利用会议信息保障会议顺利进行

会议的整体策划方案是依赖于相关信息制订,会议过程中产生的相关文件信息、提交的会议参考、讨论材料等是保证会议顺利进行的重要因素。

3)利用会议信息推动会议活动评估与反馈

会议形成的信息及文件是会议取得的重要成果,是会议精神贯彻落实的重要依据,也是会议活动评估的基础,可以利用会议信息推动会议活动评估与反馈。

（1）会议反馈信息的内容

反馈会议信息的内容包括会反馈前信息——会议的策划、宣传、筹备和组织方面的信息；反馈会中信息——在会议召开过程中，通过召开联络员会议，阅读各种会议记录和会议简报，以及与参会人员座谈交流，及时捕捉会议过程中的动向，使会议的目标能够如期完成；反馈会后传达落实情况——可以通过座谈会、电话和问卷等形式，对会后精神的落实情况进行全面的反馈。

（2）会议反馈信息的要求

商务信息反馈工作中的要求有：会议信息反馈要注意点面结合、正负反馈结合，不仅要看到成就，更要收集会议未能有效解决的问题和议而未决的事项；会议信息反馈的目的明确；充分重视会议的反馈信息沟通，正负反馈都要力求做到适时、适量、适度。

4）会议信息利用的基本形式

充分发挥会议信息的作用使得会议信息能实现共享并产生效益，才是会议信息的价值所在。因此，要积极主动地利用会议信息，其利用形式主要有以下5种。

（1）信息传递共享

实现非机密性会议信息在组织内部各部门的传递和共享，甚至社会共享，以便更大限度地发挥会议信息的作用，更加合理地达到资源配置，创造更多的社会效益。会议信息流通传递以实现共享，也是提高信息资源利用率，避免在信息采集、存贮和管理上重复浪费的重要手段。

（2）信息加工深化

信息加工是对会议原始信息进行综合、分析、比较、归纳、形成有重要参考价值的综合信息。对信息进行加工，能深化信息的利用深度和广度，更鲜明、直接、突出商务活动的参谋咨询作用。

（3）信息检索查询

在基本不改变所收集和保存的会议信息形态的情况下，可有选择地为会议信息的利用者提供服务，如会议信息的查阅利用。及时整理并归档保存的在会议活动中形成的文件、记录等，以供日后查考、研究和利用；将有关的会议文件进行汇编，在报纸或刊物上发布，或以广播、电视等形式发布，对会议信息进行发布利用；通过复印、手抄、打印、扫描等复制方式对信息进行复制利用。

(4)信息备档咨询

会议信息存档之后,可作为参考或备用资源反复利用,甚至可以形成新的信息的利用服务,如问题解答、目录服务、索引服务、信息线索咨询服务等,以及数据、事实、统计资料的咨询服务。

(5)网络信息利用

会议的网络信息利用是建立在现代信息技术的基础上,以数据库会议信息资源为对象开展的利用服务。其主要表现形式有:电子信息的发布、电子函件、电子公告板服务、联机公告板服务、联机公共目录查询服务、光盘远程检索服务、远程电话会议服务、用户电子论坛、用户定题服务等。网络信息利用可将信息提供服务和信息咨询服务统一起来,有助于最大限度地实现个性化服务。

任务 4　会议信息的交流

传统的会议多采用面对面的形式进行信息传递和沟通。随着科学技术的发展,现代会议的手段日新月异,出现了运用通信技术和计算机技术召集相距遥远的不同地点的单位和人员举行的远程会议,如远程电话会议、远程电视会议、远程计算机网络会议、电子邮件会议,使得会议的举办更加方便快捷,也大大提高了会议的效率。

现代会议可以充分利用现代化的信息技术和通信设备,跨越时间和空间的限制,实现信息的交流。

3.4.1　远程电话会议

远程电话会议是利用程控电话的"会议电话"功能召集不同地点的人员举行会议。任何电话用户只要申请并开通了"会议电话"的服务功能,就可以随时召开电话会议。这适用于规模不大、办公地点相对集中的企业。

1)远程电话会议信息交流的特点

电话会议方便灵活,准备时间短,回复迅速,是电子通信会议中花费最少的。电话会议的进行中没有直接的会晤,与会者较少受到会议主席或其他主要参加者的直接影响,更能激发创造性思维,也更容易修正自己的观点,这对开展商务交易活动和协调活动是极为有利的。

但是,电话会议缺少身体语言,难以进行互动交流,而且缺少文本,难以传达大量细节信息。

为了提高电话会议的效率,可以搭配使用其他通信方式如传真、电子邮件,以增进信息的传输与交流。如果能使用视频电话,则会议的效果会更好。

2)电话会议信息工作的要求

电话会议要按照一定的工作程序和工作要点来进行。

(1)准确传达开会信息

会议的内容和时间确定后,应及时向参加单位发出通知,传递会议的有关信息。要特别说明是否需要设立分会场。如果要求一个单位的若干人员参加该会议,就要设分会场,而且要确定分会场的召集人。

要强调准时到会。电话会议是一种实时交谈的会议,所有参与方都应当在同一时间参加会议,否则会影响信息的交流和获取。

(2)充分准备会议书面信息和材料

由于电话会议是一种以语言交流为手段的会议形式,无法实现文字的同步传输,所以要充分做好会议书面材料的整理和分发工作。要准确标记和传达书面文件中要在电话会议中讨论的问题,并事先通过传真等方式分发给与会者。会议进行中也可以补充传递有关文件信息。

(3)合理安排会场信息传输设备

电话会议通常分为主会场和分会场。会议召集方设主会场,其他与会者或与会单位设分会场。为了保证会场中语音传达的准确性和话音质量,各会场应装有扩音设备和话筒,并与电话机连接良好。人数较少或单位个人参加会议,可使用带有免提扬声器的电话机。会议开始前要对传输设备进行调试,确保性能良好。

(4)按时接通电话并相互通报出席情况

所有参加电话会议的人员都应提前进入会场,做好充分的准备。会议时间一到,由召集方以主叫的方式接通与会各方。电话全部接通后,由会议主持人宣布会议开始,并要求各方相互通报姓名、职位。

(5)做好会议记录

用录音电话系统记录会议信息,会后整理成书面记录材料。电话会议的录音带和书面记录整理稿都要及时归档保存。

3.4.2 电视会议

电视会议是利用通信网络传递图像文字和声音信号的一种现代化会议方式,适用于布置重要工作、宣布重大决定、商量紧急措施等特殊情况。

1)电视会议的特点

电视会议是用电视和电话在两个或多个地点的用户之间举行会议,实时传送声音、图像的通信方式。它同时还可以附加静止图像、文件、传真等信号的传送。参加电视会议的人,可以通过电视发表意见,同时观察对方的形象、动作、表情等,并能出示实物、图纸、文件等实拍的电视图像,或者显示在黑板、白板上写的文字和图画,使在不同地点参加会议的人感到如同和对方进行"面对面"的交谈,其整个过程基本上是"实时"进行的,在效果上可以代替现场举行的会议。电话会议的特点有如下7个:

①实现了声音和图像同时传送。与会者虽然远隔千里,但能听到与会者发言的声音,看到对方发言时的表情以及配合其发言主题的文字、图表、图像。

②超越了空间的约束。分散在各处的与会者不受地域的限制,能够通过现代化的通信技术,围绕共同的议题参加会议。

③节省时间和费用。与会者在不同的地方、同一时间进行交流,大量节省了差旅时间和交通、食宿、印刷会议文件的各项费用,有利于更多的人员参加会议。

④交流效果较好。高质量的声音和清晰的图画,使每一位与会者都有身临其境之感,更有利于双向交流,能收到良好的会议交流效果。

⑤初始准备时间较长,初始投入成本较高。

⑥没有面对面会议形式的互动效果。

⑦交流不够深入、广泛。

2)电视会议信息工作的要求

电视会议效率高,投入也大,因此必须高标准、严要求,踏踏实实做好会务工作。其会务工作要点如下所述。

(1)发出开会信息

向与会者发出开会通知,提醒有关注意事项。

(2)分发文件信息资料

会议上要审议的文件和有关信息,会前应通过传真或电子邮件发给与会者。

(3)布置会场

会场的环境要安静、清洁。主会场和分会场要悬挂会标,突出会议的主题,同时便于电视宣传报道。

(4)设置与检查会场信息传输设备

电视会议设备要求较高,要保证既能将主会场的画面和声音传给各分会场,又能把各分会场的信息反馈给主会场。会场内可以配备高速传真机,以便同时传送文件。会议设备要落实专业技术人员调试、检测。会议期间要建立值班维修制度,及时解决技术上的故障,确保会议顺利进行。

(5)做好会议信息准备

与面对面会议相比,电视会议时间紧,能够发言的人数少,发言的时间相对长。为了提高会议的成效,对会议讨论的事项一定要在会前通过其他方式进行有效沟通,讨论成熟之后再在电视会议上通过。

(6)先集中、后分散

为了减少租用通信线路的时间,在议程安排上一般先集中开大会,然后由分会场各自举行会议。

(7)汇总情况信息

会后,各分会场要将本会场的情况,整理成书面报告,呈交主办单位备案。

3.4.3　网络会议

网络会议即利用计算机和通信网络来召集的远程会议。与会者通过计算机网络,在各自计算机终端上发送和接收会议信息,从而实现信息交流。无论是跨国企业还是中小型企业,都可以采用网络会议的形式交流信息。

1)网络会议的特点

召开网络会议,会议主持人要将事先拟好的议程发给与会者传阅,确定主要讨论题目,并要求会议参加者准备好各自的发言。开会时,所有的发言输入计算机后,通过终端显示屏幕显示出来,与会者就此发表看法、提出问题或补充新的信息,并可进行表决、投票。网络会议的特点如下。

（1）获得的会议信息全面

在网络会议中,与会者可以同时在各自独立的电脑屏幕上,完整地表达自己的意见、观点,提出方案。

（2）获得的信息更客观

允许匿名发表意见,这样可能会获得较多的坦率和真实的信息反馈。

（3）信息交流广泛

不同地位的与会者在网络会议形式中是平等的,这样能提高不同行政层级人员的参与度,在更大的范围内交流信息。

（4）信息交流充分

每个与会者都在同一时刻"发言",会议不会产生"冷场"的情况;与会者可以在不受影响的情况下,各抒己见。即使是性格内向的与会者,也可不受干扰地陈述自己的观点。

（5）实现了会议的无纸化

会议的所有文件不需要以纸作为载体,报告、讲话、议程、观点、意见都可以通过会议系统直接地传递沟通和记录存储。

2）网络会议信息工作的要求

网络会议突破了时空限制,能够实现会议信息的共享,但是信息的交流不易控制,缺乏面对面会议的互动和情感交流。因此,要遵循一定的要求,确保网络会议的效果。其会务工作要点如下:

（1）建立网络联系

网络会议必须依赖一定的网络资源,因此与会各方都要建立自己的网站和网页,有条件的单位还可以建立局域网,以实现内部会议信息资源共享。

（2）限时反馈信息

对于网上召开专题工作会议、临时布置工作的会议,与会方在收到主办方会议信息后,必须在规定的时间内反馈信息,超过期限即表示放弃权利。

（3）遵守网络例会制度

与会方（一般为下属）要定期浏览网上主办方的会议信息,并按规定的时间交流信息。

（4）妥善保存会议信息

计算机能自动记录会议信息，但如果遇到计算机病毒或不小心删除，会议信息就会毁于一旦，造成不可估量的损失。因此，要随时将会议信息备份，甚至打印出纸质书面信息材料，做到万无一失。

3.4.4 电子邮件会议

电子邮件会议中，信息可以直接到达其他与会者的电脑上，与会者之间的信息的交流可以不同步进行。

1）电子邮件会议的特点

电子邮件会议传送信息效率高，可以在很短时间内把信息完整地传递给与会者；灵活度高，与会者可以不受时间安排的限制，在适当的时候做出回应，有较多时间斟酌回复内容；参与度高，信息传递不受时间、地域的限制，不同区域、不同行政层次的与会者能够充分交流沟通信息，集合众人的智慧解决问题；信息利用率高，电子邮件可建档于硬盘或软盘中作为日后参考，为会后会议精神的贯彻落实提供依据。

但是，电子邮件会议缺少面对面交流的氛围，与会者没有参加正式会议的感觉，降低了对会议情况的关注程度，有的甚至对会议不负责任，导致信息回复延迟或没有回复。另一方面，在交流过程中易出现信息的输入错误和语法错误，以及出现信息内容缺乏逻辑性、系统性问题，造成信息交流障碍。

2）电子邮件会议信息工作的要求

电子邮件是信息时代的产物，通过电子邮件会议沟通交流信息的越来越多。为了实现高效率的会议交流，要求做到下述4点。

（1）重视

电子邮件会议由于没有会议气氛，缺少与会者之间的语言及情感交流，容易使与会者感到枯燥乏味，从而对会议持不积极的态度，影响会议交流和质量。因此，要从思想上重视电子邮件会议，加强开好会议的责任心和义务感。

（2）及时

信息是有价值和时效性的，要尽快进行会议信息的回复，不要一味拖延甚至不作回答。

（3）迅速

会议讨论时，要积极思考，对需要解决的问题及难题迅速作出回应，表明自己的态度。

（4）认真

电子邮件会议的进行全靠大量的文字录入，因此要认真对待每一个文字、符号，做到语言通顺、层次清楚、结构合理，准确表达自己的观点。

案例分析——会议电子版和纸质版文档资料目录示例：

一、××医院大型晚会项目电子版文件目录

（一）设计图

1.酒店平面图；

2.会务手册设计图；

3.现场物料设计图；

4.初步提案；

5.舞台效果；

6.××特装效果图。

（二）晚会相关

1.晚会播放视频；

2.晚会播放PPT；

3.晚会用音乐。

（三）各类文字资料

1.供应商报价；

2.供应商通讯录；

3.晚会流程；

4.项目通讯录

5.会议指南；

6.即拍即得正副联；

7.即影即有服务现场流程；

8.物料；

9.台牌；

10.杂项清单。

（四）现场照片

（五）供应商对内合同

1.挂绳卡套发货单；

2.演出合同；

3.即影即有摄影订单；

4.施工合同。

（六）媒体相关资料

1.××早走了半步的先行者；

2.莫道桑榆晚，红霞尚满天；

3.肿瘤学界"家庭聚会"庆祝××八十大寿；

4.肿瘤学泰斗"南管"从医60年。

（七）对外报价合同

1.××服务中心服务合同；

2.万乐项目报价；

3.医院项目补充报价。

（八）医院项目总结

1.学习活动会议纪要；

2.××医院项目活动总结-项目经理。

二、××医院项目纸质文件目录

（一）相关进度表

1.肿瘤医院提案内容；

2.初始提案；

3.画册推进图。

（二）对外报价合同

1.初步合同；

2.A对B报价合同；

3.A对C报价合同；

4.A对C特装报价合同；

5.A对D报价合同。

（三）供应商对经信报价合同

1.C对A汇款底单；

2.D对A汇款底单；

3.即拍即得服务合同；

4.导演收据；

5.后期制作收据。

（四）设计图

1.晚会舞台设计图；

2.酒店平面图。

（五）画册

1.画册打样设计图；

2.某教授漫画设计原图；

3.画册打样成品样品（3本）；

4.画册最终书（1本）。

（六）其他资料

1.寿宴活动策划；

2.物料签收单；

3.某教授从医从教60年晚会若干建议；

4.高峰论坛第二轮通知；

5.晚会流程表

6.水牌；

7.会刊；

8.医院初步构思图。

（七）各类杂志资料

1.中华医学杂志；

2.肿瘤化学通讯；

3.医师报；

4.美国临床肿瘤会年会研究荟萃；

5.肿瘤时讯；

6.××肿瘤国际高峰论坛会议资料。

【复习思考题】

1.会议信息的主要来源和特征是什么？

2.会议信息主要作用是什么？

3.谈谈怎样收集和利用会议信息。

项目4

会议文案策划

任务 1　会议文件的主要类型

4.1.1　会议文件的含义

会议文件,也被称为会议文书,是指在会议活动中使用,以及在会议活动过程中产生的书面文字材料的总称。因而,它包括了在会议上讨论、审议、传阅、交流、宣读、使用的文件,或者由会议磋商、表决而通过的文件,以及根据会议决定的事项或达成的协议、共识而形成的文件。

会议文件最基本的功能,是记载会议信息或提供会议信息辅助,具有帮助实现会议领导和管理、向与会者提供信息、掌握会议的方向和进程、促进交流与沟通、记录会议过程和结果、便于会议宣传和贯彻会议精神等作用。

4.1.2　会议文件的分类

1)按文件载体划分

会议举办需要大量的文件信息,按照其文件载体划分,可分为纸张型文件和电子型文件。

2)按文件的产生阶段划分

按文件的产生阶段划分,可分为会议前期文件、会议中的文件、会议后期文件三类。

会议前期文件,主要是用于会议的准备工作,它是会议正常进行的保证,主要包括会议通知书、会议方案、会议议程、邀请函、商务备忘录、会议请柬、会前新闻稿等。会议中的文件,指会议进行过程中使用的文件,常被用于宣传公司形象、展示公司实力、营销公司产品等,包括了欢迎词、开幕词和闭幕词、会议记录、会议讲话稿、商品说明书、会谈方案、新闻发言稿、项目说明书等。会议后期文件,指会议在即将结束和结束后产生的文件,主要有会议的总结、会后新闻稿,可做会后继续的小范围研讨和归档之用,其中也不乏保密性质的文件。

3）按会议文件的功能划分

按会议文件的功能划分,主要有指导性文件、审议性文件、成果性文件、记录性文件、交流性文件、参考说明性文件、传达宣传性文件、程序性文件以及管理性文件。

指导性文件旨在明确会议指导思想和主题,提出会议目标和任务。审议性文件是指根据会议程序提交与会者讨论、审议的文件,如议案及决定、决议、议程、日程等。成果性文件是经会议谈判、协商、审议、表决、签署而形成,如会议纪要、会谈纪要、合同、协议书、协定、声明等。记录性文件真实地记录了会议情况和过程,除了文字,音像也可被辅以利用。交流性文件主要形成于总结性会议、交流性会议、研讨性会议,在会议中发挥宣传交流作用,包括事迹报告、经验介绍、学术论文、会议简报等。参考说明性文件主要备用于帮助与会者全面了解情况、准确作出决策,如统计材料、调查报告、说明和其他背景性材料。传达宣传性文件是传达会议情况、会议精神、扩大会议影响力的文件信息,如会议纪要、会议公报、会议简报、会议消息,以及配合会议宣传的广告、招贴等。程序性文件主要用于规范会议成员的行为、保障会议活动有序进行,有议事规则、会议议程与日程安排表、会议时间安排表、选举程序及表决程序安排表等。管理性文件是与对会议活动进行有效管理相关的文件信息,包括会议通知、会议须知、出席证件、作息安排表及保密规定、会议主席团名单、委员会名单、与会人员名单、票证、签到簿、文件清退表等。

4）按会议文件的递送对象划分

按会议文件的递送对象,可分为上行性文件,即报送上级机关的会议文件;平行性文件,即发送给平行机关、兄弟单位和不相隶属的机关的文件;下行性文件,即传达给下级机关的文件;以及辐射性会议文件,即发送对象直接面向社会各界,内容可广为人知晓。

5）按会议文件的保密要求划分

按照保密的要求,可分为保密性会议文件、内部性文件和公开性文件。

保密性文件可能在内容上涉及国家、组织或商业秘密,其密级和密期限制则由制文机关根据实际需要确定;内部性文件内容常涉及会议主办单位和与会单位内部的事项,在会议内部传达、阅读和使用;公开性文件则可以通过新闻媒介或以张贴的方式公开发布,如会议公报、联合声明等。

任务 2　会议文件的拟制

4.2.1　会议文件拟制的要求

会议文件是围绕会议活动产生和使用的,其制作和处理将受到会议活动要素、会议活动本身特点的影响和制约。制作会议文件时,应遵循一定的原则和要求:准确体现会议的目标和宗旨;全面真实反映客观实际,包括全面真实地反映社会和现实工作的实际情况,全面真实地记录和反映会议的过程及结果;符合会议的程序和规则;要有助于提高会议的效率,即注意文件的时效性和精简性;要确保安全,并便于归档和保存。

4.2.2　几种主要会议文件的拟制

1)会议开幕词和闭幕词

(1)开幕词

会议开幕词,是有关领导在大型会议,或重要会议开始时,向与会人员发表的提示性、方向性、指导性讲话。

①开幕词的内容与特点

开幕词的内容主要涉及郑重宣布会议开幕,阐明会议的宗旨、目的和意义,提出会议的指导思想、中心任务等,并说明会议的主要相关事项。

其特点主要有:一是简明,开幕词要简洁明了、短小精悍,最忌长篇累牍,言不及义;多使用祈使句,表示祝贺和希望。二是口语化,语言应该通俗、明快、上口。

②开幕词的写作方法

开幕词通常由标题、称谓及正文三部分组成。

a.标题,通常有三种写法:一是用会议名称作标题;二是前面再加上领导人的姓名;三是用提示内容中心或主旨的标题,在后面通常加上副标题。

b.称谓,一般写在标题下行顶格,称呼通常用"同志们""朋友们""各位代表"等。

c.正文,一般包括开头、主体和结尾。开头写宣布开幕之类的话。主体部分一般包括以下内容:会议的筹备和出席会议人员情况;会议召开的背景和意义;会议的性质、目的及主要任务;会议的主要议程及要求;会议的奋斗目标及深远影响等。

在写作中一定要把握会议的性质,郑重阐述会议的特点、意义、要求和希望,对于会议本身的情况如议程等,要概括说明,点到为止;行文则要明快、流畅,评议要坚定有力,充满热情,富于鼓舞力量。

d.结束语,一般表示良好祝愿,如"祝愿大会圆满成功"之类的习惯用语。

(2)闭幕词

闭幕词是大型会议结束时,由领导人或德高望重者向会议所作的讲话,标志着整个会议圆满结束,具有总结性、评估性和号召性。

闭幕词的格式和开幕词大体一样,由标题、称谓和正文三部分组成,但正文部分的内容和写法有所不同。

闭幕词正文的写法:首先说明会议已经完成预定任务,现在就要闭幕了;然后概述会议的进行情况,恰当地评价会议的收获、意义及影响;核心部分要写明会议通过的主要事项和基本精神,会议的重要性和深远意义,向与会人员提出贯彻会议精神的基本要求等。

写作时要求要掌握会议情况,有针对性地对会议内容予以阐述和肯定。同时,可以对会议未能展开却已认识到的主要问题,作出适当强调和补充。行文要热情洋溢,语言要简洁有力,起到激发斗志、增强信念的作用。

结尾部分一般以坚定语气发出号召,提出希望,表示祝愿,最后郑重宣布会议闭幕。

2)会议简报

会议简报是指在会议期间,为反映会议进行情况,包括与会人员在讨论中提出的意见、建议以及会议的决定事项而做出的通报。

(1)会议简报的作用和写作要求

会议简报的作用:一是便于领导了解情况,推动会议深入进行;二是沟通情况,交流经验;三是便于备用考查归档。

整理会议简报,要注意做到:一快,即速度要快,一般是头天讨论的情况,第二天一早就要印出发到与会人员手上;二简,即文字简洁,不说废话;三精,即材料要精,扣紧主题,突出重点,抓住典型,一般情况可以省略;四准,即内容要准确,要忠于发言人原意。

(2)简报的编写方法

会议简报的编写方法,大体有以下 3 种:

①综合式。通过对发言的内容进行综合分析,梳理归纳成几个问题来编写。

②报道式。采用新闻报道的形式,先将要反映的内容用几句话概括成一段导语,然后逐段从不同侧面报道讨论的内容。一般可按重要程度依次排列。

③摘要式。将发言人的发言摘要整理成简报。可一期摘发一个人的发言,也可以同时摘发几个人的发言。

(3)简报的格式结构

尽管会议简报的种类很多,但其结构却有共同之处,一般都包括报头、标题、正文和报尾四个部分。有些会有编者配加按语。

简报一般有固定的报头,包括简报的名称、期号、编发单位和发行日期。

简报名称,印在简报第一页上方的正中处,为了醒目起见,字号宜大,尽可能用套红印刷。

①期号,位置在简报名称的正下方。

②编发单位,应注明全称,位置在期号的左下方。

③发行日期,以领导签发日期为准,应标明具体的年、月、日,位置在期号的右下方。

④报头部分、标题和正文之间,一般都用一条粗线隔开。

3)会议纪要

(1)会议纪要的概念和特点

会议纪要是记载会议主要精神和议定事项的公文,是对会议的讨论事项,择其要点进行归纳整理,以通报会议精神,统一认识,指导工作。会议的会议纪要,可上呈和下达,可批转和转发。

会议纪要具有 3 个特点,即综合性、纪实性和简要性。

(2)会议纪要的结构和写法

会议纪要由标题和正文组成。

①标题,由会议名称和文种构成。标题要明确无误,成文时间写在标题下面,不要抬头和落款,如上报或下发,还要附报告或通知。

②正文,由导语、主体和结尾三部分组成。正文要概括会议主要内容、主要

精神。开头部分类似会议报道的新闻导语,包括召集会议的单位、时间、地点、宗旨、标题、主持人的姓名与职务、出席人员(或人数)。主体主要记述会议的情况和成果。结尾部分则常常提出要求和希望。

(3)会议纪要的写作要求

①要善于正确集中会议讨论的意见。会议对讨论的议题有时意见一致,有时意见不尽一致。起草会议纪要要认真研究各种意见,并根据会议确定的宗旨进行综合归纳。凡多数人一致的意见,应如实反映;少数人的意见,如果是正确的,也应注意汲取。如果讨论中,意见确有分歧,未能达成共识,一般不应写入纪要。如果要写的话,应当有主持会议机关的倾向性意见。

②要突出会议中心和要点。会议重点突出的内容,主要明确和解决的问题,即是会议的中心和要点。会议纪要,就是记叙会议中心内容和会议研究讨论的要点,必须紧紧围绕会议的基本精神,突出重点,把会议讨论情况及其结论写得清楚、确切,充分揭示会议主题。

③内容要有条有理。要对会议讨论意见,分类别、分层次、分顺序加以归纳,使人一看就清楚,条理清晰。对会议讨论意见,也应尽力给予理论上的概括。会议纪要绝不是会议记录的简单压缩。理论上的概括,不要脱离会议讨论的实际,不能随意把"理论"拔高。

④文字要简洁明快,不拖泥带水。

任务 3 会议计划拟订

4.3.1 确定会议的基本要素

根据会议预期目的与目标,确定会议的名称、议题、与会人员、时间与地点等要素,确定方法详见项目2相关内容。

4.3.2 确定会议会务分工

会议,尤其是大中型会议的筹备和服务工作,需要组建会议筹备机构。通常情况下,会务筹备机构采用分组形式,会务筹备机构被划分为分工明确又互相协调的若干小组,各小组既要熟记本岗位职责,又要胸有全局。

不同企业或单位对会议会务组的分工是不同的,但各小组的职责分工一般如下:

①会务组:负责会议的会务组织、会场布置、会议接待签到等会议的组织、协调工作。

②秘书组:负责拟写会议的会议方案,准备各种会议文件和资料,做好会议记录,编写会议纪要、简报等工作。

③接待组:负责接待 VIP 嘉宾、生活服务、交通疏导和医疗服务等工作。

④宣传组:负责会议的录音录像、娱乐活动、照相服务、品牌推广等工作。

⑤财务组:负责会议经费的预算、统筹使用、收费和付账工作。

⑥保卫组:负责防火、防盗、人身安全和财物安全、安保工作。

一般来讲,重要的会议,企业或单位会委派领导担任会议的总协调,由会务组负责向主管领导汇报,其他小组配合会务组负责人的安排,如有异议,可向主管领导申诉。在会议召开前,主管领导一般要召开三次筹备会:会议筹备伊始,召开第一次筹备会进行动员及小组分工负责;第二次检查进度,解决问题;第三次是对会议召开之前的总检查,以确保会议圆满举行。

一般的小型会议,只设立会务组负责全部事宜。有些企业或单位则将会议的会务工作,交由办公室全面负责。

4.3.3　确定会议预算(具体请看项目 9)

会议活动是一项消费活动,举行任何形式和内容的会议都要消耗一定的人力、物力和财力。因此,会议会务工作机构及会务人员,应当本着勤俭办会的原则,对会议的经费及各项支出做出预算,并提出筹建会议经费的方法、渠道,报呈领导者审批。

会议所需经费主要由场地租赁及相关设备费用、布置费用、住宿费用、餐饮费用、演出等相关活动费用、旅游费用以及某些不可预见费用构成,具体的费用预算、预算原则和预算方法等,可详见项目 3 相关内容。

会议经费的筹措,依据会议的性质、类型,其经费来源渠道不同。会议经费的筹措,通常有以下 5 种渠道:

①行政事业经费划拨:与政府事业和工作相关的会议,一般可从行政事业经费中部分或全部开支。

②主办者分担:如果会议由多个主办者联合举办,则可通过协商分担经费。

③与会者分担个人经费:即与会者参加会议的交通费、食宿费、游览费等费

用由与会者个人或其所在单位承担。会议的组织方,一般通过向与会人员收取会务费的方法,筹措会议经费。

④社会赞助:通过有效的会议公关,从社会各界获得资金赞助。

⑤转让无形资产使用权:一些大型的会议活动,尤其是具有重大意义和深远影响的会议,本身就是一种巨大的无形资产,如会议的名称、会徽、吉祥物等,具有很高的潜在价值。充分利用会议本身的无形资产,使其转化为合法的有偿转让行为,不仅使商家因获得这种无形资产而受益,而且还可以为会议活动筹得可观的资金。

任务 4　会议议程、日程、程序拟定

4.4.1　会议议程、日程与程序的含义

1)会议议程的含义

会议议程,是会议所要通过文件、解决问题的概略安排。会议议程是对议题性活动的程序化,即将会议的各项议题按照主次、轻重的原则以及先报告、再讨论审议、后表决的次序编排起来并确定下来。它所涵盖的内容除了足以实现会议目标的各种议案,如主题规则等之外,还包括与会者姓名、会议时间及会议地点等项目。

会议的议程是会议最为重要的文件之一,议程不仅能够规范会议的内容,约束沟通的次序与沟通的节奏,而且它本身也有助于与会者很好地理解会议的目的。会议的议程一般情况下是由会议的领导者或主办者确定,法定性会议的议题和议程,必须提交会议的主席团或预备会议表决通过,其他重要会议则按议事规则中的具体规定办理。

2)会议日程的含义

会议日程是将会议议程规定的各项活动按单位时间具体落实安排。会议的日程不仅细化议程框架内的全部议题性活动,还要具体安排会议过程中的仪式性活动,以及其他相关的辅助活动,如招待会、考察、参观、聚餐、娱乐等。

会议的日程是会议组织者对会议实施组织、与会者参加会议和人们了解会

议情况的重要依据。它表明了会议发展的进程,同时,也是对完成各项议程所需时间进行预测和必要限制,从而提高会议的效率。

会议日程的安排既要贯彻精简、高效的原则,又要科学、合理,做到紧中有松、劳逸结合,符合人体生理和心理活动的规律,以提高会议活动的质量。

3)会议程序的含义

会议的程序是指在一次相对独立的会议活动中,将所有的工作环节和活动细节,按照时间先后加以排列的顺序。会议的程序可以供与会者了解每次会议活动的具体内容与时间顺序,同时也是会议主持人掌握会议的操作依据。需要制定程序的会议有两类:一类是大会中的单元活动,如大会的开幕式、闭幕式、选举、表决等;另一类是单独举行的仪式,如签字仪式、颁奖仪式、开工仪式等。

4)会议议程、日程和程序的联系与区别

会议议程、会议日程和会议程序,都是关于会议活动先后顺序的安排,他们之间的区别是:会议议程是一次会议活动顺序的总的安排,具有概括、明了的特点,更改的可能性小,凡有两项以上议题的会议,都应当事先制定议程。会议日程是将各项会议活动(包括辅助活动),落实到单位时间,凡会期满一天的会议都应当制定会议日程,会期半天以内、且都是议题性活动的会议,只需制定议程,而不必制定日程。会议程序则是一次单元性会议活动,或单独的仪式性活动的详细顺序和步骤,是会议议程的具体化和明细化,可供会议主持人直接操作及掌控节奏。规模较大、活动较多、会期较长的会议,往往同时制定会议的议程、日程和程序,以适应不同层次活动的需要。以举行颁奖、选举、揭牌等仪式为主的会议活动,一般只制定会议程序,不制定议程。

4.4.2 会议议程的制定

1)会议议程制定的原则与方法

会议的议程应该表明会议中,需要讨论的事项的顺序,并且对于所涉及议题的安排要认真考虑,以保证合理的逻辑顺序。会议议程的安排,除考虑一般性原则,还涉及常用的议程安排方法。制定会议议程时,应考虑的一般性原则主要有:

①依据议题的轻重缓急编排会议的议程。即将紧要的事项安排在议程的前端,不紧要的事项安排在议程的后端。遵循这个原则的好处是,可以保证紧要的议题能被及时处理,即使是在预定的会议时间内,不能处理完全部议案,也不至于耽误紧要议题。

②预估每个议题所需的时间,并明确地标示出来。这样有利于节省与会者的时间,方便其作出比较确定的时间安排。比如议程中如果明示了几点几分到几点几分探讨某个议题,会议组织者可以让某些人在涉及他们议案被讨论前几分钟进入会场,也可让某些人在涉及他们的议案被讨论过之后离场。

③事先通知与会者,以便其做好准备。虽然并非所有会议都需要正式的议程,但是与会者应事先对会议议题和安排有所了解,以便做好心理准备及相应的物质准备。因此,议程应随会议通知事先发给与会者。

会议议程安排的主要方法有:

第一,先主后次。如果次要的议题数量较多,而且讨论研究所需时间较长,或会议时间有限,可采取先主后次的方法,即会议开始后先讨论研究主要议题,以保证开会时与会者头脑清醒,精力充沛,同时也能给予主要议题以充足的讨论研究时间。

第二,先次后主。该方法用于次要议题较少,而主要议题所需处理时间较多的会议情况,即在会议操作中先解决次要议题,然后集中精力处理主要议题。

第三,先报告,再审议,后表决。对需要提交会议表决的议题,一般应该先向大会报告或分发书面决议草案,再组织与会者审议、辩论、磋商、修改,最后付诸表决。

第四,先总结,再表彰,后交流。总结表彰交流会,一般采取先对某项工作或某项活动做总结性报告,然后宣布表彰决定和表彰名单并颁奖,最后进行交流发言,安排领导讲话。

第五,按议事规则排列。如已制定会议的议事规则,则议程顺序的安排应当遵守其规定。

2)会议议程的内容

会议的议程可以保证会议在预定的方向上有步骤、按计划地进行,因而会议议程的内容十分重要。一般来说,大多数的会议议程都包括以下5个方面的内容:

(1)开场

会议主持人的开场白是会议开始后的第一个环节。开场白的内容范围由会议召集者把握,但具体内容应由主持人控制。开场白的内容主要包括:必要的与会者介绍、会议要解决的主要问题、问题的有关背景、会议的目标等,有时还要体现主持人或召集者的态度。

(2)基本情况介绍

主持人在开场白中提出问题后,最好由事先安排好的对问题有一定研究的与会者,介绍他们对该问题所掌握的情况,针对问题做简明扼要、重点突出的发言,以便其他与会者对该问题有一个初步的概念,并以这些基本情况为出发点进行思考,为之后的讨论做铺垫。

(3)自由发言讨论问题

即使是自由发言,也应提前拟订一个大致的顺序,以便控制会议现场秩序和节约时间。如可以先让反应较快、性格外向的与会者首先发言,再让一些思考时间较长、较深入的与会者接着发言,这样既可以避免出现无人发言的尴尬场面,也有助于整个讨论逐步深入,从而调动和活跃大家的思维。

(4)结论

会议主持人应在会议充分讨论之后,进行意见整合,找到共同点,并站在一个主导地位上,促成与会者们的意见相互配合,达成一致,最后以一定的形式表述出来,提交上级或者向下级传达。

(5)会议结束

会议达成决议后,并不等于会议正式结束,会议主持人或会议组织者一般都需要对会后的工作进行简单的安排,或明确地向与会者布置任务。

会议议程的具体内容安排,应视会议具体情况而定。在上述内容范围之外,还可以根据实际需要对会议的议程进行添加删减。例如,有的会议结束时,可能需要领导发言。有的会议的议题情况介绍,由主持人代为进行等。

3)会议议程的书面结构

①标题。由会议全称加上"议程"二字组成。如"××集团公司商品交易洽谈会议程"。

②题注。法定性会议议程,应当在标题下方说明该议程通过的日期、会议名称。如"2014 年××商会第×届会员代表大会"。一般性会议议程注明会议的起讫日期,如"2015 年 7 月 5 日—7 月 10 日"。

③正文。简要概括地说明会议每项议题和活动的顺序,并冠以序号将其清晰地表达出来,句尾一般不用标点。

【例1】英豪公司销售团队会议议程表

表 4.1　英豪公司销售团队会议议程表

公司销售团队会议将在 5 月 25 日星期一上午 9：00 在公司总部的三号会议室举行。

1.宣布议程

2.说明有关人员缺席情况

3.宣读并他通过上次会议的记录

4.通信联系情况

5.大部地区销售活动的总结

【例2】2015 广东民企智慧成长系列沙龙之"老品牌、新战略、新商机——品牌创新"

表 4.2　2015 广东民企智慧成长系列沙龙"老品牌、新战略、新商机——品牌创新"流程表

时　间	内　容	
13：30—14：00	观众、嘉宾签到	
14：00—14：05	主持人	主持人介绍出席活动的领导、嘉宾 主持：广东省××××信息服务中心主任××
14：05—14：10	致欢迎辞	广东省老字号协会秘书长×××
14：10—14：50		议题一：传统品牌创新战略
	分享嘉宾	华南理工大学工商管理学院副教授××， 工信部工业企业品牌培育专家
14：50—15：30		议题二：传统品牌刻板印象逆转策略
	分享嘉宾	中国品牌战略研究中心助理 研究员×××博士
15：30—16：10		议题三：让您的消费者一见钟情——产品包装如何影响消费者购买决策
	分享嘉宾	现代国际市场研究公司副总裁××
16：10—16：40		议题四：从上游到终端，质量追溯系统提升品牌 竞争力——SGS 助力产品安全追溯链
	分享嘉宾	SGS 标准化工程师××， 10 年从事产品品质保障和食品安全监测经验
16：40-16：50	投融资分享	约会融资××
16：50-18：00	专家互动及现场交流传统行业的商业模式创新路径探讨	

4.4.3　会议日程的制定

1)会议日程的作用

会议日程的作用,简而言之,就是能为与会者提供便利的同时,保证会议日程的具体实施及提高会议效率。

会议日程在会议内容、时间、地点、出席范围等方面的规定,准确清晰、一目了然。当日程发放到每个与会者手中时,能有助于他们了解会议的总体安排,以及事先知道每项具体活动的时间、地点和要求。会议日程将议程的各项内容落实到具体的时间单元,能为会议圆满完成在时间上提供保证作用。科学的会议日程能使各项会议活动,形成一个和谐有序的整体,能够充分激发与会者的热情和斗志,合理分配精力和注意力,同时也能对各项活动的时间做到必要限制,最大限度地节省会议的时间和费用,进而提高会议效率。

2)制定会议日程的方法和要求

①在制定会议日程时,要全面准确地把握该次会议的议程、仪式性活动和其他辅助活动的关系,突出会议的议程安排,同时还要注意各项活动之间的协调性。

②预测完成会议中各项具体活动所需的时间。预测的依据主要是:上届会议上同样的活动所花的实际时间;本次会议的议题和其他活动的增减情况;每项议题发言的人数和发言时间;每项仪式性和辅助性活动大致所需的时间;中间休息的时间等。

③在制定会议日程时,既要精简高效,又要科学合理,做到紧中有松,劳逸结合,符合作息规律。

3)会议日程的书面结构

①标题。标题由会议全称或规范化简称加上"日程"或"日程安排"、"日程表"组成。如"××市商会第五次会员代表大会日程安排"。

②稿本。会议日程如果要在大会上或主席团会议上通过,应注明"草案"。

③题注。在大会或主席团会议上通过的会议日程,应当写明题注,具体写法同会议议程。一般会议的日程如在标题中已显示会议年份信息的,则可省去不写;如标题中未显示年份信息,在其他部分也未显示的,应标明年份。

④正文。正文部分通常可采用两种格式：

a.表格式。该格式的优点在于各项安排清晰明了,适用于需要交代各项具体信息的会议。具体包括会议的日期和单位时间(上午、下午、晚上)、具体活动的名称和内容、主持人(召集人)、参加对象、活动地点、活动要求(备注)等。

b.日期式。按日期及时间顺序排列会议的各项活动。

⑤制定机构。标明了题注的会议日程无需落款,其他会议日程一般由会议的秘书处落款,也可省去。

⑥制定日期。该项可以省略。

【例】2015年广东(顺德)民企智慧成长沙龙暨顺德民营经济大讲堂日程。

表4.3 2015年广东(顺德)民企智慧成长沙龙暨顺德民营经济大讲堂日程表

时　间	内　容	
14:00—14:30	观众、嘉宾签到	
14:30—14:35	嘉宾主持	广东省××××信息服务中心主任××
14:35—14:50	致欢迎辞	顺德区部门领导
14:50—15:30	战略篇:大数据时代下的商业智能:智慧的数据分析与洞察,实现企业精细化管理	
	分享嘉宾	IBM商业价值研究院(IBV) 中国民营企业战略转型研究中心主任××
15:30—16:10	趋势篇:家电产品生态设计方法、技术及应用	
	分享嘉宾	中国电器科学研究院绿色制造首席专家××
16:10—16:40	发展篇:从绿色经济看绿色管理,确保企业可持续发展	
	分享嘉宾	中国电器工业低碳技术联盟理事、SGS通标标准技术服务有限公司×××博士
16:40—17:10	策略篇:绿色IT助力企业运营绩效	
	分享嘉宾	中企网络通信技术有限公司高级顾问××
17:10—18:00	专家圆桌会议——互动交流	

4.4.4　会议程序的制定

1）会议程序的特点和作用

会议程序的主要特点是具有详尽性、明确性和可操作性。会议程序要详细列明会议由始至终的每项发言、每个活动细节的名称、发言人的身份和姓名,有的会议程序还规定每项活动细节和发言的限定时间。会议程序发放到与会者手中有助于其了解会议活动的具体安排,它还是会议主持人掌握会议进程的操作依据。

2）会议程序的书面结构

①标题。标题由活动名称(全称或规范化简称)加上"程序表"或"顺序表"组成。

②题注。题注标明活动的具体日期、地点、主题(标题中已显示主题信息的可省略)、主办单位等信息。

③正文。会议程序在制定时,常采用两种格式:

a.序号式,即用汉字或阿拉伯数字标引各项具体活动,列出相应的活动步骤和细节,要求详细、明确。

b.时间序列式,即把各项会议活动以较为精确的时间排列先后,其优点是容易控制各项活动的时间。

④制定机构。一般为会议秘书处,也可省略。

【例】投融资高峰论坛流程表

表 4.4　投融资高峰论坛流程表

时　间	内　容
14:15—14:45	嘉宾签到及入场
14:45—14:50	主持人作开场白,介绍领导、嘉宾
14:50—15:10	领导致辞:(每人约 5 分钟) (1)广东省政府领导 (2)工业和信息化部领导
15:10—15:20	政策与措施:以服务创新为重点扶持高成长性民营企业加快发展 (1)嘉宾演讲(每人 10 分钟) 国家层面政策与措施 (2)嘉宾:工业和信息化部中小企业司 地方层面政策与措施 (3)嘉宾:广东省经济和信息化委员会

续表

时　间	内　容
15:20—16:00	实践与经验:全过程谋划,融资应该不难 (1)嘉宾演讲(每人10分钟) 企业融资新理念:企业发展全过程谋划,融资应该不难 (2)嘉宾:××股权投资基金管理(广东)有限公司总经理 企业融资战略:多种融资工具的平衡 (3)嘉宾:××商学院教授 股权融资热点:高成长性企业如何表现? (4)嘉宾:深圳××××有限公司董事长 企业融资实战:上市企业融资经验分享 (5)嘉宾:深圳××××股份有限公司董事长
16:00—17:30	未来与选择:股权投资现状与企业腾飞之路 辩论/对话(圆桌会议)(40分钟) 话题一:全民PE时代:泡沫还是盛宴? 话题二:与狼共舞:创业家与投资人的博弈 话题三:画龙点睛之术:价值创造与价格实现 嘉宾: (1)××××股权投资基金管理(广东)有限公司总经理 (2)××商学院教授 (3)深圳××××有限公司董事长 (4)深圳××××股份有限公司董事长 (5)北京××风险投资联盟秘书长、××投资基金创始执行合伙人 (6)宁波××股权投资基金董事长 (7)深圳××创业投资有限公司合伙人 (8)××××股权投资基金管理(广东)有限公司副总经理 (9)××资本创始合伙人、《××投资圈》嘉宾主持人
17:30—17:40	中场休息/茶歇
17:40—18:30	鸡尾酒会:伙伴,干杯! (参会企业代表与投资机构代表可自由交流,以期在轻松、愉悦的氛围中了解融资需求,达成投融资意向)论坛结束。

任务5　会议宣传文案拟订

4.5.1　会议通知拟订

1)会议通知的作用

会议通知是告知会议与会者有关与会事项的会议文书,是传递所要召开会议信息的载体,也是会议组织者和与会者之间会前沟通的重要渠道。

拟发会议通知是会议准备工作中的重要环节,具有传递会议信息(会议内容、性质、方式、时间、地点等基本信息)、收集信息(与会者提出的议题、对会议议程的意见、提交的报告及相关的交流文件)、反馈信息(与会者的姓名、职务、人数等)等基本作用,也是尊重与会者权利的一种表现。

2)会议通知的种类

①按通知的形式,可分为口头通知和书面通知。口头通知具有方便、快捷、即时的优点,但容易遗忘。书面通知尽管需要打印、分发或者邮寄,手续较多,时间较慢,但是严肃、庄重,而且具有备忘录的作用。主要会议应当使用书面通知。

②按通知的性质,可分为预备性通知和正式通知。预备性通知先于正式通知发出,其作用主要是请与会者事先做好参加会议的准备。凡需要事先征求与会者的意见,或者需要与会者提交相关报告或材料,或者先报名然后确定与会者资格的会议,应当先发预备性通知,待与会资格确定后,再发正式通知。

③按通知的名称,分为会议通知、邀请信(函、书)、请柬、公告等。

a.通知适用于主办者同与会者之间具有上下级关系,或者是管理与被管理、指导与被指导关系的会议活动。具体的发送对象有:会议的当然成员和法定成员;本企业或单位内部的工作人员(单位内部会议一律使用通知);下级所属单位;受本企业或本单位职权所管理的单位。

b.邀请函一般用于横向型的会议活动,具有礼节性,发送对象是不受本机关职权所制约的单位以及个人。一般召开咨询论证会、贸易洽谈会、产品发布会等,以发邀请函为宜。

c.请柬主要用于举行仪式性、招待性会议活动,如大型会议和展览活动的开幕式和闭幕式、大型工程的开工和竣工仪式、主要项目的签字仪式、招待会、晚会等。发送对象一般都是上级领导、知名人士、来访客人、兄弟单位等,多使用书面语,语言恭敬儒雅。

d.公告专门用于股份公司召开股东大会时,通过登报发布举办会议的信息。

3)会议通知的内容

①会议名称。会议名称一定要写全称。

②主办者。联合主办的会议,要写明所有主办者的名称。

③会议的内容。包括会议的目的、意义、主题、议题、讨论的提纲、议程安排等。

④参加对象。如果通知是发给单位的,应当说明参加会议的人员的具体要求,如职务、级别。专题性商务工作会议,应要求分管领导到会。会议通知也可以直接发给与会者个人。与会者资格不同,通知中应分别用"出席""列席""旁听""参加"等词语来表达。有的会议为了达到一定的规模,通知中还规定每个单位参加会议的人数。

⑤会议的时间。包括报到时间、会议正式开始和结束时间、会期。

⑥会议的地点。应具体写明会场所在地点、路名、门牌号、楼号、房间号、会场名称。

⑦其他事项。如参加会议的费用、报到的方式和截止日期、有关材料及提交的要求、入场凭证以及组织者认为必须说明的事项。

⑧联络信息。如主办单位或会议筹备机构的地址、邮编、银行账号、电话和传真号码、网址、联系人姓名等。

4)会议通知的书面格式

(1)文件式

即使用正式文件的格式标印会议通知,并通过正式文件的传递渠道发送,用于召开重要会议。

①标题。标题一般由主办者名称、会议的名称和"通知"组成。由多家单位联合举办的会议,可省去主办者的名称。

②主送机关。文件式会议通知一般都发给单位,这里的单位称为主送机关。

③正文。通知的正文部分可以按通知的内容分成若干层次和段落,开头部分写明会议召开背景和目的;主体部分写明通知的具体内容;结尾处写明联系信息和联络方式,也可用"特此通知"收尾。

④发文机关。发文机关就是会议的主办单位或大会组委会。发文机关要写全称。联合主办的会议,每个主办单位都要写上,并加盖公章。

⑤成文日期。写明具体的年、月、日。

【例】

2015年广东省民营企业合作交流协会春茗晚宴暨"云商计划"启动仪式

邀请函

尊敬的会员单位:

美酒千盅辞旧岁,梅花万树迎新春。

广东省民营企业合作交流协会在过去一年里,承蒙各会员企业和社会各界的大力支持,得以顺利发展,值新春伊始之际,为答谢各方的厚爱和支持,以及增进会员间的沟通交流,我会将于2015年2月21日16:00-21:00举办春茗晚宴暨"云商计划"启动仪式,诚邀阁下届时拨冗出席,极增荣宠!

期待与您共同分享新春的喜悦,共创2015年的辉煌!

一、年会目的

为了增进民营企业与政府部门之间的联络与交流,增强广东民营企业的凝聚力,增进会员之间的沟通,广东省民营企业合作交流协会将于2015年2月21日举办以"服务助发展,智慧聚辉煌"为主题的2015年广东省民营企业合作交流协会春茗晚宴暨"云商计划"启动仪式。

二、年会亮点

1.百名民企与相关政府领导、专家聚首,共讨民企发展大计;

2.专家深刻剖析民企发展趋势;

3.标杆企业、业内人士共同把握民企服务发展新机遇;

4.服务民企项目发布,引领未来民企战略;

5.民企之夜,服务民企优秀奖星光闪耀;

6.媒体跟踪报道,全面传播民企发展的关键要素。

三、年会主题

服务助发展,智慧聚辉煌

四、组织架构

(一)指导单位:广东省经济和信息化委员会(省中小企业局)

(二)主办单位:广东省民营企业合作交流协会

(三)合作媒体:经济观察报、中国新闻网、商业周刊、赢周刊

五、时间、地点和规模

(一)时间:2015年2月21日　16:00—21:00

（二）地点：广州越秀区环市东路 339 号中心皇冠假日酒店三楼水晶二厅

（三）规模：300 人

六、议程（略）

七、参会人员

（一）政府官员：省中小企业局、各地市中小企业局相关领导

（二）嘉宾、专家学者、银行机构代表、中小企业家

（三）企业代表：省民企会会长、副会长、常务理事、理事、会员代表

（四）新闻单位记者：国内知名大众媒体、专业媒体、电视媒体、网络媒体等

（2）书信式

书信式，即以写信的格式写作的邀请信，其结构要素如下：

①信头。书面邀请信可在信笺版心的顶端，用醒目字体标识主办者全称，称为信头。

②标题。书信格式的邀请信多以"邀请函"作为文种，标题会议名称直接后加"邀请函"组成。

③称呼。称呼使用时应注意：对于发到本单位的邀请函，可以不写单位名称，但必须写人称，因为邀请信只能逐个邀请，以示礼貌和尊重。对于直接发给会议对象个人的邀请信，应当写个人姓名，前冠"尊敬的"敬语词，后缀"先生""女士""同志"等。对于在网上或报刊上公开发布的邀请信，可省略称呼，后以"敬启者"统称。

④正文。载明邀请信的具体内容。

⑤落款。落款有两种：以主办单位名义发出的邀请信，署主办单位名称；以领导人的名义邀请专家或知名人士，由领导人亲署姓名，以示郑重。

⑥成文日期。写明具体的年、月、日。

（3）表格式

表格式通知具有清晰明了的特点，用于经常性的例会。

（4）备忘录式

备忘录式的通知，内容较为简单，仅用于事务性会议或例行性会议。在格式上，以"会议通知"作为标题，正文部分只要列明会议名称、时间、地点即可。

示例：

会议通知
×××同志： 　　兹定于××月×日下午 14:00—16:30 在××会议室举办×××会议，请准时出席。 　　　　　　　　　　　　　　　　　　　　　　　×××办公室 　　　　　　　　　　　　　　　　　　　　　　　2015 年 9 月 12 日

（5）请柬式

请柬式会议通知可以用市售的请柬填发，也可以另行拟稿打印。由于请柬式通知的对象都是上级领导、兄弟单位、合作对象、社会知名人士等，因此，语气用词一定要恭敬、委婉、恳切。以公司或单位名义发出的请柬，须加盖公司或单位公章，以示郑重；以领导人名义发出的请柬，应当由领导人签署，以表诚意。

示例：

请柬

×××先生：

兹定于××月×日×时×分在××举行××酒店揭幕仪式，敬请拨冗光临。

××××公司

总经理：×××

2015 年 8 月 18 日

4.5.2　会议新闻通稿的撰写

会议新闻通稿在各类通稿中结构属于比较严谨，语言逻辑要求很高的一类。这类新闻稿要求作者要将会议的核心价值融入稿件中。会议新闻通稿一般分为会前新闻稿和会后新闻稿两种：会前新闻稿一般偏向于发布开会信息，是一个抛砖引玉的过程，但亮点不能全都透露出来，以此吸引新闻界和业界对于会议的关注，应留下悬念；而会后新闻稿一般偏向于陈述会议演讲嘉宾的创新亮点，完整的展现会议的整体内容，继续扩大会议的影响力。

大部分会议新闻稿都会投放到传统媒体和新媒体中，但这些媒体面对海量的新闻稿，如何择优进行投放？会议新闻稿如何抓住媒体的眼球？是否能够抓住企业与公众的利益相交点？标题、导语和内文的表述是否观点鲜明，文字清新，流畅不落俗？这些都是我们正在研究的方向。

1）会议新闻稿的结构

①会议新闻稿的标题，都是简明扼要的直接点题，最好融入市场流行的话题。

②写好导语，介绍会议举办的背景或者举办该会议的意义。

③会议具体流程，流程需要具有吸引力。

④嘉宾演讲发言的主要亮点，一般来说参会者都是带着问题过来参加会议的，他们期望通过参加会议受到一定的启发。

⑤会议的意义，描述会议的意义需要注意写出层次感，比如此会议对于参

与的受众企业的建设性意义,对于整个行业健康发展的推动意义,对于培育人才方面的重要意义,等等。

2)会议新闻稿撰写的原则

①注意新闻稿的时效性,一般来说都是在会议结束之前或者之后就开始着手撰文,如果拖了一两天,这篇新闻稿就失去了意义。

②注重市场需求,我们会议新闻稿的写作逻辑、主题内容、排版配图都需要做到新颖,符合市场需求。

③需要借助话题来撰写新闻稿,话题性炒作,说白了就是营造氛围。利用最新、最热门的社会热点话题来营造新闻点。热点话题不一定在新闻的资料或话题中出现,但写作主题的指向应当有一定的明确性。

新闻稿不被媒体待见,本质上不是新闻稿的文字不够打动人,而是多数企业没有把会议品牌传播当作一种经营来看待。会议品牌传播不仅要关注客户关系、供应链关系,更需要关注组织设计,以及市场策略等体系。

【案例分析】

如何写好一篇会前新闻稿

高瞻远瞩　智领发展

一、2016中国(广州)车联网大会策划方案

(一)2016中国(广州)车联网大会简介

1.活动背景

2015年,在国务院推出《关于积极推进"互联网+"行动的指导意见》中,明确指出,要推进重点领域智能产品创新,推动汽车企业与互联网企业设立跨界交叉的创新平台`,加快智能辅助驾驶、复杂环境感知、车载智能设备等技术产品的研发与应用。面对着"互联网+"风潮,车联网也迎来全新的发展机遇,在国内外车联网市场刮起强劲的旋风。

中国是互联网应用大国,中国已成为世界汽车产销第一大国,中国正迈向世界互联网与汽车强国:把握住车联网发展的契机,尤其是"十三五"发展布局,对中国车联网产业创新发展,企业如何把握市场风口拐点,抓住产业制高点,将起到至关重要的作用……

那么"互联网+"大政策的发布给车联网产业带来哪些全新发展机遇? 展望"十三五",中国车联网行业发展的前景又是怎样? 在此背景下,在工业和信息

化部科技司、国务院发展研究中心、中国信息通信研究院等机构的指导下,由广东省车联网产业联盟、中科院信息中心、中国信息通信研究院广州智慧城市研究院、广东省云计算应用协会联合举办的"2016中国(广州)车联网大会暨车联网走进广东十大城市启动仪式"即将在3月25日召开。汇聚政界、学界、产业界大腕,将为新一轮车联网产业发展把脉、指明方向,为业界企业创新运用指点迷津。

2.活动目的

大会将聚集相关产业领导、国内车联网顶尖的专家学者、各大汽车企业、车联网企业、信息服务提供商、智能汽车电子企业、通信服务商、投资公司、新闻媒体、国内外BAT企业、国内车联网产业联盟、国内高校车联网研究中心、车联网系统相关创业者和开发者等行业精英。本次大会的召开,构建一个以互联网+汽车+交通信息+汽车销售+服务平台+金融+汽车维修保养+汽车用品+车险+救援+N全面的车联网生态体系,服务于人车位置信息,出行与吃喝玩乐消费一体化模式。我们将以高瞻远瞩的视野,以智慧的思维引领产业发展。这是一个以车联网产业生态为核心的智慧对话与碰撞、商务与合作的开放性平台,将对推动互联网与车联网的深度融合,共建车联网新时代有着重要的意义。谁将成为车联网产业界的黑马?谁将引领产业发展新模式、新潮流?让我们共同期待!

3.活动形式

大会分为应用体验展示区、闭门会议、开幕式暨高层论坛,主题论坛一:车车通信、车路协同;主题论坛二:车联网融合创新、车联网之夜颁奖盛典(八大奖项)。

4.2016车联网走进广东十大城市体验之旅

本次体验之旅以充分展示新一代信息技术产业最新发展成就、加快促进信息消费、引导信息技术产业健康发展为背景,得到了政府主管部门的大力支持,联合各地优质产业资源,不断开发新项目的精神,为活动效果提供了强有力的保障。借力发展,改革创新。在体验之旅的开展区域,实现规模、品牌参展,打造车联网体验活动的第一品牌,并打破以往单一的展览及研讨会模式,深度挖掘产业资源,加强车联网产业链的高度融合,将线上与线下联动,以宣传带体验,以体验之旅带销售规模,开创车联网活动的新纪元。我们将共建车联网生态系统,组织车联网产业内各种应用走进广东十大城市。通过试乘试驾、现场展示、优惠促销等系列活动,吸引广大车主关注及参与,并结合包含电视媒体、网络媒体、交通电台、平面媒体等全方位的宣传,打造华南地区面向用户极具影响力的车联网落地体验推广系列活动。本次车联网走进广东十大城市体验之旅将在2016中国(广州)车联网大会开启启动仪式。

(二)大会组织架构

指导单位:工业和信息化部、中国科学院、国务院发展研究中心

主办单位:中国信息通信研究院广州智慧城市研究院

　　　　　中科院网络信息中心、亚洲智慧交通协会

　　　　　广东省车联网产业联盟(协会)

协办单位:广州市花都区人民政府

　　　　　广东中科招商创业投资管理有限责任公司

　　　　　广州零壹沃土互联网金融信息服务有限公司

　　　　　广州花都汽车城管委会

支持单位:广州市花都区科工信局、广东省云计算应用协会

　　　　　汇泽亚洲投资有限公司、深圳市汽车电子行业协会

　　　　　粤港澳一卡通产业联盟——赞助商、美国驻广州领事馆商务处

　　　　　中国车联网产业技术创新战略联盟

承办单位:广东省车联网产业联盟、中国信息通信研究院广州智慧城市研

　　　　　究院、广州市空间地理信息与物联网促进会

(三)大会时间

2016年3月24—25日

(四)大会地点

广州市花都区迎宾大道189号皇冠假日酒店

(五)大会主题

"聚焦十三五,同绘车联网新蓝图"

(六)大会议题

1.2016年车联网发展热点及趋势

2.探讨"互联网+"时代,车联网的发展之路

3.智能交通与车联网的融合发展,助力智慧交通与智慧城市发展

4.金融机构与产业精英直面对话,共谋车联网创新蓝图

5.广东车联网协同创新研究中心成立仪式

6.首个开放融合车联网(东风车联网)战略合作伙伴签约

7.广东中科花都新兴产业(车联网)创新基金成立仪式

8.车联网十三五规划解读

9.云计算大数据时代的车联网创新融合发展

10.2016 车联生活走进广东十大城市启动仪式

11."车联网之夜"颁奖盛典(八大奖项)

①2015 车联网十大车载终端品牌　②2015 车联网十大新闻事件

③2015 车联网十大创新人物　　　④2015 车联网十大创新企业

⑤2015 车联网十佳技术方案商　　⑥2015 车联网最具成长性企业

⑦2015 车联网十大服务平台　　　⑧2015 车联网用品十大品牌

(七)大会主要日程(见表 4.5,具体议程以最终名单为准)

表 4.5　大会主要日程表

日　期	主要内容	拟邀单位
3 月 24 日下午 14:00—17:00	闭门会议一(创建国家级车联网试点示范,约 60 人)	国家部委相关领导、车联网领域权威专家、车联网十三五规划专家组成员、商业合作伙伴及国内外车企主要领导(拟邀请嘉宾:中国工程院原副院长邬贺铨院士、工业和信息化部副部长辛国斌、省经信委、广州市政府副市长、广州市工信委、广州市科创委、广州市交委、广州市发改委、花都区政府)
3 月 24 日下午 14:00—17:00	闭门会议二(开放创新,智领未来)	10 家车企高层领导、通信运营商、大会商务合作伙伴、新闻媒体(50 人左右)
3 月 25 日上午 9:00—12:00	高瞻远瞩,智领发展开幕式暨高层论坛	省/市/区产业界政府领导、工业和信息化部、国务院发展研究中心信息中心、中国信息通信研究院、交通部信息中心、中科院网络信息中心、阿里巴巴集团、英国驻广州领事馆、英国阿特金斯集团、英国融合处理有限公司、东风日产乘用车有限公司
3 月 25 日下午 14:00—17:30	主题论坛一:车车通讯车路协同 主题对话:智能互联、人机交互	东风日产数据营销公司、东风日产乘用车有限公司、一汽、中国电信股份有限公司、华晨汽车集团控股有限公司、比亚迪股份有限公司、广汽集团、长安汽车股份有限公司、北京汽车股份有限公司、特斯拉汽车公司、华为有限公司、中国电信集团公司、中国联合网络通信股份有限公司

续表

日 期	主要内容	拟邀单位
3月25日下午 14:00—17:30	主题论坛二:车联网融合创新 主题对话:金融投资撬动车联网蓝海	广东中科招商创业投资管理有限责任公司、汇泽亚洲投资有限公司、德本资本管理有限公司、凯词金融投资集团、深圳达晨创业投资有限公司、广州科技发展基金、深圳投资圈有限公司、深圳市航盛集团、深圳航盛车云技术有限公司、广联赛讯有限公司、广州爱立信通信服务有限公司、广州鸿利光电股份有限公司、华阳集团有限公司、科大讯飞股份公司、阿里巴巴集团、百度、Uber公司
3月25日晚上 19:00—21:00	"车联网之夜"颁奖盛典	1.车联网八大奖项颁奖典礼 2.2015车联网创新创业大赛颁奖盛典 3.走进广东十大城市启动仪式
3月24日下午 12:00—25日21:00	体验展示区	特斯拉汽车公司、比亚迪股份有限公司、广汽传祺、东风启辰、智能车载系统、技术方案商、内容提供商、TSP服务平台、汽车新能源及用品等

(八)战略合作媒体

新浪汽车、网易有道云协作、腾讯汽车网、慧聪网、360汽车网、中国汽车影音网、天营在线、广告买卖网、广东电视台汽车会展频道、广东卫视《车行天地》、广州电视台移动频道

(九)媒体支持

新华网、凤凰网、网易科技、搜狐网、南方电视台、羊城晚报、广州日报、中国城市网、南方都市报、YY直播、21世纪、新华社、《消费电子》、物联网世界网、汽车之家、易车网、爱卡汽车网、太平洋汽车、汽车中国网、51汽车、车讯网、第一车网、汽车点评网

(十)大会咨询电话(略)

附:大会筹备组委会

广东省车联网产业联盟

2016中国(广州)车联网大会组委会

二○一六年一月一日

附件

中国(广州)车联网大会组委会

组委会主任：
> 张延川　中国信息通信研究院副院长
> 罗干政　广州市花都区人民政府副区长
> 饶　坚　广州市工信委党组成员、总工程师

组委会副主任：
> 李广乾　国务院发展研究中心信息中心研究处处长、北大博士、研究员
> 何　霞　中国信息通信研究院副总工程师、国家车联网专家组副组长
> 何东升　广州市花都区科技工业和信息化局局长
> 岳　浩　广东省车联网产业联盟秘书长
> 谢　勇　广东中科招商创业投资管理有限责任公司董事、总经理

组委会秘书长：
> 岳　浩　广东省车联网产业联盟秘书长

组委会副秘书长：
> 汤立波　中国信息通信研究院博士、工信部车联网专家组成员
> 邓广文　广州市花都区科技工业和信息化局副局长
> 蒋治平　东风日产乘用车技术中心基础开发部主任
> 王洪岭　中国信息通信研究院广州智慧城市研究院院长助理
> 张　征　东风日产数据营销公司总经理
> 陈会军　深圳市汽车电子行业协会副秘书长
> 夏　斌　中国电信股份有限公司物联网分公司车载信息服务营总经理
> 沈　烁　中科院信息中心、国家物联网标志管理公共服务平台副主任
> 童红梅　广东中科招商创业投资管理有限责任公司副总裁

组委会成员：
> 李立民　东风日产数据营销公司副总经理
> 杨华兴　中国电信广东公司智慧城市合作部、行业部行业经理
> 罗如忠　比亚迪汽车工业有限公司总工(第十五事业部)
> 石国玲　汇泽亚洲投资有限公司副总裁
> 赵杰辉　阿里巴巴共享事业部资深技术专家
> 方　奇　科大讯飞股份公司车载事业部总经理

唐　珲	东风汽车有限公司东风日产乘用车公司工程师
冯　旭	深圳市航盛车云信息技术有限公司总经理
汤文诗	新浪广东汽车事业部主编
肖必虎	中国汽车影音网主编
汪秋梅	360汽车网主编

中国(广州)车联网大会专家委员会

委员会主任：

邬贺铨	中国工程院院士
李清泉	深圳大学校长

委员会副主任：

史其信	清华大学交通研究所原所长、教授,亚洲智慧交通协会执行副主席
何　霞	中国信息通信研究院副总工程师、国家车联网专家组副组长
徐基仁	国务院发展研究中心国际技术经济研究所特聘研究员
李广乾	国务院发展研究中心信息中心研究处处长、北大博士、研究员
查鸿山	广汽集团汽车工程研究院副院长
余　志	中山大学工学院原院长、广东智慧交通研究中心主任

专家委员会成员：

汤立波	中国信息通信研究院博士
李礼夫	华南理工大学汽车工程学院教授
靳文舟	华南理工大学教授、土木与交通学院副院长
谢振东	中国智能交通专家委员会委员、教授级高工
张　孜	广州市交通委员会科技处处长、博士
朱方来	深圳职业技术学院汽车与交通学院副院长、研究员
李　勇	广东省科学院广州地理研究所研究员
黄少堂	广汽集团汽车工程研究院首席总师
钟东江	广东省信息工程有限公司总工程师
陈锐祥	中山大学工学院智能交通研究中心教授
徐建闽	华南理工大学教授
王　勇	广东工业大学科技处副处长、副教授
关志超	深圳市综合交通运行指挥中心总工程师
周志文	深圳市麦谷科技有限公司总经理

根据以上的会议策划方案,整理出会前新闻稿。

二、会前新闻稿:聚焦车联网产业下一个"风口"——2016 中国(广州)车联网大会即将开幕

2016 中国(广州)车联网大会将于 2016 年 3 月 24—25 日在广州花都皇冠假日酒店举行。本次大会在工业和信息化部科技司、国务院发展研究中心、中国信息通信研究院等机构的指导下,由广东省车联网产业联盟、中科院信息中心、中国信息通信研究院广州智慧城市研究院、广东省云计算应用协会联合举办。会议期间各界顶层精英将汇聚一堂,组织了来自全国各地的政府、企业和高校精英代表、科研单位等代表参与会议,大会规模将超过 600 多人,可以组织到如此重量级嘉宾的车联网盛会是在广东省,乃至于全国都是难得一遇的。

此次出席高峰论坛的演讲嘉宾可谓星光熠熠,有工信部怀进鹏副部长、中国工程院原副院长邬贺铨院士、广州市花都区政府罗干政副区长、中国信息通信研究院副总工程师何霞、国务院发展研究中心国际技术经济研究所特聘研究员徐基仁教授、深圳市交通控制与仿真工程中心主任关志超、阿里巴巴集团车联网首席架构师郑王力、上海保橙网络科技有限公司 CEO 齐石、华为公司核心网车联网业务总监杨超等重要嘉宾。

广东省车联网产业联盟执行副主席兼秘书长岳浩表示最近"车联网"的概念炒得非常之火,举办关于"车联网"的活动也有很多,但是真正可以把"车联网"讲透的并不多。因为"车联网"这个概念是跨界的,横跨多个学科和领域,所以这次车联网大会,从大会策划开始就从政、产、学、研四个方面来对"车联网"发展进行研讨。我们主办方的专家整合这四个方面的大数据也并非易事,如今车联网相关企业将面临 7 大难题:

1.面对十三五的开局之年,国家对车联网产业的规划将有重大的战略部署。企业如何在这个关键节点上,了解到政策的新动向并把握好车联网行业发展的先机?

2.车联网产业的关键技术如何突破?

3.人、车、路三者之间的协同机制如何建立?

4.如何构建车联网产业的商业模式?

5.如何利用金融投资撬动车联网产业的发展?

6.如何促进车联网产业的中小企业创新?帮助他们赢得金融投资界的青睐?

7.人机交互、智能互联的核心在哪里?

中国是互联网应用大国,中国已成为世界汽车产销第一大国,中国迈向世界互联网与汽车强国的契机:把握住车联网发展的契机,尤其是"十三五"发展布局,对中国车联网产业创新发展,企业如何挖掘市场拐点,将起到至关重要的

作用。据悉,工信部正式对外发布了《国务院关于积极推进"互联网+"行动的指导意见》,首次提出要出台《车联网发展创新行动计划(2015—2020年)》,要求推动车联网技术研发和标准制定,组织开展车联网试点、基于5G技术的车联网示范。

如何把握车联网产业下一个"风口"? 为了帮助企业界解决以上难题,车联网大会将以"聚焦十三五·共绘车联网新蓝图"为主题,构建一个以互联网+汽车+交通信息+汽车销售+服务平台+金融+汽车维修保养+汽车用品+车险+救援+N全面的车联网生态体系,服务于人车位置信息,出行与吃喝玩乐消费一体化。

对于紧锣密鼓筹备中的车联网大会,岳浩秘书长表示这是中国车联网产业的一件大事。我们整个策划团队对于这次论坛的演讲嘉宾的邀请和议程设计都花费了大量的精力,另外我们不仅在活动形式上创新,而且还敦促所有的演讲嘉宾多讲"干货",把握好对大会内容的质量控制。

开幕式暨高层论坛聚焦车联网产业热点问题,各界重量级嘉宾高瞻远瞩,各种智领发展观点将会激荡不止。车车通讯、车路协同分论坛将针对技术热点、应用焦点进行深入对话,探索未来技术发展趋势,寻找人、车、路机制协同的创新之路。车联网融合创新分论坛将探讨金融投资撬动车联网的蓝海,现场进行投资界与车联网产业之间的精准配对。"车联网之夜"颁奖盛典将会把大会推向高潮,许多"车联网"人都翘首以待,有车联网八大奖项颁奖典礼、2015车联网创新创业大赛颁奖盛典以及走进广东十大城市启动仪式。还有让人十分好奇的闭门会议,将请来车联网发展十三五规划的起草专家,向嘉宾们诠释产业政策的风向标。

让我们共同期待2016中国(广州)车联网大会的举行,共同分享和见证车联网的新技术、新思路、新模式、新成果。车联网产业下一个"风口"就在不远处!

【复习思考题】

1.谈谈会议议程、日程与程序的区别,并举例。

2.请撰写一份会议通知书。

3.谈谈如何布置会议会场。

4.会议文件有哪些主要类型?

5.如何拟制会议开幕词和闭幕词?

6.如何写好会议新闻稿?

项目5
会议场地布置与视听设备的使用

会议的特点,决定了不同功能的会议需要不同的会议场所。近年来科技的飞速发展,使得各种视听设备的应用更为普遍。因此,选择合适的会议场所,并辅助先进适合的视听设备,会对会议能否成功举行产生重大影响。

任务 1　会议场所要求

选择适合的会议场所,必须依据当地可提供的会议资源状况,以及该会议的程序、预计的与会人数、与会人员的背景情况,会议的重要目的、目标和与会者的偏好等因素综合考虑。

5.1.1　会议场所的种类

1)会议的分类

(1)以会议的性质划分

有定期会议、不定期会议、例行会议、公司内部会议、经销商会议、会员会议等。

(2)以会议的功能划分

有讨论会议、教育训练会议、准备资讯会议、收集资讯会议、动脑会议、沟通交流会议等。

(3)以会议参会人数划分

5～10 人为小型会议,50～100 人为中型会议,100～500 人为大型会议,500人以上为超大型会议。

(4)以会议的地域划分(开会的地点)

在公司举行,在国内举行,在外国举行。

2)商务型会议的主要场所

(1)商务型酒店

按照目前比较流行的说法,区分一家酒店是否为商务型酒店,主要依据其客源的构成比例。如果这家酒店的主要客源中,商务客源占到 70% 以上,就可将该酒店视为商务型酒店。

商务型酒店具有三个鲜明特征:一是地理位置优越。商务型酒店一般处于城市的商务核心区,便于商务人士出行。酒店周边各类生活配套设施,诸如超市、购物中心、精品餐饮店等一应齐全。二是产品定位高档。商务型酒店大多是时尚的、高档的,也是顶级奢华的。目前国际上众多的外资品牌旗下酒店,诸如万豪旗下的丽嘉酒店、香格里拉旗下的国商酒店、凯悦旗下的君悦酒店等。三是功能齐全,设备先进。酒店无论在外部设计,还是在内部装修,以及可提供的先进通讯工具、适合会务的商用场地上(有特定的商务楼层),一般都充分体现了现代商务高效、快捷的内涵。商务型酒店一般有一个或多个多功能厅,既能接待小型会议,也能接待大型会议,24小时全天候办公,有较强的服务能力。有多个中、西式餐厅,以及各种商店、健身房、游泳池等休闲娱乐设施,能充分满足会议主办者和与会者的各种需求。

(2)会议型酒店

会议型酒店主要是指那些能够独立举办会议的酒店。酒店业界有些人士认为,接待会议的直接收入至少应该占到会议型酒店主营收入一半以上的份额的酒店,才能被称为会议型酒店。

会议型酒店按照其所处的区位来分,可以分为三类:

①市区会议型。该类会议型酒店一般位于市中心的黄金地带,拥有较为稳定的短期会议市场。

②城郊度假会议型。该类酒店与第一类酒店相比,虽然交通距离拉长了,但是其会议规模化和专业化的服务,以及相对低廉的价格,对于有度假需求的中长期和大中型会议有很强的吸引力。

③旅游会议型。该类酒店一般位于旅游资源禀赋突出、旅游发展成熟的国家级旅游区,如亚龙湾、博鳌、丽江古城等。这类会议酒店的吸引半径较大,能吸引到全国范围的公司会议团体、政府公款消费以及团体奖励旅游的客户。

会议型酒店的特点是:

①会议室数量多。一般而言,会议型酒店设定的会议室数量通常较多,这使得会议型酒店较相同客房数酒店的建筑面积规模要大20%~35%。例如,北京九华山庄的总建筑面积为31.6万平方米,其中会议室76个,建筑面积约为10.5万平方米,占整个酒店建筑面积的1/3左右。

②实施规模化低价策略。一般来讲,会议团体都能享受到较为优惠的折扣价格,所有办会单位都能享受包括客房、餐饮、娱乐的优惠折扣。

③专业化的会议接待服务。会议型酒店和一般的商务酒店相比,接待会议

团体的比例要高出许多。酒店客源定位的不同,决定了他们所提供的服务也不尽相同。典型的会议酒店通常能配备专业的会议服务人员,提供专业化的会议服务。一支经验丰富的高素质会议服务团队,在会议软件服务方面接受定期专门培训,具有制订会议方案,解决突发事件,全程协助会议进行的能力。此外,在会议代表的往来接送、会议期间的餐饮服务、会后的活动安排等,也有完善的规范服务。

（3）度假型酒店

度假型酒店一般建在旅游胜地或海边,外部设计、园林规划、内部装修都充分体现了当地特色,集休闲、娱乐于一体。此外,度假型酒店具有开间大,有落地阳台;建筑高度低于周边树木,视野开阔;室内采光好,面对大海,亲近自然;室内综合设施完备,能提供相应的会议设施等特点,本本土化与大众化、个性化完美结合,这些无疑对会议主办者具有极大的吸引力。

5.1.2　会议场所的位移要求

1）位于市中心

在选择位于市中心的酒店时,需考虑酒店与机场的距离,包括交通是否拥挤等问题。如果与会者来自国内或本地区,那么选择这样的酒店是明智的。会议筹划者一般喜欢选择位于理想的城市且设施和功能齐全的市中心酒店,不仅方便与会者的出行,而且与会者的随行或家属也可有许多事情做。那些被公认为服务一流的、具有良好的口碑的酒店,往往成为会议筹划者首选的会议场所。

2）位于市郊

对从外地赴会的与会者来说,位于市郊的酒店可能不具备吸引力。因为从机场至会场或住地需花不少时间。但对于当地可驱车前往的与会者来说,这类酒店还是大受欢迎的。

【案例分析】

澳大利亚达尔文市会议中心的选址评估

达尔文上届政府曾公布了一个关于会议中心意向书的呼吁,但是并没有收到合适的方案建议书。2003年本届政府借助普华永道会计师事务所进行了一个全面的回顾总结。

(1)制定了一个关于会议中心的适当规模,经济收益和潜在融资模式的需求模型。

(2)分析了达尔文周边的9个潜在选择的适用性。

报告显示,会展行业是一个迅速发展的行业,我们十分需要建立一个达尔文会议中心。由于建立达尔文会议中心可以增加对经济的刺激作用,提供更多的旅游和商业收入,同时也对经济收益有潜在的影响,因此政府支持这个项目。

报告建议,应建造一个综合的会议接待设施,达尔文以外地区是其主要市场目标,并着力提高本事对外沟通的能力。

普华永道会计师事务所考察评估了9个候选地点,均按以下的标准进行评估:

(1)占地面积(至少2公顷);

(2)需有800~1 000个停车位和装卸货物的卸货区;

(3)成为城市新中心的可能性;

(4)市场适销性及开拓能力,包括对活动的吸引力,体现海滨特色;

(5)靠近购物中心;

(6)周边酒店应步行可达;

(7)靠近中央商务区(CBD);

(8)土地使用和形象的相容性;

(9)将来再开发的可能性;

(10)尽可能减小对交通的影响;

(11)相互利用,相互促进;

(12)可提供的服务;

(13)游客的舒适性,包括安全和噪声问题。

这9个备选地点分别是:

(1)米高梅赌场酒店

(2)Lambell Terrace 的医院旧址

(3)加文那街的停车场

(4)伍兹小学旧址

(5)基齐纳道撒花姑娘的码头区

(6)卡尔顿饭店/假日酒店

(7)赫伯特街上的国会大厦

(8)史密斯街上的商务中心

(9)滨海大道上的金钟大厦

在资料的收集阶段,我们也曾考虑了其他的选择,但都由于不适合的原因放弃了。

为什么选择码头区作为达尔文会议中心的地点?

经过综合评估,我们认为码头区具有最突出的价值。首先,码头区地理位置优越,靠近中央商务区,步行即可抵达附近的商业区和多个酒店,将为商场和餐厅带来丰富的客源;其次,有足够的土地可供将来扩建或建设其他服务、商务设施,不会对交通造成负面影响,完全能够成为本市居民休憩和外来商务客人参会、购物的新亮点。

5.1.3 会议类型与场所的搭配

1)会议可以分为以下几种情况:

①举办培训活动的最佳环境,是能提供专门工作人员、专门设施的成人教育场所。如公司的专业培训中心、旅游胜地的培训点等。

②研究和开发会议需要有利于沉思默想、灵感涌现的环境,培训中心或其他宁静场所最为适合。

③学会、年会地点的选择,一般根据会员的意见来定。一般选在当前最受欢迎的城市,能提供会议服务的酒店。

④重大的奖励、表彰型会议,会议场所则要求能具备较高的档次,以体现隆重、庄严。

⑤交易会和新产品展示会,需要选择有展厅的场所,要求到达会场即所在城市的交通便捷畅通。

2)会议场所考察需注意的事宜

(1)拟前往会议场所现场考察之前的准备

①报价方(酒店)接受和同意会议明细表中的各项事宜;

②报价方(酒店)应是候选名单中较好的一个;

③对报价方(酒店)拟订的合同条款基本接受。

(2)亲临会议场所考察应注意的事项

①会见决策者,有利于解决可能出现的交易问题;

②要在酒店约定面谈之前的时间去考察;

③不要出于个人原因再次参观酒店,不要随带家属同行;

④以一个普通客人身份不宣而至,考察酒店对客人的接待情况为佳;

⑤考虑另1~2家酒店作为"备选",以便谈判一旦失败,不至于太被动。

3)会议场所选择需考虑的因素

(1)品位与风格

会议场所可以选择户外,也可以选择室内,但以室内为常见。非正式会议,或以沟通感情、交流信息为主的会议,可以选择在旅游胜地或度假村等地召开。会议场所的定位的不同,其装饰风格也各有差异,选择会议场所的风格要注意与会议的内容相统一。

(2)实用性与经济性

会议厅的个数、能容纳的人数、主席台的大小、投影设备、电源、布景、移动麦克风、远程麦克风、相关服务、住宿、酒品、食物、饮料的提供、价钱是否合理等,都要秉着使用和经济的原则予以考虑。

(3)方便性与便捷性

主要考虑机场、火车站与会议地点的距离;交通是否便利;停车是否方便;观光购物、旅游出行是否方便等因素。

任务2 会议会场布置

5.2.1 会场布置的意义和要求

会场是会议的主要活动场地,会议场地的选择和布置是会议组织和策划工作中的重要环节,也是会议服务工作中的重要环节。会场布置的根本目的,在于创造或设计与会议主题、性质相适应的会场气氛,从而有利于实现会议的目标。

会场布置对于成功组织和策划会议具有重要意义:合理布局设备及座位格局,保证充分利用场地;提供完备的会议设施,确保会议的高效、顺利进行;安排好座位、座次,保障良好的会场秩序;利用会场装饰风格及效果,营造和谐舒适的会议气氛。

会议会场布置的基本要求是庄重、朴素、大方、适宜,要保证会议的质量,会议场地整体布置中具体要做到:

①体现会议的主题和气氛,同时还要考虑会议的性质、规格、规模等因素。

②会场的整体格局要根据会议的性质和形式创造出和谐的氛围。

③大中型会议要保证一个绝对的中心,因此多采用半圆形、大小方形的形式,以突出主持人和发言人。大中型会场还要注意进、退场的方便。

④小型会场要注意集中和方便。

5.2.2 会议场所的选定

会议场所的选择直接关系到会议的风格、形式、规模、预算和档次,以及会议效果等,选择一个能让会议组织者和与会者都满意的会议场所非常重要。会场选择主要解决会场地点、面积和会场类型、风格等方面的问题,在具体选择中则要考虑诸多因素,如参会人数、会议目的、会议形态、会议实质需求、与会者期望、会议设备要求、会场价格等。

会议场所的选择主要要考虑交通是否便利、有无停车场。会后安排商务旅游或考察的,还应关注周边的旅游环境和条件。同时,也要注意与会议的具体安排和会议目标相协调,并考虑成本和服务因素。会场面积大小的确定,取决于会议的人数和效果。会场偏小,显得局促、拥挤和小气;会场过大,又显得空旷、缺乏气氛。因此,面积大小的选择,一般以能容纳与会人员为限度,可留有适当的余地,且最好选择无柱式的会场,以免立柱遮挡与会人员,影响交流。

会议场所的选择,应本着经济实用的原则,能用简易会场的,不用高级会场;租用便宜的会场能满足会议需要的,不租高档高价的会场。

不同类型的会议场所,具有各自不同的优缺点(见表5.1)。

表 5.1 不同类型的会议场所的优缺点分析

会议场所	优 点	缺 点
领导办公室	方便领导翻阅参考资料,领导权威性得到强化	可能会有电话打扰或者访客打扰; 讨论气氛不够热烈; 如果人数多,会显得拥挤
职员办公室	可以提高职员的地位和士气,与会者往往能畅所欲言	如果工作地方空间狭小,可能会使双方感到不适

续表

会议场所	优　点	缺　点
单位会议室	避免由于使用个人办公室引起的公司等级问题	外人可能同与会人员接触而打扰会议
外部会议室	保证没有任何一方占地主优势,可以提高会议的保密性	租借成本可能昂贵 与会人员对会场不熟悉
会议中心	配备适当大会设备,能够提供技术支持和安全保卫	可能缺少非正式的小规模聚会机会
培训中心	为与会者提供恰如其分的学习气氛,有完善的会议设施、设备	租借成本昂贵
异地办公室、饭店	适合来自不同地域的与会者,提高会议服务质量	会增加会议的日程,增加与会者的成本

5.2.3　会场布置的形式与内容

不同类型的会议,会场布置的要求形式不同。会议会场布置的内容,主要包括会场布置形式的确定、主席台布置、环境及装饰布置,以及视听设备等相关附属设施布置等。

1)会场布置形式

会场的形式有多种,具体形式的选择由会议的性质、规模来决定。常见的会场形式有会堂型、教室型、圆桌型、围坐型等。会堂型会场一般设在礼堂、会堂、影剧院、体育馆等。这类会场在舞台或高出代表席的地方设主席台,并有一定的距离。在主席台与代表席之间设讲台。各种代表大会和其他大型、特大型会议常采用这种形式,显得隆重、热烈、庄严,并主次分明。

会场布置的形式整体上大致分为四种:相对式、全围式、半围式、分散式。

(1)相对式

相对式会场布置形式的主要特征是主席台和代表席采取上下面对面的形式,从而突出了主席台的地位,整个会场气氛显得比较严肃和庄重。但是该布置形式容易给主席台上的发言者造成一种心理压力,如果发言者事先准备不充分,或现场发挥不好,或缺乏控制会议的经验和能力,就会造成会场秩序的混乱。相对式主要有教室形和礼堂形两种。

①教室形

教室形会场布置形式,一般安排在座位不固定的会议厅内,是仿照一般教室的座椅摆放方式来布置会场的。会场内的桌椅可以摆放成"V"形,也可以摆放成"而"字形,还可以摆放成倒"山"字形,具体的摆放方式根据桌子大小、房间面积、与会者人数等有所不同。其优点在于灵活性强,会场的布局格局可以针对不同的房间面积和与会者人数做具体安排,可以最大限度地利用会场面积,有利于与会人员的注意力集中。大多数宾馆饭店或会议中心等场所,都备有长 1.8 米或 2 米,宽为 0.37 米、0.45 米、0.61米或 0.81 米的桌子供会场布置。教室划分见图 5.1。

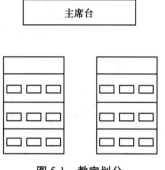

图 5.1　教室划分

②礼堂形

礼堂形的会场布置是面向会场前方摆放一排排坐椅,中间留有较宽的通道。这种布置形式的优点是场面开阔,较有气势,而且在留有过道的情况下能最大限度地摆放坐椅,但是其缺点是与会者没有地方放资料,也没有桌子用于作笔记。

(2)全围式

全围式会场布置形式的主要特征是不设专门的主席台,会议的领导和主持人同其他与会者围坐在一起。这种布置形式的优点是,容易形成融洽与合作的气氛,体现平等和相互尊重的精神,有助于与会者之间相互熟悉、理解和不拘形式的发言与插话,使与会者畅所欲言,充分交流思想、沟通情况。同时,也便于会议主持者细致观察每位与会者的意向、表情,及时准确地把握与会者的心理状态,从而保证会议取得成果。

全围式格局适用于召开小型和特小型会议,以及座谈性、协商性等类型的会议。

全围式又可以分为圆形、椭圆形、多边形、方形等(见图 5.2)。

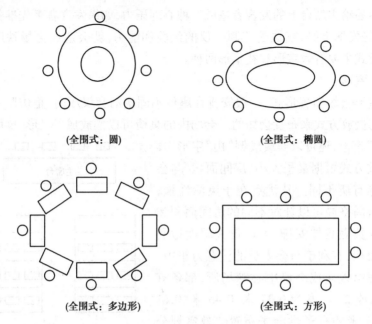

(全围式:圆)　　　　　　　　　(全围式:椭圆)

(全围式:多边形)　　　　　　　　(全围式:方形)

图 5.2　全围式会场格局

(3)半围式

半围式布置形式介于相对式和全围式之间,即在主席台的正面和两侧安排代表席,形成半围的现状,既突出了主席台的地位,又增加了融洽的气氛。该布置形式适用于中小型的商务工作会议等。半围式则又可分为马蹄形、桥形、T字形(见图 5.3)。

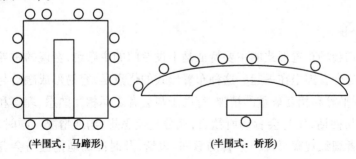

(半围式:马蹄形)　　　　　　　　(半围式:桥形)

图 5.3　半围式会场格局

(4)分散式

分散式会场布置形式是,将会场分成若干个中心,每个中心设一桌席,与会者根据一定的规则安排就座,其中领导人和会议主席就座的桌席称作"主桌"。

这种座位格局既在一定程度上突出了主桌的地位和作用,又给与会者提供了多个谈话、交流的中心,使会议气氛更为轻松、和谐。但是这种会场座位格局,要求会议主持人具有较强的组织和控制会议的能力。

该布置形式适合召开规模较大的会议类型,如联欢会、茶话会、团拜会等。分散式则还可以分为方桌形、V 字形、圆桌形等(见图 5.4)。

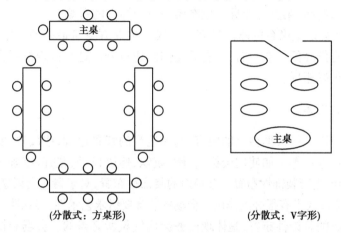

（分散式：方桌形）　　　　　（分散式：V字形）

图 5.4　分散式会场格局

2) 主席台布置

主席台布置在整个会场布置工作中占有突出的地位,是会场布置的重点,因为它是会场的中心,各种大中型会议均应设主席台。有的会议还设置专门的讲台,如在会议活动中有穿插揭幕仪式的,还设置有揭幕架。主席台的布置应同整个会场的布置相协调,会场气氛的许多方面也都应当从主席台布置中体现出来,例如会标及会徽的展示、花卉选择与摆放、画像与旗帜的放置等。在布置主席台的过程中,要特别重视两个方面的内容:

①主席台的座位格局。主席台的座位格局常采用横式,主席台的长短和排数则由主席台上就座的人数确定,可以是一排或多排。前排必须设通栏,后排也可分成两栏,中间留出通道。主席台每排桌椅之间应注意间隔适当的距离,以方便领导人入席与退席。

②主席台的座次安排。主席台的座次安排实际上就是参加该会议的领导人和贵宾次序安排,也是一个重要且敏感的问题。重大会议的主席台座次排列名单,一般由秘书部门负责人亲自安排,并送有关领导审定。需对领导人座次问题有专门关照的,则应按领导的意见安排。

a.对于国内会议主席台座次排列,其通常做法是:身份最高的领导人(或声望较高的来宾),安排于主席台前排中央就座;其他领导人按先左后右(以主席台的朝向为准)、一左一右的顺序排列,即名单上第二位领导人坐在第一位领导人(居中)的左侧,第三位领导人则坐在右侧,其余类推。如主席台上就座的人数为偶数,则以主席台中间位为基点,第一位领导人坐在基点左侧,第二位领导人坐在基点的右侧,第三位领导人坐在第一位领导人的右侧。

b.国际性会议主席台的座次排列。一般为主办方身份最高的出席者居中,其他来宾按身份高低一左一右、先右后左向两边排开。这与国内会议先左后右的排列方法正好相反。

3) 装饰性布置

会场的装饰是指根据会议的内容,选择适当的背景色调,或放置、安排突出会议主题的点缀物等。如使用会标、会徽、旗帜、标语口号、花卉、字画及相关陈列品等,对会场进行装饰性布置。会场内的装饰性布置,对于营造会议氛围,从而对达到较好会议效果有很好的作用。会场的装饰要讲求艺术性、美观性、和谐性。

会议会场的装饰性布置,是体现商务会场气氛所必需的。会场装饰性布置包括旗帜、花卉、会场灯光、色调等。

会标通常是将会议的全称,以醒目的标语形式悬挂于主席台前幕的上沿或天幕上。正式、隆重的会议都应当悬挂会标。

会徽即体现或象征会议精神的图案性标志,一般悬挂在主席台的天幕中央,形成会场的视觉中心,具有较强的感染和鼓励作用。

为追求热烈气氛,有的会议可摆放旗帜,一般以红旗为多,多摆放在会徽两边,以左右各五面为宜。标语口号悬挂或张贴在会场四周,不要太多,且内容要与会议内容紧密相关。

适当布置花卉,能点缀会议的气氛,给人一种清新、活泼的感觉,并能减轻与会者长时间开会的疲劳。

在会场四周,有选择地挂上几幅字画,可点缀会场,增加典雅气氛。

灯光的强、弱、明、暗及颜色,会给会场带来不同的效果,一般性会议宜使用白炽灯和日光灯作照明光源,且注意掌握好主席台与台下代表席的光线亮度的比例。

会场色调是指会场内色彩的搭配与整体基调,包括主席台天幕、台布、桌椅、花卉及其他装饰物。选择与会议内容相协调的色调,可给与会者的感官形成一定的刺激,产生积极的心理与生理上的影响。

4）附属性设备布置

会议会场的附属性布置包括会场的音响、录音、录像设备筹备与安放,照明、通信、卫生设施(设备)等的布置等。

屏幕放置:安放屏幕的位置、角度要合适,使演讲人头不用离开讲桌上的麦克风便能看见屏幕。屏幕的大小取决于房间的高度。屏幕底部距离地面应该不少于1.22米。对于条件允许的会场,最好在每个与会人员的座位上放置一个小型LED显示屏。

放映机的种类:目前投影仪的投影效果图像清晰、真实,但这种放映机一般放在会议室离观众较近的地方。幕后投影仪放置于屏幕后面,从会议室的座位上是看不见的,虽然图像不如幕前投影仪清楚,但能使会议室显得更整洁。

音响:音响必须保证所有参会人员都能听清楚。

在会场布置中,还要布置好保卫力量,做好保卫人员的安排工作,制定安全保卫措施和防范办法。对可能出现的突发性事变(故),也应有所考虑,并准备好多套应变(急)对策。同时,大型会议还应安排好人员与车辆进场与退场的路线。

5）会场人员的座次排列

会场座次排列是指对与会人员在会场内座位次序的安排。设有主席台的会议,座次排列包括主席台就座人员和场内其他人员的座次排列。中型以上严肃的会议,都需要合理排列座次。座次排列可以根据具体需要选择排列方法。

（1）横排法

横排法是指按照参加会议人员的名单,以姓氏笔画或名称笔画为序,从左至右横向依次排列座次的方法。选择这种方法时,应注意先排出会议的正式代表或成员,后排列席代表或成员(见图5.5)。

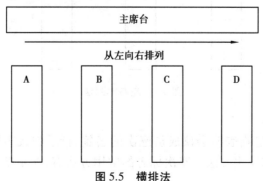

图5.5 横排法

（2）竖排法

竖排法是按照各代表团，或各单位成员的既定次序，或姓氏笔画从前至后纵向依次排列座次的方法。选择这种方法应注意，将正式代表或成员排在前，职务高者排在前，列席成员、职务低者排在后（见图5.6）。

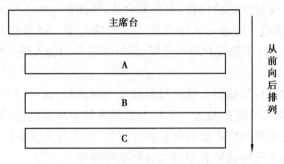

图5.6 竖排法

（3）左右排列法

左右排列法是按照参加会议人员姓氏笔画或单位名称笔画为序，以会场主席台中心为基点，向左右两边交错扩展排列座次的方法。选择这种方法时应注意人数，例如一个代表团或一个单位的成员的人数若为单数，排在第一位的成员应居中；一个代表团或一个单位的成员人数若是双数，那么排在第一、第二位的两位成员应居中，以保持两边人数的均衡（见图5.7）。

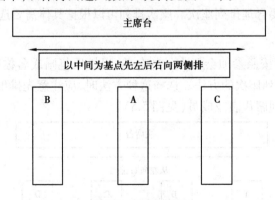

图5.7 左右排列法

（4）座次标志方法

座次标志法是指表明会议成员座次的名签、指示牌或表格。座次一旦确定，要选择好标志座次方法。座次标志的常用方法有：在主席台或会议桌上摆放名签;在与会人员出席证上注明座次;印制座次图表。这些方法可单独取一种使用,也可结合使用。

5.2.4 几种典型会场、会厅的布置

1)会见厅的布置

会见厅的布置,应根据参加会见人数的多少、规格的高低、厅室的形状和面积大小来确定。会见厅的布置一般有马蹄形、凹字形、正方形、长方形等。选择什么样的布置形式,要因人而异。一般较多的采用马蹄形,正中迎门处,摆四个或两个沙发,两边留有出入口,每两个沙发之间放一张小茶几(或一个茶几一个沙发)。这种形式的特点是:主次分明,座位集中,出入方便,格局庄严、适用舒适。

会见前,如安排合影,应按会见的人数摆上照相架,其位置宜选在屏风前或挂画下,对规格较高的会见,茶几上放置新鲜插花,厅内四周放置花架,架上放有盆景花卉。

会见厅的布置应注意以下5点:

①布局要合理实用,美观庄重,位置要紧凑,各种家具之间的距离要协调一致,内圈沙发应根据人数安排中间的空距,一般是两脚半为宜。

②座位要比会见的总人数多几个,以备会见时增加人数的需要。

③内圈沙发之间的茶几,要根据不同的服务对象来选择适当的位置,并根据领导人的不同习惯,适当放置痰盂。

④准备好会见所需物品。数量要有一定的富余,做到有备无患。会见用的毛巾、茶具、冷饮具、牛奶咖啡具、餐具等要严格进行消毒、盥洗,达到安全卫生标准,然后封存起来,专人负责,注意安全。

⑤搞好清洁卫生。以上工作完成后,要对会见所使用的范围,进行全面、彻底的卫生清洁和安全检查,以达到卫生要求标准。

2)会谈厅的布置

双边会谈通常布置长条形或椭圆形会谈桌或扶手椅,宾主相对就座。布置会谈厅要根据会谈人数的多少,会谈桌呈横一字形排列,桌子的中线要与正门的中心相对,桌面上匀称地铺上台呢,桌子的两边对称地摆上扶手椅。主宾和主人的座位要居中摆放,座位两侧的空当应当比其他座位要略宽。如果双方人

数不相当,则双方主要领导人中间座椅对齐,其他两边匀称摆放。

如果会谈桌呈一字形排列,主人在背向正门的一侧就座,客人在面向正门的一侧就座。如会谈桌呈竖一字形排列,以进门的方向为准,客人居右方,主人居左方。译员的座位安排在主持会谈的主宾和主人的右侧,其他人按礼宾顺序左右排列。记录员一般是在会谈桌的后侧,另行安排桌椅就座。如参加会谈的人数较少,也可以安排在会谈桌边侧就座。

在会谈桌每个座位前的桌面正中,摆放一本供记事的便笺,便笺的下端距桌面的边沿约5厘米。紧靠便笺的右侧,摆红铅笔和黑铅笔,便笺的右上角摆上一个高杯垫盘,盘内垫小方巾。每个主要宾客桌前,放一个烟缸和烟盘,其他每两人放一套。便笺、垫盘、烟具等物品的摆放要整齐划一,匀称协调。如果是国事会谈,中、外方主要领导人面前的桌子上要摆两国国旗,或在厅内上侧桌前处插两国国旗。

3) 签字厅的布置

签字仪式所用的厅室,应根据出席签字仪式双方领导的身份、出席人数,选在宽敞的大厅和高大的屏风或大型挂画、壁画作为背景的厅室进行。

签字厅的布置方式是:在厅室正面的上侧,大型屏风或挂画的前面,将两张长条桌(签字桌)拼拢呈横向排列,在桌面上铺墨绿色台布。台布要铺正,中心线拉直,下垂部分两端要均等,里外两侧要求外边长里边短。在签字台的后面摆两把高靠背扶手椅(左为主方签字座位,右为客方签字座位)。两把椅子之间相距1.5米至2米。在两个座位前的桌面上,放置文具和吸水墨具。如果是国事活动,桌子中间前方摆放有两面国旗的旗架。签字厅的两侧可布置少量沙发,供休息用。

4) 国际会议会场布置

有国际性组织出面,或者由一国或几国发起,多国代表出席,就共同关心的国际问题而召开的会议,称为国际会议。国际会议一般都具有规模大,规格高,与会国家多,议题专一,活动内容广泛的特点。

国际会议会场布置形式有多种多样,具体采取何种形式应根据会议的性质、内容、规格、人数和主办方面的要求等情况来确定。

①大会会场布置。如果有座位相当、地点合适的礼堂可以利用,就不必另

行布置,只要把主席台按就座人数布置一下就可以了。其方法是:按主席台就座人数,用带有同声翻译装置的条桌(又称"译风桌")呈横一字形排列,第一排桌子以不超过沿幕为限。台口左上侧摆讲台,讲台上设置台灯。台前用盆花装饰,台口的后侧放常青树。在台口的沿幕上悬挂大会会标,台后的大幕前挂会徽和与会国国旗(按参加国国名的第一个英文字母排序)。如果在台上就座的人员较多,宜用台坪搭成梯状的高台,沿梯层摆放若干行桌子,第一排的桌子拉成通直的横排,不留行间,其他各排之间留行间走道。高台的左右两侧围台裙,设上下台阶梯。

如果出席大会的人数较少,或者没有适合的礼堂,可选择合适的厅室,用会议桌布置会场。其他布置形式,可根据与会人数、在主席区就座的人数,布置成山字形、品字形等。如果单设主席台,可在厅室中选择适当的靠墙的一面,用台坪搭成。主席台座位后上方,挂会徽或与会国国旗。在主席台一侧设翻译间。

②分组会场布置。人数较多的可以用会议桌布置,人数较少的可以用沙发、扶手椅围成方形或马蹄形。在会场的一侧,用会议桌布置译员、记录员席。分组会场的布置以紧凑、视听清晰、出入方便为好。

③休息厅布置。大会可在会场外的大厅布置小圆桌和靠背椅,厅的周围布置沙发和茶几。分组会可在会场附近的门厅或另用一小厅,布置小圆桌和靠背椅或摆设沙发、茶几。在休息厅一侧设工作台,摆放资料、咖啡和茶具等。

④餐厅布置。与会者用工作餐,应另开厅室,根据人数多少进行布置。用餐的形式可以是自助餐,也可以是份饭,可根据主办单位的要求进行安排。

5)大中型会议会场布置

按主席团和执行主席的人数,用台坪搭成梯状的高台。第一排为首排,直接在台平面布设,第二排分成两组(也可不分)用译风桌呈横一字形摆放,后七排每排分四组,中间两组每组布置四张译风桌,两侧每组布置三张译风桌,在各组之间和台两侧留有 1.5 米的走道。台前两侧布置候讲席,台口南侧设讲台。台口和各走道均铺红地毯。台口和首排桌前摆花草,高台后侧摆常青树。

6)大型集会布置

大型集会一般都在礼堂或剧场进行(少数在广场进行)。需要临时进行布置的只有主席台和休息厅。主席台的布置可根据人数,在礼堂的舞台用长条桌布设。如主席台就座的人数较多,可用台坪搭成高台,在台上布置桌椅。主席台上布设鲜花树草进行装点。舞台沿幕悬挂会标。如是报告会,主席台上要设讲台。休息厅的布置,一般采用原来的形式,如果安排有领导接见,可把沙发内圈的空间留大一些。群众休息的大厅要根据情况摆设饮水处,放置适当的烟灰缸、垃圾箱等卫生设备。

7)合影厅的布置

大型合影场所,应根据出席人员的多少,选择宽敞高大和有气派的大厅。照相架的布设,应以照相背景的中心线为轴心,布置成扇面形。在摆设照相架时,一定要留有足够的距离摆放照相器材。照相架之间前沿的两角要对合,后边则应留有一定的间隔。照相架摆好后,根据商定的人数,在照相架前面摆一排靠背椅,在背椅上贴上重要领导人的姓名,供参加合影的领导人就座。

8)冷餐会厅室布置

冷餐会厅分设席座和不设席座两种形式。不设席座冷餐会,应根据出席的人数,踩点的数量,用长条桌、圆桌布设成若干组各种形式的菜台,供摆菜点、餐具用。通常以 20~30 人设一组菜台,在菜台的四周或侧面布置小圆桌或小方桌。周围根据空间大小设若干组酒台。厅室的周围摆适量的椅子,供妇女和年老体弱者用。如需要摆设主宾席,可采用两种形式,一是可在厅室的上方摆沙发和扶手椅,每三个座位前摆放一大茶几,摆放菜点和用餐;二是用圆桌或长条桌作为主宾席。

设席座冷餐厅主要有两种布置形式。一是设菜台,周围摆小圆桌,每张小圆桌周围摆放 6 把椅子。另一种与正式会议一样,不另设菜台,菜点直接摆到餐桌上,宾客按席次就座用餐。

冷餐会的布置形式,在所有宴请活动中最为多样,其形式的变化达到随心所欲、出神入化的程度。其中变化最大的是菜台、酒台、装饰台和厅堂环境。厅堂布置要典雅大方,体现出节日或庆祝气氛。总之,冷餐会的布置可根据不同的内容,设计不同的布置方案,达到烘托冷餐会主题的目的。

【布置案例】

会场场地布置(见图 5.8、图 5.9)。

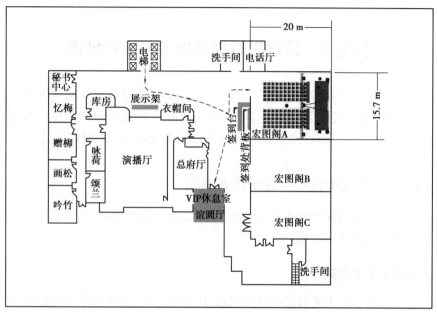

图 5.8 场地布置——会场整体平面图

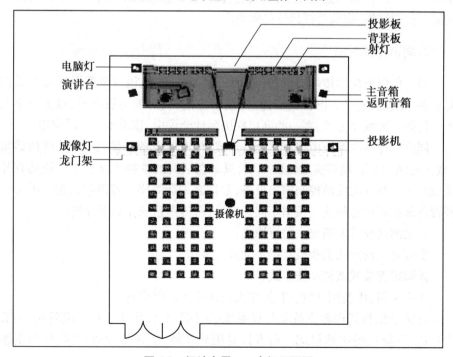

图 5.9 场地布置——会场平面图

任务 3 会议视听设备类型及维护使用

目前,几乎所有类型的会议都会使用一定的视听设备来辅助现场发言、促进会议进程、进行娱乐活动等。音响手段与视觉手段可以分开单独使用,也可以合在一起使用。人们所说的视听手段是二者的统称,没有具体的区别。

5.3.1 会议中常用的视听设备类型

会议中常用的视听设备类型主要有:会议表决系统、同声传译系统、发言讨论系统以及会议显示系统。

1)会议表决系统

会议表决系统主要包括中央控制器、代表讨论机、主席讨论机等设备,它主要用于各类记名和无记名投票、表决、会议讨论等活动,以准确、专业、高效的方式展示投票结果,提高会议讨论的效率。

2)同声传译系统

同声传译系统由传声器设备(系统)、译音员设备、语言分配系统及有关控制设备所组成,能完成语言的翻译、传输和分配、收听的会议系统,也是当今世界流行的一种翻译方式,在一些高层次国际性会议中,该系统被广泛应用。

同声传译传声系统由传声器设备组成,传声器设备与我们平时所讲的话筒(或麦克风)相比,没有实质性的区别,只是在话筒的基础上增加了一块具有开关、指示、控制等功能的控制输出设备,常称之为话筒座。传声器系统与中央处理设备即控制中心相连。根据不同标准,可将传声系统作如下分类:

①无源式或带前级放大的有源式;

②分散自动方式操作或集中手动方式操作;

③固定安装式或流动安装式;

④主席用、代表用、译员用、操作人员用等传声器设备。

收听系统和扬声器系统是传译系统的终端,直接作用于用户或听众,一般由耳机(耳塞)、扬声器组成。前者针对用户个体,后者是针对整体,作为主场扩声。

以耳机作为收听系统,用户可根据具体情况和个人喜好调节音量和音调,受外界干扰较少,尤其是封闭型耳机,几乎完全消除外界噪声干扰。有的耳机上装有音量控制钮,可调节耳机音量,也有的是装在设备上,如耳机放大器或选听设备等。译员的收听耳机往往在控制盒上,装有音量调节器。

如果接收红外传输信号,就必须选用红外线耳机,它实质上是由一个耳机与一组红外接收器组成。近期也有些产品将这两者设计为分体式,有利于各品牌和型号之间的自由选配。

由于在多种译音语言的同声传译系统中,译音语言的调频信号是采用红外副载波频率分隔多路传输的,所以这种红外接收器,也应该选用与其对应的多路频率分隔式接收器。

3)发言讨论系统

发言讨论系统是整个会议室的最基本的需求,也是最核心的。因为对整个会议而言,最基本的功能就是讨论发言。发言讨论系统从简单的"话筒+扬音器"模式的讨论功能,根据人们的实际需求,经过不断地发展和完善,已经实现了现代的同声传译、无线旁听、电子投票表决、摄像跟踪等会议功能。同时结合音视频设备、中央控制系统设备,组建成为现代化的多功能会议发言讨论系统。通过发言讨论系统,实现了与会者的各种发言讨论功能,会议的主持者可以自由地控制整个会议的发言讨论过程。

4)显示系统

显示系统是会议室的功能扩展的关键。随着会议系统的功能不断完善,会议不再仅具有听、说的交流作用,而是通过各种的视频设备(多媒体投影机、幻灯机、投影仪、投影屏幕、接口单元、录像机、电视机、数据监视器、电视墙、灯光设备、摄像机、音响设备、办公设备、音频视频会议系统和其他设备等,见图5.10)进行信息交流,大大增强了会议信息量,同时适应了现代会议室的需要。

投影机

电视墙

摄像机

图5.10 部分视频设备图片

显示系统中,根据会议的特点设计了各种显示设备,在会议室的主席台正对的墙上设计一幅幕布,可以高清晰地显示各种视频信号。召开视频会议时,方便主席台上的领导观看其他会场的会场图像和电脑图像。两侧分别安装一块等离子显示屏(LED),方便各个位置的与会者观看。等离子显示屏(LED)和投影机组合使用,可以显示视频会议的双视频,也方便在日常会议中用于图像对比或辅助显示等。每个会议席的桌面上安装信号接入模块,可以将笔记本电脑的 VGA 信号、音频信号接入到系统中。

显示系统中有多种音频信号需要处理,各种信号可以根据需要灵活地传递到扩声设备上。现场与会者除了可以通过发言讨论系统参与会议、发言讨论外,还可以通过无线麦克风参与会议、发言和讨论,这样兼顾了实用和经济的要求。

另外,为了充分配合高档次的会议环境,大多会议场所会选用一套智能化集中控制系统,使会议环境中各个系统和设备的操作,集中到一个全标控制界面上,以便进行集中控制操作。

5.3.2　会议中常用的视听设备的维护和使用

在会议开始之前,在视听设备的选择上,必须根据会议的目的和需求,有针对性地匹配设备。在会议开始之前,对所选择的视听设备,要进行细致的检查,以确保在会议进行时设备的运行正常。

1)会议中视听设备的使用

会议举行的目标及目的直接决定了所需要使用的视听设备。组织者要根据不同视听设备的性能、在会议进行中所能发挥的功能进行选择。在会议开始之前,要及时同视听技术人员联系,并由他们来推荐合适的视听设备。

(1)适合演讲、会议应用的音响扩声系统

音响扩声系统是多功能会议系统中重要的组成部分。在设计多功能会议厅时,音响系统有专业的设计要求,符合相关的国家或行业标准。同时根据现场的会议厅结构,选择适合的音频设备,可保证会议厅的音质。音响系统有专业的设计。

①混频器

混频器只适用于 2~4 个麦克风。如果有超过 5 个麦克风,最好有技术人员在场。

②扩音器或扬声器

扩音器或扬声器可以提高信号的强度,这样整个空间或会议室都能清楚地听到声音。扩音器或扬声器有许多类型,最好咨询视听技术人员,来选择合适的系统设备。

③麦克风

麦克风可以说是会议活动中使用得最频繁、最重要的视听器材之一,然而麦克风的种类繁多,特性也不同。因此,了解各种麦克风的特性及正确的使用方法,将使会议进行得更顺利,并节省不必要的器材租用费。麦克风可粗略分成两种。

有线麦克风:即麦克风本身再接上一条信号线,当会议需要录音时,使用有线麦克风的稳定性,通常会比无线麦克风高。另外,还需要提醒演讲者,一定要对着麦克风讲话,否则,可能录不到或录不清楚声音。

无线麦克风:从表面上看来,其本身就只有一支麦克风,没有线连接,它的种类很多,可依据使用的状况来选择麦克风的形式。

在使用麦克风前,先要决定这场会议中需要多少支麦克风,在一场将近百人的会议中,至少在讲台与主桌台上需要麦克风。如果会议有双向沟通的时段,就要考虑在观众席上放置麦克风。讲台的麦克风必须注意高度,麦克风的头可以任意转动,以符合不同身高的演讲者。最佳的直立式麦克风高度为1.8~3米。演讲者只要调整麦克风头的上下高度即可。

在重要会议中,最好要有备用的麦克风。以防在开幕式、专题演讲或现场直播中时,出现麦克风突然消音的情况。如果演讲者在会场中要来回走动,那就要考虑使用领夹式的麦克风,它可以夹在衣服上。在讨论会中,一般来说,主席、报告人、评论人桌前都应该有麦克风。如果从节省经费考虑,可对两人共同使用一支麦克风。如果与会者要提出问题时,可以在观众席的走道处,放置直立式麦克风。

无线麦克风会因为会场死角、天花板的因素,造成信号接收不良。质量高、性能稳定的无线麦克风,通常价格都比较高。无线麦克风使用电池,电池的强弱也会影响接收的质量。酒会或茶会时,可以使用双重或多重的无电天线系统,这样就可以接收到最强和最清晰的音质。当使用无线麦克风时,最好备用一套夹式的麦克风。如果一定要使用无线麦克风,最好租用对会场熟悉的音响公司,才能提供较佳的质量服务。

④录音

如果在一场会议中考虑要录音,就必须在演讲区增加麦克风,或者从会场的音效系统中收音。如果是全场录音就比较简单,只要与会场的连接即可,可以将喧闹声音降到最低,而演讲者也不至于弄不清楚使用哪一只麦克风。通常会场都会提供这中技术服务,

⑤室内音响

大部分符合会议标准的场地,都有室内音响系统。在决定是否使用其音效系统前,一定要亲自身临其境地感受。即使当时的效果非常好,但在会议前两天最好再去检查一次。

⑥扩音器

扩音器位置放在会议室前面,比放在前几排或后排声音大。如果仍然对会场本身的音效系统感到质疑,此时建议另外找一家声誉好的音响公司协助音效安排。对会议来说,这也是关键的因素。

当决定使用会议本身音效时,所使用的会议室仅为可分隔会议室中的一间,那么一定要确定是否每一间都有独立的音效系统。一流的会议场地都会特别留意可分隔会议室的隔音效果,提供最佳会议场地。

(2)显示系统

它由各种视频设备所组成,包括幻灯机、投影仪、投影幕布、接口单元、摄像机、LED、切换台、数据监视器、电视墙、灯光设备、音响设备、办公设备、音频视频会议系统和其他设备等。下面选常用的五种设备予以详细介绍。

①投影仪

最基本的是用来扩大并投影透明胶片的高射投影仪。有些投影仪有放置胶卷的摇杆,发言人可以转动摇杆并在胶片上书写。还有同高射投影仪连接的LCD液晶显示仪,它可以把电脑显示屏上的任何影像投影到屏幕上,如Power-Point、Word文档和Excel电子表格等。

更高级的是使用两个投影仪和屏幕,可以同时投影两个影像的双投影设备。如果观众比较多,看不到台上的发言人,可以配置影像屏,发言人的影像可以被投影到大屏幕上,以便观众可以看清台上的细节。更先进的是多重影像演示,它使用了多个幻灯投影仪、视频信号源和音频轨道。

全息投影技术(front-projected holographic display)也称虚拟成像技术,是利用干涉和衍射原理记录并再现真实物体的三维图像的技术。全息投影技术不仅可以产生立体的空中幻象,还可以使幻象与表演者产生互动,一起完成表演,产生令人震撼的演出效果。适用范围包括产品展览、发布会、舞台节目、互动、酒吧娱乐、场所互动投影等。

全息投影技术在舞台中的应用,不仅可以产生立体的空中幻象,还可以使幻象与表演者产生互动,一起完成表演,产生令人震撼的演出效果。从时装发布T台秀中全息投影技术的运用,全息投影画面伴随模特的走步把观众带到了另一个世界中,好像使观众体验了一把虚拟与现实的双重世界。再到梦幻剧场《动漫大师诺曼》中全息投影技术的运用,舞台艺术与电影片断在同一空间出现了非凡的融合,给观众展示了世界多媒体艺术最新的创新成果。服务和销售行业是最需要群众基础的,能最大限度地吸引消费者就是王道。全息投影技术在这方面的运用以全新的视角聚拢了人们的眼球,勾起了人们的消费欲望。

全息景象是指观众可以在发生器的360°即一圈内可以看到幻象,全息投影系统将三维画面悬浮在实景的半空中成像,营造了亦幻亦真的氛围,效果奇特,具有强烈的纵深感,真假难辨。时尚美观,有科技感;顶端透明,真正的空间成像;色彩鲜艳,对比度、清晰度高;有空间感、透视感,形成空中幻象;中间可结合实物,实现影像与实物的结合;也可配加触摸屏实现与观众的互动;可以根据要求做成四面窗口。

②投影幕布

投影幕布又叫投影银幕,一般分为商用幕、家用幕、工程幕,幕布的种类有很多,分为高、中、低档,可根据场合情况而定。如果会议室没有内置屏幕,就需要一个三脚架屏幕。它其实是一个投影屏幕,正面被拉出并由背后的金属杆支撑。

③灯光设备

灯光通常用于大型会议中介绍发言人,或者仅仅为了创造某种氛围。随着现代科技的发展,人们越来越喜欢灯光效果,灯光也经常用于展览会。

常用的灯光设备有聚光灯、柔光灯、探照灯以及智能灯。聚光灯用于突出照明讲台、标志或特殊区域。柔光灯与其比较类似,但有边缘柔滑效果。探照灯类似泛光灯,也是为特殊区域提供照明。智能灯是最先进的,它由电脑控制,为所有区域提供灯光。

④摄像机

会议摄像机是专业应用于视频会议、报告厅、视频教室、远程可视终端配套的一个重要组成部分,目前市场上主要以:IVCOO(百富恒大)、SONY(索尼)、PANASONIC(松下)、CANON(佳能)、NEC等国际知名品牌,主要供电信、教育、政府、部队等行业使用,是国内目前应用最多的产品,应用面为视频会议、视频录播、远程教学等应用。

⑤切换台

切换台是用于多摄像机演播室或外景制作,通过切、叠画、划像来连接所选视频,进而创作和嵌入其他特技来完成节目制作的设备。切换台的主要功能是给及时编辑提供方便,选择各种视频素材并通过过渡技巧将他们依次连接起来。切换台的面板有若干条总线,每条总线上有若干按钮,每个按钮对应一个输入。

切换台的基本功能是:①从几个视频输入中选择一个合适的视频素材;②在两个视频素材之间选择基本转换;③创造或接入特技。有些切换台可以自动根据节目的视频转换节目的音频,称为 AFV(Audio follow Vedio)功能。

(3)中央控制系统

中央控制系统是多功能会议系统的神经中枢,集成各种控制接口,如通过红外线控制录音机、录像机、DVD 等多媒体设备,通过串行接口控制会议系统主机、投影机、音视频切换矩阵等设备,逻辑 I/O 接口、继电器控制其他联动设备,中央控制系统的控制功能,基本涵盖了整个多功能会议系统的各个部分。选择专业的厂家提供专业的系统设计支持,通过合理联动各种多媒体设备,实现会议系统的多元化功能应用。

(4)矩阵切换系统

矩阵切换系统实现了多功能会议系统的各种信号高质量地传输,各种音视频信号根据使用者的操作要求,经过矩阵切换后,显示在各种显示设备上。

(5)会议室布局与视听设备

完善会议室或会场的布局,使其能够保证各项视听设备的使用效果。大型会议场所经常有许多枝形吊灯,它们可能阻挡视线或妨碍屏幕的安装。有些会议室的窗户较多,房间无法达到黑暗效果,妨碍影像投射的效果。大型会议场所的镜子也是个问题,它们经常反射影像和灯光。会议场所的灯光最好通过简单的开和关就可以控制调光。会议室的柱子也是视听技术人员的强大敌人。以上问题都要在计划配置视听设备时加以考虑。

【案例】

多功能会议厅

多功能厅(如会议厅、视频会议厅、报告厅、学术讨论厅、培训厅等),特别适合我国国情需要,并在这几年的时间得到迅速普及应用。在初期的建设投入上可能要高于单一功能的投资建设,并且从技术的角度上来看,对系统在设计和施工上都有一定的技术复杂度,尤其对用户方的使用也有一定的技术要求,这就需要一种技术来综合管理不同功能的 A/V 设备,使其相互协调的工作,这种技术就是中央控制技术。为此,国外的有飞利浦会议系统、美国快思聪/AM×中控系统;国产的有广州华控电子科技有限公司开发的 HA 系列可编程中控系统等,都起到了很好的硬件支持作用。整个系统要高效率地完成会议讨论、培训或教学任务,就要结合各个系统,充分发挥各个系统的功能,实现现代化的会议、教学、培训、学术讨论。

(一)多媒体显示系统:多媒体显示系统由高亮度、高分辨率的液晶投影机和电动屏幕构成,完成对各种图文信息的大屏幕显示。由于房间面积较大,为了各个位置的人都能够更清楚地观看,整个系统设计了 2 套投影机和 2 台大屏幕液晶电视显示系统,提供了完美的视觉效果。

(二)A/V 系统:A/V 系统由 4 台计算机、2 台摄像机、DVD、MD 机、实物展台、调音台、话筒、功放、音箱、数字硬碟录像机、2 台投影仪、2 台液晶电视等 A/V 设备构成。完成对各种图文信息(包括各种软件的使用、DVD/CD 碟片、录像带、各种实物、声音)的播放功能;实现多功能厅的现场扩音、播音,配合大屏幕投影系统,提供优良的视听效果,并且通过数字硬碟录像机,能够将整个过程记录在硬盘录像机中。

(三)房间环境控制系统:房间环境系统由房间的灯光(包括白炽灯、日光灯)、窗帘等设备构成,可根据客户环境亮度要求自定义模式,完成对整个房间环境、气氛的改变,以自动适应当前的需要,如播放 DVD 时,灯光会自动变暗,窗帘自动关闭。

(四)智能型多媒体中央控制系统:采用目前世界技术最成熟、功能最齐全、用途最广的 HUAKON(华控)中央控制系统,实现多媒体教室各种电子设备的集中控制。

多功能会议厅要求操作简单、人性化、智能化;要求整个系统可靠性高,尽量多地体现出各种设备的卓越功能,让所有设备工作在最佳状态,发挥设备的最大功效。为完善操作人员的系统工作,要求能够实现计算机网路控制功能,完成远端监视、远端同步控制等功能;能够控制 DVD、录像机、MD 进行播放、停止、暂停等功能;能够控制投影机,进行开/关机、输入切换等功能,并能够控制电动帘架、展幕,实现上升、停止、下降等功能;能够控制实物展台进行放大、缩小等功能;能够控制音量,进行音量大小的调节功能;能够控制摄像头的放大缩小和云台转向定位与跟踪;能够控制 A/V 矩阵切换器、VGA 矩阵切换器,实现音视频、VGA 信号自动切换控制功能;能够控制房间的灯光和窗帘,自动适应当前的需要,不间性质的会议则用不同的单词来加以区分。

2)会议视听设备的维护

各种类型的会议都需要使用视听设备,尤其是国际会议,在视听设备方面的要求更是严谨,不管是音响、麦克风、放映机、银幕等,都要有质量的保证。因此,举办高质量的视听会议,不仅需要专业人员的协助规划,而且在平时也要对视听设备进行一定的维护,以保证视听设备在会议进行中能够很好地发挥作用。

在对会议视听设备的日常维护中需要做到以下两点:

(1)保证专业

对工作人员进行分工,特定的视听设备必须有专人进行维护与更新。定期培训,尽量使用训练有素的工作人员,对设备进行日常看护。必要时,请专业人员定期对视听设备进行养护及维修。

(2)保证安全

对视听设备的存放地点进行定期检查,以确保视听设备存放环境的安全。如发现安全隐患,应及时排除,尤其注意远离火源,防止由于存放不当造成不必要的损失。所有的视听设备都要记录在案,对其型号、购买日期以及日常使用出租情况,都要有详细记录。

在飞速发展的现代社会,视听设备的使用对会议的推动是毋庸置疑的。各项视听设备的配合使用,更像是一部大机器的运作,大机器上的每一个零件都要正常运转,机器才能正常运转。所以,在现代会议中,视听设备的运用至关重要。

【案例】

中国国家会议中心(见图5.11)

图 5.11　中国国家会议中心

地处京城北四环的国家会议中心位于北京奥林匹克公园中心区,紧邻鸟巢、水立方和国家体育馆。这里也是亚奥商圈的核心,国家会议中心作为国际大会及会议协会(ICCA)、国际会议中心协会(AIPC)、国际展览与活动协会(IAEE)会员,隶属中国知名的大型地产综合运营企业北京北辰实业股份有限公司。

国家会议中心距首都机场 25 千米,驾车约 30 分钟,交通便利。由国家会议中心到天安门、颐和园、长城、十三陵观光游览或到东三环商务区、北京站、中关村也很快捷。连接市中心、火车站和机场的地铁 8 号线以及正在建设中的地铁 15 号线在国家会议中心设有车站,更有多条公交线路经过国家会议中心。

国家会议中心有大小不等的会议室近 100 个,配备了最先进的会议视听设备,能最大限度地满足从 20 人到 6 000 人,不同规模的会议、宴会、演出、新品发布、公司活动等多功能服务需求。其中最大的大会堂为 6 400 平方米,可容纳 6 000 人;大宴会厅 4 860 平方米,可接待 3 500 人的宴会。

国家会议中心每年举办近 4 000 个会议和活动、350 余个展览让国家会议中心积累了大量的经验,他们将经验总结重新运用,开创了将单纯的场馆提供方上升为会议和展览的主、承办方的涵盖整条产业链的商业模式。自 2009 年 11 月 1 日起,国家会议中心从当初为北京奥运会的媒体记者、运动员提供接待服务的奥运场馆,转型成为中国会展业的旗舰场馆,多个国际高端会展活动选址于此:世界孔子学院大会、世界音乐教育大会、英特尔开发者大会、国际证监会组织第 37 届年会、中国(北京)国际服务贸易交易会(京交会)、北京国际电影节、世界审计组织第 21 届大会、创行世界杯总决赛、2014APEC 会议周等。至此,国家会议中心已成为中国与世界沟通的桥梁。

国家会议中心不仅是内地特大型会议中心,也是最忙碌的会议中心。统计数据显示:2013 年京交会接待参会人次 13.8 万,提供平均每天 2 000 人的工作餐;全球移动互联网大会吸引 1.5 万人次;国际宇航大会汇集全球 4 000 名航天精英;2012 年 SAP 中国商业同略会参会者 20 000 人,单日用工作餐人数 11 050 人。截至 2014 年 10 月 31 日,国家会议中心接办了 3 918 个会议活动。其中,千人以上会议占 12%。根据国际大会及会议协会(ICCA)的统计,国家会议中心 2010—2013 年接办国际协会会议的数量占北京市接待总量的 19%、14%、17% 和 16%。

国家会议中心配套设施包括两座酒店、两栋写字楼和商业等建筑。周围 1 公里内有 3 家五星酒店,6 家四星酒店、10 余家三星酒店、公寓,客房数可达到 5 000 余间,可以充分满足大型国际会议的住宿需求。另外,周围购物、娱乐、餐饮、会展服务设施应有尽有。

国家会议中心集智能化的设计、优秀的管理、专业的服务水准于一身,将成为中国第一个真正意义上的绿色会议中心,以跻身亚洲一流、世界领先,开创中国会展业的新纪元。

美国华盛顿会议中心

美国华盛顿会议中心,又称沃尔特·华盛顿会议中心,它属于典型的政府投资,政府经营模式,由非营利性质的华盛顿会议中心管理局(The Washington Convention Center Authority)负责运营。

众所周知,美国是世界上会议业最发达的国家,最早的会议局诞生于美国。最早的会议中心也诞生于美国。这座会议中心就是美国华盛顿会议中心,始建于1874年,在当时的华盛顿,被称作庞然大物,长99米,宽69米,高47米,屋顶还是圆形的。1993年,在原建筑上加了一层,组成了5 000个座位的大会堂,这个数字在今天看来仍然超级大。会议中心的英文Convention Center自此横空出世,除了会议外,还举办了展览、滑冰表演和保龄比赛等。

1976年,哥伦比亚特区华盛顿市市长沃尔特·华盛顿(Walter E. Washington)启动了新会议中心的建设。1983年,新会议中心正式对外营业,当时是全美第四大会议中心。2003年,一个更新的会议中心——华盛顿会议中心与世人见面,与1874年的会议中心原址相隔仅两个街区。2005年,有着150年历史的老会议中心被爆破,在原址上建起了停车场。

2007年,为纪念前市长沃尔特·华盛顿,市政府决定把会议中心命名为沃尔特·华盛顿会议中心。

2009年,沃尔特·华盛顿会议中心因接待了16 206人的宴会(非站立式酒会)而获得了吉尼斯世界纪录。

沃尔特·华盛顿会议中的展厅分布在1楼和2楼,面积共65 000平方米,另有近80个会议室,最大的宴会厅面积4 830平方米,可拆分成3个独立的宴会厅。

【复习思考题】

1.商务型会议场所主要有哪几种类型?其各自有何特点?请举例说明。

2.会议与场所应该如何选择与搭配?

3.掌握主要视听设备的选择与使用。

项目6
会议的接待工作

任务 1　会前的接待准备

俗话说:"好的开始是成功的一半。"在会议开始之前,要对会议的准备工作和会议内容进行逐一地审核,以确保会议的顺利进行。会前准备工作是会议管理的第一步,对会议做出事先安排与充分准备,是实现会议目的的重要条件。

6.1.1　拟订会议主题

会议主题指的是会议讨论的问题、决策的对象。它关系到后续工作的开展。因为会议的形式、内容、任务、议程、期限、出席人员等,都必须在会议主题确定之后,才可以据此逐一加以确定。大中型会议的主题由领导机关和领导来决定。日常会议的主题,有些是由分管具体某工作的员工提议,有些则根据领导指示准备相关议题,然后把所收集的议题进行筛选,并加以修正、讨论、完善,待相关领导审核后,再确定下来。

6.1.2　制定会议议程、日程

会议议程,是指会议所需讨论和解决问题的总体安排,并用概括的文字逐项列出。会议议程的主要内容包括会议内容、讨论事项、参加会议人员的姓名、各项事宜的时间分配、开会地点及时间等。与会人员应事先了解会议中心议题,以便有所准备。会议日程,则根据议程逐日设计的具体安排,它的单位是天,是会议全程各项活动和与会者安排个人时间的依据。议事日程一般由会议主席拟定。

6.1.3　安排会议时间

会议时间选择要确保全体与会人员能够安心开会。所以,选择开会时间应注意以下问题:选择与会者中关键人物的最佳时间开会;恰当安排会议时间,避免与单位的活动相冲突,导致打乱正常运行秩序;力求开短会,以获取最大效果;时效性强的会议,要尽早安排;需要酝酿和深思熟虑的会议,可以推后举行。

6.1.4 确定会议地点

会议地点的选择对会议质量有一定的影响。因为会议地点的物质条件、环境氛围以及与日常工作场所的距离,都会影响到每一个与会人员的情绪,所以,会议地点的选择,应考虑以下三个条件:

①会议地点必须考虑到距离上的远近及方便,便于与会者能按时到会。

②会场内外必须保持安静,要有良好的通风和照明设施。

③会场空间必须适宜,以平均每个与会者拥有2平方米为宜。空间过大,会议气氛会受影响;空间过小,会议效果也会受到影响。

一般召开会议场所的主要类型有饭店、会议中心、大学、博物馆、图书馆、文化中心和单位内部的会议厅等。

6.1.5 确定与会人员范围

为节约人力资源,提高会议效率,必须明确参加会议人员的范围。确定与会人员范围时,应注意下列问题:

①是否对会议所要实现的目标负有主要或直接责任;

②在中心议题方面,是否具备专门的知识与经验,是否有助于议题的深化;

③是否与会后的行动实施有直接关联;

④是否有能力或有权力达成一项决议;

⑤是否多余或可有可无;

⑥是否会妨碍会议总体成效;

⑦是否能全身心投入会议;

⑧是否会造成对他人的心理压力,影响他人发言的质量。

一般来说,与会者人数越多则与会者的参与意识越弱,会议的质量也就越受到影响,甚至产生负面效应。因此,必须有效地控制与会者人数。

6.1.6 准备会议所需物品和设备

一般会议应作如下准备:

①检查空调设备,一般需要在会议前两个小时开机预热或预冷。

②提供会议所需的白板、纸笔、音像设备、投影仪、互联网、普通多媒体及同声翻译等其他相应的服务,并事先进行调试检查。

③摆好姓名牌,字体大小适当,清晰易认。

④为代表提供礼仪、公关、文秘等服务。

⑤如果有选举、表决、表彰的议程,还需要备好投票箱、技术设备和奖励用品。

⑥会期较长的会议,要安排好茶水饮料,并指定专人服务。

⑦展品的托运代办(航空、铁路、公路),代订各地优惠客房。

⑧为会议组织者提供互联网服务。

6.1.7 发送会议通知

在正式会议通知之前,可先发会议预备通知,以便与会人员特别是担任一定职务的领导提早安排好本部门的工作。一般来说,会议通知有两种形式,书面通知和口头通知。书面通知适合参与人数众多或比较庄重的会议场合,具有好的备忘性;口头通知一般是电话通知,通知的时候应先拟好通知稿,以便通知人员能完整传达通知信息。值得注意的是,重要通知一经发出,应对被通知者的反馈进行检查和落实。

会议通知的正文结尾处,要注明联系电话、联系人姓名。有的通知要加盖公章。有的会议在召开前,已事先发放了相关文件,或需要与会人员自备某些资料,应在会议召开前提醒与会人员携带。有的会议需要照片,以便发证件,也要提前通知与会者。

会议通知的信封应注明"会议通知",并要注明送到日期,这样可以作为急件及时递送和通知,避免误时误事。重要会议通知发出后,还应通过电话与参加会议的人员联系,确认通知是否已收到,了解对方能否出席会议,尤其是追踪会议中的关键人物。

此外,还应提前做好以下八项工作:

①通讯报名截止后,统计评估报名人数;

②与酒店核算已订房数量与实际预定房数量之比;

③对现场接待人员进行 1~2 次的工作训练;

④印制大会议程表、与会者名册、学术论文集、报到时与会者应领取的资料、节目单等;

⑤印制大会相关印制品,名牌、证书、感谢状、邀请卡、餐券等;

⑥检视各项活动、节目、餐饮的安排,演讲议程、演讲人、主持人的通知,视听设备、开闭幕典礼流程、酒会及晚宴、午餐及咖啡茶点、参观旅游、表演活动等;

⑦搭建商协调会议的摊位位置、布置、进场、撤场事宜等;

⑧检视会议场所各项布置,与会议中心或酒店人员做最后的确认。

6.1.8 提前安排好代表的接(送)站报到

接站报到事务较为繁杂,在下面的章节里专门有介绍,这里不再详述。

上述工作完成后,须提前一至半天进行一次全面检查,以便及时发现问题,进行整改。

任务2 接站与引导

会议的接站与引领是整个会务工作的有机组成部分,其重要性主要有两个方面:第一,保障会议活动顺利进行。通过妥善周到的安排,解除与会者对于会议的顾虑,全心全意投入会议过程中,使会议能有序进行,达到预期的会议效果。第二,树立良好的社会形象。会议接站和引导过程是主办方对外展现形象的大好机会,接站和引导人员的工作态度和接待风度,整个会议活动的合理安排,都令与会者留下深刻的印象,帮助主办方树立良好的社会形象。

6.2.1 会议接站与引导工作的要求

1)热情主动,细致周到

会议的接站与引导工作涉及很多细节,有时候一个不留神发生的小错误都会引起轩然大波,不但造成与会者的不愉快,还会影响整个会议活动,甚至造成经济和政治上的不良后果。因此,会议的接站和引导工作人员一定要有热情主动的工作态度,站在与会者的角度为他们提供方便,并且具有细致周到的工作作风,以无微不至的周全安排为他们创造宾至如归的与会环境。准确掌握与会来宾的基本信息,认真研究需要接送的来宾的名字、相貌特征(若有照片)、身份、与这次会议的关系和其他相关背景资料。

2)一视同仁,平等对待

会议接待的对象通常来自五湖四海,甚至不同的国家、地区,因此,在接待的过程中必须按照国际惯例或约定的办法来接待不同地域的来宾,坚持一视同仁、拒绝任何形式的歧视和不尊重他人的行为。

3)举止得体,讲究礼仪

会议接站和引导工作都是典型的社交礼仪活动,这要求工作人员一定要举止得体,以礼待客,表现出主办单位对客人的重视。在仪表上要注重面容整洁,女性可适当化上淡妆,衣着得体;在举止上自信从容、稳重大方;在言语中声量适中、语气温和。

6.2.2 接站工作

接站工作是会务接待工作的第一步。如果与会者来自全国各地,或来自世界各国,那么接站的工作就十分繁重。做好接站工作,要注意如下几个方面的问题:

1)建立统一的指挥调度系统

建立统一指挥调度系统,是做好接站工作的关键。这一系统主要负责调控两个方面的工作:车辆安排和人员安排。

(1)车辆安排

安排车辆时,首先要根据与会者的回执,统计乘坐各种交通工具的人数,以及各自地达抵达会议地点的时间、航班或车次。然后编制成一个统计表,作为调度车辆的依据。另外,对于抵达地点一致、抵达时间相差不多的与会者,应该根据人数尽量安排同乘一辆车。对于贵宾要用专车迎接。

(2)人员安排

①在机场、车站的接待人员。在与会者集中抵达的时间,可在机场、车站设立接待处。对与会者进行接待和引导。

②司机。要把调度表发给每一位司机,调度人员要在每天上班的时候,向司机说明当日的用车情况,特别是在原有安排出现变化的时候,要当面向司机交代清楚。

另外,要注意合理安排司机的时间,不要任其疲劳驾驶,以免发生事故。

2)其他准备工作

飞机场一般不设接待站,接待人员只需举着写有与会者名字的牌子等待即可。在火车站或轮船码头可以设接待站,但需要事先申请,由主管部门批准。

3）接待礼仪

（1）献花礼仪

迎接一般的与会者不需要献花。对于应邀而来的贵宾,则要安排这一礼仪。如果迎接的是外宾,则要根据来宾所在国的习俗选择鲜花,以免犯忌。

（2）迎接礼仪

当所要迎接的与会者到达时,接待人员应上前表示欢迎,并主动与对方握手并作自我介绍,同时接过对方的大件行李。

（3）引路礼仪

国际通行的礼仪是"以右为尊",接待人员应站在来宾的左前方一两步处,用手示意,并明确告诉来宾下一步该干什么。

6.2.3　引导工作

引导工作是会务接待工作的第二步。对会议主办方来说,引导工作不仅能够体现对与会者的尊重,同时也体现了主办方的地位和会议的规格。

引导人员应该在与会者到来之前,提前进入各自的岗位,并进入工作状态。引导工作主要有以下三个步骤:

（1）签到

设一张签字台,配1~2名工作人员。如果是档次比较高的会议,可以请礼仪小姐承担。签字台备有毛笔、钢笔和签到本。向客人递钢笔时,应脱下笔套,笔尖对自己,将笔双手递上。如果是毛笔,应蘸好墨汁后再递上。签到本应精致美观,以便保存。如需要发放资料,应礼貌地双手递上。引导人员同时应该做到向会议组织者,定时汇报到会人数。

（2）引座

签到后,会议引导人员需预先熟悉会场内的区域和座号,应主动礼貌地将与会者引入会场就座。对重要的领导或与会嘉宾,应先引入休息室,由主办方领导亲自作陪,在会议开始前几分钟再引导到主席台就座。会前提醒与会者尽快入座,并关闭手机。

（3）接待

与会者坐下后,接待人员应递茶,或递上毛巾、水果,热情地向与会者解答各种问题,满足各种要求,提供尽可能周到的服务。

任务 3　报到注册工作

会议注册报到工作分两个部分：一是注册，即与会者报名，注册工作常始于会前的三四个月。国际会议要提前半年，甚至更长的时间。二是填写并邮寄会议回执表。会议主办方为了解与会者的有关资料，确认其是否与会，一般会设计一份或多份表格让与会者填写。

注册报到工作的要点有以下几点：

6.3.1　注册表格的设计

根据会议需要了解的情况设计注册表，它通常由会议秘书处负责。设计完成后，由会议负责人确认。

6.3.2　提前注册者的报到程序

①确认到会。提前注册者需出示确认信，根据编号或手机号码，由工作人员从电脑中调出与会者资料，确认到会。

②领取会议资料袋。在资料袋里，除了会议资料还有餐券、入场券、会议指南等。如果与会者参加的项目不尽相同，工作人员应事先在资料袋上标明与会者的姓名，按拼音或姓氏笔画顺序排好。这样可以提高效率，对于大型会议来说，这样的处理是非常有必要的。

③领取会议费用收据或发票。提前注册者的会议费用早已寄到，所以收据可提前开好。交付收据或发票时，需要双方认真核对。

④领取房间钥匙。会务人员在发放房间钥匙时，要登记房号，这样不但可以知道入住及空房的数量，还可以随时找到与会者。

⑤为使与会者能快速顺利地办理上述手续，并使会务人员各司其职，可利用会议注册程序单。程序单应在所有报道手续完成之后，由会议工作人员向与会者确认，与会者签名后交由会议方收存。

6.3.3　现场注册及报到

1) 注册报到区域的确定

注册报到区域一般设在会议中心大厅,具体地点在选择会议场所的同时就已确定,会议正式召开前的一周要再次确认。注册报到工作台不要设在客人往来的通道附近。要在大厅显著位置,标示报到的地点。在具体办理报到的工作台上,也要明确标示"注册台"。如果会议场所同时有多个不同单位的会议同时举行,注册区域的划分和确定就显得尤为必要,一是为了避免相互间的干扰,二是避开与会议无关的其他人员。

此外,有些小型会议把注册报到的地点设在会务工作人员的房间里,这样可避免大厅里人员过于嘈杂。但是,如果与会者报到时间较为集中,房间可能会显得拥挤。避免这种情况发生的办法有二:一是选择大一点的房间,二是减少注册报到的手续。

2) 注册报到区域的布置

注册报到台应设有清晰明确的标志,例如显示活动的名称、LOGO 及举办活动的时间和地点等,在注册台后树立背景板,或在楣板处或桌位上方粘贴或者悬挂标志。报到台的标志应高出地面 2 米以上,方便与会者能在拥挤的场馆中找到注册台的所在位置。

若大型会议,可以多设几个注册台,并在每个台前摆放标志牌。领表处和填表处分开。填表用的台子高度,要正好适合站着书写,这会给与会者提供方便。减少填表格的时间。各种注册表格可多准备一些,以便有人因填错表格需要重填。

另外,遇到人多排队的情况,可使用拉绳和栏杆柱分隔人流,以"蛇形队列"的模式管理人流。并在报道队伍附近设立立牌张贴排队指引,显示报到流程示意图,例如"第一步:填写注册表格;第二步:注册台注册;第三步:领取会议资料……"。这样不但能消磨与会者排队等待的时间,减少排队等候所带来的烦躁情绪,还可以让与会者对于大会的安排心中有数,提高满意度。

3) 注册报到的程序

注册报到的程序如下:

①注册报到。与会者出示邀请信,领取注册表格,会务组根据其表填信息为其注册。

②交会议费及领取收据或发票。

③领取会议资料袋和房间钥匙。

6.3.4　注册报到人员安排

若是小型会议,或者所有与会者都已提前注册了,那么有些报到程序就可以合并。若非上述情况,对注册人员的安排,就要考虑得细致周到,不可手忙脚乱,给与会者留下不良印象。

负责报到注册的人员要和各种人员打交道。工作时间较长,所以要选择善于搞好人际关系,由有较强解决问题能力、有耐心并且体力好的人员来承担。

注册报到人员的条件如下:

①熟悉文书工作,可负责安排会议资料的分发;

②现金出纳员,负责现场收费;

③熟悉电脑者,负责调出各种资料;

④打字员,负责制作姓名卡;

⑤引导员;

⑥翻译,国际会议要在报到注册处安排翻译;

⑦咨询人员,为与会者解答各种问题。

有的会议报到时间会比较长,要安排替换的工作人员,以保证工作人员正常的进餐、休息。

会议报到前,是否需要负责注册报到的工作人员进行岗前培训,可根据工作人员的具体情况来决定。注册岗前培训的内容包括:注册流程、各个环节可能出现的问题及应急方法、会议内容和日程安排等。

任务 4　会议旅游、娱乐服务

6.4.1　会议旅游服务

1)会议旅游服务的概念

(1)会议旅游的概念

会议旅游是指通过接待会议来发展旅游业,由跨国界或跨地域的会议人员参加,以组织参加会议为主要目的,并提供参观游览服务的一种旅游活动。

(2)会议旅游服务的概念

会议旅游服务是指为与会人员会后的旅游考察量身定做专门的旅游线路,为其提供吃、住、行、游、购、娱一条龙的优质服务,使其在最短的时间内了解当地的自然风光、风俗民情等,使身心得到充分的放松和享受。

(3)会议旅游的发展趋势

会议与旅游密不可分。无论是从国内还是国外来看,会议旅游具有可持续发展的后劲。其原因主要是,为参会者安排一定时间的"旅游活动",已经成为会议主办者的不成文的惯例,从而使得会议旅游呈现方兴未艾之势。

国际会议旅游产业已有几十年的发展史,现如今已成为全球重要的旅游产品之一。据世界权威国际会议组织"国际大会和大会协会"的统计,每年全世界举办的参会人数超过50人的各种会议约有40万个以上,会议总花销超过2 800亿美元。目前,我国的会议旅游尚处于起步阶段。

2)会议旅游服务内容

①介绍并提供当地的旅游观光产品信息,如历史古迹、风景名胜等;

②提供并确定旅游线路和旅游价格;

③明确旅游的出发时间、用餐地点、餐标,是否允许购物加点;

④旅游期间主动提供叫早、叫醒服务,使代表安心休息,保障旅游顺利进行;

⑤负责旅游中的休闲娱乐活动;

⑥介绍当地的民俗风情和名优产品以及土特产,为与会旅游者提供购物信息等;

⑦负责票务预订、接送参加旅游的与会者去机场或火车站。

3)商务旅游活动的组织管理

会议组织者要根据会议的目的,针对与会者的兴趣爱好、年龄特点、经济条件、交通食宿条件、旅游时间的长短等,通盘考虑确定旅游目的地,并制订出切实可行的旅游计划。

(1)旅游活动的组织

①制订旅游活动计划;

②拟定详细的旅游日程。

（2）旅游活动的协调管理

①与餐饮部门的联系。主要是选择环境优雅,风味独特,卫生标准高,服务态度好的餐馆。

②与旅行社的合作。主要是选择信誉好,价格合理的旅行社。

（3）旅游活动的安全管理

预防传染病及对晕车人员的关照等,要保证所有人员的安全。人数较多时,事先编组并确定组长,明确责任。

（4）旅游活动的开支管理

旅游费用在会议前一般已做好了预算和安排,大多都包含在会务费中。

6.4.2　会议娱乐服务

会议期间,会议主办方常常为与会者安排一些娱乐活动:一是为与会者相互之间的沟通提供平台,有利于会议取得更多的成果;二是帮助与会者摆脱会议环境及所造成的精神、心理压力,使会议在张弛之中达到预期的目的。

1）会议娱乐服务项目

会议娱乐服务项目的选择一般来说,下列娱乐活动较适宜会议:

①组织专场电影,大型会议可以由主办单位主办专场电影的放映,电影内容应当有教育意义或娱乐作用。

②组织专场文艺演出的观赏,节目内容必须有益身心健康。

A.音乐欣赏:古典名曲,民族音乐,轻音乐等;

B.戏剧欣赏:歌剧,话剧,地方戏,京剧等;

C.舞蹈欣赏:现代舞,芭蕾舞,民族舞等。

③组织社交娱乐活动,如交际舞会,化装舞会等。

④利用会议住地的闭路电视播放录像节目。

⑤组织与会人员的自娱联欢。

⑥时装表演、品酒会等其他娱乐活动。

⑦在经费许可的范围内,就近参观名胜古迹等。

2）会议娱乐安排的原则

①确定娱乐内容。配合会议活动的主题,寓教于乐。

②可根据客户要求,或根据与会者的兴趣,确定娱乐活动的形式,尽可能地照顾到大多数与会者的兴趣和爱好。

③既要符合、尊重与会者的娱乐习惯和特点,又要遵守当地的宗教信仰和风俗习惯,不参与违法活动。

④体现民族特色和传统文化。国际性会议活动的文艺招待,要尽可能地选择体现会议主办国的民族传统文化,以体现对来宾的尊敬和友好。

⑤把握场地的远近,求近不求远。

⑥娱乐活动的选择应注意安排合理,节约开支。

⑦娱乐活动以 KTV 休闲、酒吧休闲、歌舞晚会、度假旅游为主。

⑧安排具体时间。娱乐活动应安排在休会期间,如晚上或休息天,不应影响会议活动的进行。如安排参观活动,要事先定参观游览路线和具体时间表。

3)娱乐服务应注意的事项

①要统筹安排,避免重复。

②避免格调低下的娱乐活动。

③观看文艺演出,之前应有简要介绍。若有情景剧,可简单介绍情节。演出结束后,可帮助与会者回顾并回答他们的问题。

④注意安全。大型娱乐场所,应提醒与会者不要走散,并注意他们的动向和周围环境的变化,以防突发事件。

任务 5　会议餐饮、茶歇服务

餐饮服务是会议进行阶段中不可或缺的组成部分。会议与餐饮相结合常被称为宴会。会议饮食直接关系到与会者的身体健康,因此提供好的饮食条件和餐饮服务不可或缺。

6.5.1　会议餐饮服务

会议餐饮采用何种形式,通常根据会议目的、邀请对象以及经费开支等各种因素而定。

1)会议中常见的几种餐饮形式

(1)宴会

宴会为正餐。宴会有国宴、正式宴会、便宴之分。按举行的时间,又有早宴、午宴、晚宴之分。其隆重程度,规格以及菜肴的品种与质量等均有区别。一般来说,晚上举行的宴会更为隆重。

(2)招待会

招待会是指各种不备正餐较为灵活的会议宴请形式,备有食品、酒水饮料,通常都不排席位,可以自由活动。常见的有:冷餐会(自助餐)、酒会(鸡尾酒会)。

(3)茶会

茶会是一种简便的招待形式。举行的时间是:在上午会议的十时,下午会议的四时左右。

(4)会议进餐

按会议用餐时间分为会议早餐、会议午餐、会议晚餐。

2)会议餐饮服务程序与策划

(1)制订方案

根据会议的内容和时间,确定用餐的形式。例如,如果在会议用餐过程中,还要安排演讲,那么采用围桌让服务人员送餐的方式就比较好,但价格往往比自助餐高。若会议时间紧张,采用自助餐形式则比较好,自助餐的食物种类较多,但比较难控制食物量,易造成浪费。总之,会议餐饮要依据会议整体要求,事先制订一套详细的餐饮工作方案,其内容应包括:

①就餐时间:就餐时间一般要求与会议的作息时间综合起来考虑。

②就餐地点:根据人数的多少,适当安排就餐地点。

③就餐标准:就餐标准要分解到早、中、晚三餐的具体支出。

④就餐形式:采取自助食制还是同桌合餐制。

⑤就餐凭证:凭就餐券入场还是凭会议证件入场。

⑥组合方式:就餐时,是自由组合还是按会议编组的方式组合。

⑦安全措施:保证饮食安全的具体措施。

(2)预定餐厅

餐厅的选择要考虑以下几点:

①餐厅大小：餐厅是否能够容纳会议全部就餐人员，就餐人员应包括会议代表和工作人员。

②卫生条件：餐厅的卫生条件是否达到规定的标准。

③饭菜质量：饭菜品种和质量能否满足要求。

④距离：餐厅与会场和与会人员驻地的距离是否适当。

⑤价格：价格是否合理。

（3）统计就餐人数

准确统计就餐人数是安排好就餐的重要前提。人多物少，易导致与会者吃不饱；人少物多，则造成食物浪费。统计人数的方法可根据会议签到，或者进行分组统计，然后汇总。

（4）印制和发放就餐凭证

就餐凭证一般采取两种办法：一种是印制专门的会议就餐券，在与会者报到时和会议文件一起发放，每次就餐时，由工作人员收取；另一种是凭会议代表证进入餐厅。

（5）商定菜谱

会务工作部门要十分重视菜谱的制定。既要保证与会者吃饱吃好，又要秉着厉行节约的原则，将经费控制在预算之内。下附交给酒店宴会经理的清单，供大家参考。

①预计多少人；

②餐饮标准是多少；

③如果是午餐，午餐地点的远近；

④晚餐在何处，是否需要乘车，若需要，车子的安排如何；

⑤与会者的饮食习惯、饮食禁忌和宗教信仰如何；

⑥选择什么颜色的桌巾与餐巾（选择一种或多种颜色）；

⑦主桌和其他桌要如何摆饰；

⑧多少人坐在主桌，主桌需要放在舞台上吗；

⑨主桌是否需要讲台和麦克风；

⑩讲台位置在哪里，需要哪种麦克风；

⑪主桌是否也要供餐；

⑫如果采用自助餐，主桌人是自行取用，还是请服务人员先给他们盘子；

⑬是否需要预留其他位子给贵宾（如果需要，在邀请函中就要告诉他们桌号或者派人在门口迎接）；

⑭是否要收取餐券(事先告诉宴会经理并提供"餐券样本");

⑮如果来的人没有餐券应如何处理;

⑯是否在主桌的人也要求给餐券;

⑰是否在宴会厅外面放置报到桌或接待桌,在主桌旁是否要放置奖品桌;

⑱晚宴的菜单、节目表是否放在桌上或是在入口处分发;

⑲是否另外需要一个房间让贵宾们在晚餐前休息;

⑳是否需要节食、素食等特别安排,如果有最好事先告知;

㉑是否要挂横幅;

㉒是否需要衣帽间;

㉓受奖人坐在主桌还是台下,如果是后者,是否要替他们预留位子,他们如何上台;

㉔当受奖人上台时是否需要追光灯,灯光打在演讲者或司仪;

㉕是否要安置视听设备;

㉖是否需要背景音乐或跳舞音,是否演奏者坐在舞台上;

㉗是否有表演节目,舞台大小是否足够;如果有表演,舞台尺寸和高度多少;

㉘舞台四周是否要裙边,上面要不要地毯,是否需要预演,何时;

㉙什么时候开门让客人进来;

㉚每一程序的时间安排、前奏音乐或表演、用餐时间、正式节目和演讲、跳舞等;

㉛洗手间在哪里,如果门口仍有人看守时,如何让上洗手间的人回来。

3) 餐饮服务的注意事项

①为了有针对性地准备食物以及配备服务人员,避免出现备餐不足或过剩等情况,会议组织者必须提前告知每次餐饮服务中就餐的人数并予以签单担保。如果届时与会者未按计划数到场进餐,餐厅有权要求会议组织者为他们付费。

②由于与会人员众多,餐饮服务人员很难准确辨认每一位与会者,且与会者在用餐的问题上有一定的变动性,会议组织者可以通过发放餐券来控制就餐数。而小型会议中的餐饮服务,只要让与会者彼此结伴或出示会议胸卡就行,不必使用餐券。

③餐饮服务相当复杂,会议组织者要给餐厅提供详细的特殊餐饮要求清单。例如犹太教教徒进餐时,肉类和乳制品不能同时进食;有些天主教徒在星

期五不吃肉等。餐厅服务人员必须在烹调方式、餐厅安排、服务顺序等方面仔细安排。

④对因会议活动导致不能按时用餐,或因患病不能用餐的与会人员,应给与特别的餐饮服务。

⑤食品与餐具卫生要有严格检测制度与措施,严防食物中毒。

⑥采用自助餐进餐形式时,服务人员要确保食品及饮料的供应,做到及时添加点心、菜肴和饮料,保证有足够数量的盘、碟、叉、勺。服务人员要仔细观察客人的饮食偏好,便于菜单的调整与修改。一般情况下,每25~30位客人配备一名服务员,管理酒水的服务员1人可负责40~45位客人。

6.5.2 会议茶歇服务

1)会议茶歇

会议茶歇是指为会议间的休息、与会者相互之间的沟通以及气氛调节而设置的小型简易的茶话会。会议茶歇所提供的食物品种主要有三大类:

①饮品类:矿泉水、绿茶、红茶、奶茶、牛奶、果汁、咖啡、鸡尾酒等;

②点心类:中西式糕点、甜品、饼干等;

③水果类:时令水果、花式果盘等。

2)会议茶歇服务

会议茶歇服务可以分为三个阶段:

①准备阶段:主要是布置茶歇厅,诸如桌椅的摆放、杯具的消毒、点心的组合等;

②歇茶阶段:给与会休息者冲咖啡、斟茶;添加点心和饮品等;

③结束阶段:将所有的桌椅返还原处,酒水、点心、茶具等一应送回厨房,垃圾及时清理干净。

3)会议茶歇服务的要求

①茶歇的场地大小合适,不能过于拥挤、狭窄;

②点心中西合璧,花样品种适中;

③工作人员态度热情、服务周到;

④符合国家饮食卫生标准。

任务 6　会议交通服务

6.6.1　会议交通服务的内容

1)会议交通

会议交通主要指与会者到达会议地点的地面交通及其会议期间所涉及的交通,其范围较广,包括机场穿梭巴士、出租车、公共汽车、酒店免费汽车等。

2)会议交通服务

会议交通服务是一项非常重要工作,应当尽量做好。会议交通服务主要包括会议前后的交通接送服务和会议期间的用车服务。

(1)会议前后的交通接送服务

会议组织者必须对当地的交通状况有充分的了解,以便为与会者的到场与离场,会后离开当地提供或安排最便捷的交通工具。这需要会议组织者在会前就作出细致周到的安排。会议前后的交通接送服务要注意以下四个方面:

①车辆的合法承载量。每辆车都有一个法定的承载量,通常车内已明确标明。会议组织者在车站、机场接送与会者时,应该按照车辆的承载量载人,严禁超载。为保证安全,严禁人员在车内站立。

②车辆的安全检查。对接送与会者的车辆,要提前做好车辆的检查工作,以保证准时出车和安全行驶。

③保证车内的整洁。由于大型交通车的窗子多为封闭式的,车内人多行李多,因此,一定要注意车内的卫生,保持干净整洁、空气清新、温度适宜,从而有利于与会者的身体健康,保证会议的顺利进行。

④时间的安排。会议前后,与会者因乘坐的交通工具不同、到达或离去的地点、时间也不尽相同,加之接送的车辆有限、服务人员有限,因此,要注意车辆的安排,尽可能将同一时间、地点到达或离去的与会者安排在同一辆车。如此,既可节省人力、物力和财力,又可保证按时准确地接送与会者。

（2）会议期间的交通用车服务

①保证车辆准时、随叫随到。

②如果会议住地距会场较远，必须有车辆接送与会代表，那就要按与会人数尽可能组织足够的车辆，以保证满足会议的需要。

③对于集体活动用车，因为车多人多，必须加强派车管理，按编号乘车，对号入座，以保证与会者有序乘车，不致错乘、漏乘。

④提前并反复告知与会者乘车的时间、地点，并提前做好因与会者错乘、漏乘的应急预案。

⑤驾驶员应熟悉本地的交通线路和地点。

6.6.2 会议交通服务管理

会议会议交通管理是对会议车辆进行科学调配以保证会议用车的工作。它直接关系到会议能否顺利进行与成功。会议交通服务管理，要根据会期的长短，人员的多少等实际情况予以安排。

会议交通服务管理的主要内容包括会议用车管理、会议驾驶员管理、会议车辆安全管理、会议车辆停放管理四个方面的内容。

1）会议用车管理

（1）筹齐会议用车

当会议主办者的车辆不够用时，必须借用其他单位车辆或租用车辆。会议车辆的借用或租用，应严格遵循必要与合理的原则，做到既保证会议用车，又符合节俭的原则。

（2）拟定会议用车制度和纪律

必须建立用车制度，规定用车的范围和任务，履行批准手续。会议用车或会议工作机构用车，要提前预订，并履行必要的审批手续。与会者办理与会议无关的公务和私事，会议主办者一般不提供用车。至于领导干部用车和会议的零星用车，则应按规定予以保证。

（3）合理调度用车，确保会议按计划实施

要根据人员的多少安排车辆，既要避免人员过挤，也要防止车辆过多。对于大型会议,除了配备大型交通车外,还应配备适量的小型轿车。

(4)对车辆进行严格检查

会议要印发车辆通行证,并指定专人负责会场周围的交通指挥和管理工作,做到秩序井然,防止交通事故。会议后勤部门要注意听取与会人员对交通安排的意见,及时研究改进。

2)会议驾驶员管理

①首先应将会议用车安排表提前发给每一位司机,调度人员应该在提前一天告知司机明天的用车安排。尤其是安排出现变动的时候,一定要立即向司机交代清楚。

②每辆车上应配备会议接待人员,司机一般应听从接待人员的安排。当然,司机也可以向接待人员提出合理的建议。双方相互配合,相互尊重,才能圆满完成任务。

③要合理安排司机的时间,不要任其疲劳驾驶,以免发生事故。

④如果是接待外宾,应对司机进行适当的礼仪培训。

⑤会议租用汽车的随车司机,由出租单位发给伙食补助费或夜餐费。

3)会议车辆安全管理

会议交通安全的管理工作,任务繁重,责任重大,务必要配合保卫部门努力搞好。特别是大中型会议,停驶集中,交通管理复杂。为了保证交通安全,必须大力做好车辆管理、交通指挥、道路管理和相关人员的安全教育工作。

①会场和住地附近,必须有停车场,大车、小车,自行车、摩托车,都必须停放在指定的地点,不得随处停放,必要时应设专人看管。

②进出车辆线路必须明确规定,有专门人员指挥管理,必要时可配备交通警察现场指挥。行车路线必须明确划分,要人车分离,各行其道,不能混行。对机动车驾驶人员,必须进行慢行礼让的教育,不为一时争先而造成伤亡事故。

③对车辆要做好日常检查和维护,做到出车前、途中和回场后对车辆例行检查,始终保持车况良好,车容整洁。

4)会议车辆停放管理

会议车辆的停放管理,主要任务是指挥到会车辆的集结与疏散,维护停车

持续,保证行车安全与畅通。会议车辆的停放管理工作,主要指有以下三个方面:

(1)适量的停车场

根据会议的性质和规模,充分估计车辆情况,如车类、车型及数量,有哪些首长、外宾的车辆等。预先控制所需要的场地,按照分类停放、保证重点、照顾一般的原则,划分停车区域,确定停车办法,制定来去的行驶路线。

(2)确定指挥停车办法

指挥停车,要因地制宜,一般可采取三种形式停车:一是会场门前停车场地宽阔,可指挥车辆进入停车场地停车,客人下车;二是停车场地狭窄,乘车人又需要在会场门前下车,就要指挥车辆在会场门前停车下客,待客人下车后,立即指挥车辆到指定的地点停放;三是首长、外宾活动,场所门前不便停车,应事先在附近选择临时停车场,待首长、外宾下车后,指挥车辆到指定地方停放。

(3)停车原则

车辆停放,应坚持五先五后的原则。先外宾,后内宾;先小车,后大车;先重点,后一般;先车队,后单车;先来停近,后来停远。

(4)车辆停放的排列

头尾相衔接,纵列依次停放。适用于车辆集中来、集中去的各种会议代表乘坐的大车队和首长、外宾活动的小车队或宴会、欢迎会等,利用道路停车采用这种办法,能够保证车辆在散场时依次离开。

齐头平列,单横排停放。适用于集中来、分散走,分散来、分散走的各种晚会、展会。它不仅便于随时调车,保证与会人员分散退场,停车也安全、迅速,便于集结和疏散。有条件的场地应首先考虑采用这种停车方法。

斜排停放,车头向着去的方向斜排停放。适用于停车场地狭长,又紧靠建筑物的场合,或在道路两侧停放时适用这种排列方法。有时外宾车队,为了美观也采取这种停车方法。

方阵停放。车辆横直竖排成行停放,适用于集中来、集中去的大型会议,在车辆多,场地小或场地短而宽的情况下,采取这种停放方法。

主要首长和主宾车辆单排,与一般车辆停放分离,照顾重点,兼顾一般。

上述停车方法应根据情况灵活安排,目的是为了缩短停放时间,争取一次性停好,集结得快,疏散方便,安全畅通,符合礼仪。

【案例分析】

大型论坛嘉宾接待方案

一、工作内容

A.邀请领导嘉宾,收集嘉宾个人简介及演讲题目、材料。

B.邀请、落实演讲专家,收集个人简介及演讲题目、材料。

C.做好主要领导和参会嘉宾的接待工作。

D.邀请、落实组主持人及主持词。

二、工作流程

1.拟定嘉宾邀请名单和计划

对不同级别或不同类型的参会人员采用不同的邀请方式或是拟定不同的邀请函。例如政府层面的嘉宾由组委会领导亲自邀请并落实;企业代表参会人员以电子或是邮件邀请函形式邀请,由相关负责人进行联系、确认。

2.出席嘉宾的确认

初步拟定政府层面嘉宾的名单、邀请专家的名单、企业代表名单,同时确定主持人。不同级别类型的嘉宾由不同的负责人负责,确定所有参会嘉宾名单,演讲嘉宾演讲主题、人数、联系方式。最后汇总所有与会嘉宾名单。

3.发出邀请函

根据准备阶段初拟定嘉宾名单,分组向有关人员、机构、企业等递送(邮寄、登门寄送)书面邀请函,并以邮件形式发送邀请函,电话形式邀请确定。

备注:政府层面重点嘉宾一般由组委会领导亲自拜访邀请。

4.收集和整理邀请函回执

确定嘉宾名单后,进一步与演讲嘉宾确认演讲主题、人数、联系方式等。

A.各组收集、整理回执,确定参会嘉宾具体情况,最后汇总邀请与会嘉宾名单。

(负责人: 截止时间:)

单　　位	名　　单	人　　数	联系人	联系方式	负责人

B.确定嘉宾名单后,与演讲嘉宾沟通,确定演讲嘉宾演讲主题,最后汇总各组。

(负责人: 截止时间:)

演讲嘉宾	演讲主题	负责人

5.收集与会嘉宾资料

确定嘉宾后,与嘉宾进行沟通交流,准备嘉宾与会环节所需材料。

A.政府层面的嘉宾领导,收集领导致辞及讲话材料。

B.其他专家、企业嘉宾,收集其个人简介、发言材料及其他相关资料。

6.与嘉宾及时沟通与联系

会议前,随时与嘉宾联系,保证做到信息及时传递交流。嘉宾活动安排的变动、演讲内容变动、人员更换的变动等,这些信息都需要第一时间沟通并通报有关方面;要和主持人、合作媒体随时保持联系;嘉宾联络人负责提醒嘉宾活动日程需要的安排。

备注:政府层面的领导要由专人负责联系;主持人、合作媒体以及其他专家或企业机构由不同的负责人负责。

7.嘉宾与会安排

8.邀请专家细项

A.与专家或其秘书取得联系后,简单介绍下论坛情况,询问专家是否有意愿、有档期参加;

B.把论坛背景材料发给专家过目,并洽谈酬金事项,必要时可以洽谈合作酬金,但要与专家讲明我们提供的金额包含的内容(比如既包含出场费用,也包含机票费、住宿餐饮费等接待费用或是酬金就只是专家到手的出场费,其他机票、住宿餐饮费用另计)。当然,还要询问清楚专家是否需要我们为他安排接待事宜,具体情况再进行具体分析。

C.跟专家介绍一下我们论坛的简要情况,然后邀请专家为我们的论坛做一个讲题,我们提供给专家讲题的大致方向。专家写好讲题,并做成PPT给我们,我们就专家的讲题进行修改(一些讲题可能会涉及敏感话题或犯政治性错误),与专家反复商榷讲题的内容,最后确定下来。

D.一些做专题的专家,由于演讲的内容会比较多、演讲时间也会比较久,所以需通知他提前一天或是两天过来,主办方领导可以与其面谈论坛演讲的流程时间安排,以及一些演讲注意细则。

E.有些专家是政府级别的专家,最好找主办方政府级别比他低的人员进行邀请与接待。

F.请专家把他们的照片、简介发给我们,供论坛嘉宾介绍、宣传以及会刊使用。

G.如果嘉宾要我们为其安排接待工作的,负责专家接待的相关人员需要打电话,与专家沟通接待事宜:飞机航班、往返时间、酒店名称、入住时间、论坛行程时间、参加宴会时间地点等。务必让专家和自己清楚每项接待信息。

H.论坛开始前,将专家从酒店接到会场,并安排在贵宾室歇息。等待论坛开始。

I.论坛结束后,如果专家有时间,主办方相应领导可以宴请专家作进一步交流(对论坛开展的评价、对主办方服务的评价)。

J.专家离开时,主办方相应领导欢送专家,并热情邀请下次莅临。

[案例分析]——投融资高峰论坛房间住宿安排表以及机票安排表(见表6.1、表6.2)

表6.1　房间住宿安排表

序号	类别	姓名	公司及职位	人数	费用安排	房号	入住时间
1	演讲嘉宾		深圳市××创业投资有限公司董事长	1	我方负责	待定	9.23
2	演讲嘉宾		长江商学院教授	1	我方负责	待定	9.23
3	演讲嘉宾		深圳××智能股份有限公司董事长	1	我方负责	待定	9.23
4	主持人		新浪财经《××××》嘉宾主持人	1	我方负责	待定	9.23
5	对话嘉宾		北京××风险投资联盟秘书长	2(含助理×××)	我方负责	待定	9.23
6	对话嘉宾		××××集团董事长	1	我方负责	待定	9.23
7	参会嘉宾		××投资管理公司	1	自理	待定	9.23
8	参会嘉宾		××投资	1	自理	待定	9.23
9	参会嘉宾		××资本	1	自理	待定	9.23
10	协办方		××股权投资基金	1	我方负责	待定	9.22
11	对话嘉宾助理		××先生助理	1	我方负责	待定	9.22
12	参会嘉宾		××董事总经理	1	自理	待定	9.22
13	参会嘉宾		××财富总经理	1	自理	待定	9.22

续表

序号	类别	姓名	公司及职位	人数	费用安排	房号	入住时间
14	协办方		××股权投资基金	1	我方负责	待定	9.22
15	协办方		××股权投资基金	1	我方负责	待定	9.22
16	参会嘉宾		××创业投资有限公司	1	我方负责	待定	9.22
17	协办方		会务工作人员	1	我方负责	待定	9.22
18	协办方		会务工作人员	1	我方负责	待定	9.22
19	协办方		会务工作人员	1	我方负责	待定	9.22
房间小计				20			

表 6.2 机票安排表

序 号	姓名	来程机票	回程机票	备 注	金额
1		自行定票	自行定票	我方负责报销	
2		9.22 北京—深圳 15:30 国航航班	9.23 广州—北京 CZ3107	我方负责报销	
3		无需	9.23 广州—北京 南方航空 CZ3107	自理	
4		9.22 日北京—深圳 CA1313	未定	我方负责报销	
金额总计					

【复习思考题】

1.会议的会前准备工作有哪些？其程序如何？

2.会议如何进行接站和引导,试举例说明。

3.会议报到注册有哪些工作？应注意哪些问题？

4.什么是会议交通服务？

5.会议前后的交通接送服务要注意哪些问题？

6.简述会议用车管理的内容。

7.简述会议车辆停放管理的内容。

项目7
会议的记录工作

任务 1 会议的记录要求与格式

会议记录是一种实用文体,是由负责记录的人员把会议的基本情况、发言和决定等事项记录下来,是会议情况的真实反映。做好会议记录,不仅可以为会后问题的进一步研究、工作的总结提供重要的原始依据和材料;而且可以为日后查考提供重要依据和凭证。

7.1.1 会议记录的要求

1)会议各要素齐全

①会议组织情况。要写明会议名称、届数或次数、时间、地点、出席人、列席人、缺席人(包括缺席原因)、主持人、记录人等。如出席、列席、缺席人数较多时,仅记载主要人物、部门和总的出席、列席、缺席人数。

②会议内容。由会议议程、议题、讨论过程、发言内容、决定事项等组成。会议记录的结尾,没有固有程式,标注"散会""结束""完"等均可。

2)内容客观、准确、真实、完整

①记录人员应当有高度的政治责任心,以严肃认真的态度忠实记录发言人的原意,重要的语句要按原意记载。尤其是重要会议的重要发言,更应忠实原意,不得任意取舍增删,断章取义,不得添加记录者的观点、主张。

②会议的主要情况,发言的主要内容和意见,必须记录完整,不要遗漏。记录的详细与简略,要视具体情况而定。一般地说,决议、建议、问题和发言人的观点、论据材料等要记得具体、详细。一般情况的说明,可抓住要点,略记大概意思。

3)做好记录整理工作

①要实事求是,完整准确反映会议全貌。忠实于讲话人、发言人的原意,尽可能用原话,原话意思不完整时,可以作一些技术上的加工,但不能随意做内容和意思上的增减和删改。

②要做到层次分明,段落清楚,语句通顺,文字准确,字迹清晰易认,不要过

于潦草,不要使用自造的简称或文字。

③没有听清楚发言,或发言者表达不清的地方,会后要及时找有关人员核对。

7.1.2　会议记录的格式

一般会议记录的格式包括两部分:一部分是会议的组织情况,要求写明会议名称、时间、地点、出席人数、缺席人数、列席人数、主持人、记录人等;另一部分是会议的内容,要求写明发言、决议、问题,这是会议记录的核心部分。

对于发言的内容,一是详细具体地记录,尽量记录原话,主要用于比较重要的会议和重要的发言;二是摘要性记录,只记录会议要点和中心内容,多用于一般性会议。若中途休会,则要书写"休会"二字。会议结束,要另起一行书写"记录完毕"或"散会"。

会议记录格式(一)

会议名称				
会议时间		会议地点		
记录人				
出席人员				
列席人员				
缺席人员				
会议主持人		审阅	签字	
主要议题				
发言记录				

会议记录格式(二)

××××会议记录

时间:××年××月××日

地点:×××

出席人:×××,×××,×××等

缺席人:×××,×××

主持人:×××

记录人:×××

主持人发言:(略)

与会者发言:(略)

散会
主持人:×××(签名)
记录人:×××(签名)
(本记录共××页)

任务2 会议的记录注意问题

7.2.1 会议的记录中存在的问题

工作和学习中,各式各样的会议频繁召开,可会议质量却参差不齐,究其原因,除了人们可能对会议重视不够之外,还有一些"先天不足"的原因,具体表现有:

1)会议记录本内无目录

由于不填写会议议题,导致在使用过程中需要逐页查阅,不仅效率很低,而且人为地增加了对案卷的磨损,不利于档案的保护和保密。

2)记录不完整

有些会议记录未能记载会议日期、地点、主持人、记录人;有些会议记录只记了参加人、发言人的姓而没有记全名;有些会议记录只有参加人、时间和主持人而无会议内容;有些会议记录虽有会议内容,却没有记录会议的议题等,使人很难了解会议的全貌。

3)会议记录本没有按工作性质分开

有的单位无论是什么会议都用一个会议记录本,给保管和利用带来诸多不便。

4)会议记录本不固定

有些单位两三个记录本交叉使用,有的本子只记录了几页就再也不用了;更有甚者,每次开会时临时找几张稿纸记录,过后就不知去向了。

5) 记录字迹潦草、书写材料不符合归档要求

有的会议记录人经常使用圆珠笔、纯蓝墨水等不耐久字迹材料,而且书写潦草,不利于会议记录的日后查考和归档后的长久保存。

6) 会议活动的现场照片和摄像不符合归档的要求

会议活动现场是一种不能重新再来的情景,如果现场照片和影像没有按照要求拍好的话,将严重影响活动的后期总结、宣传、归档工作。

7.2.2　会议记录的注意事项

为了提高会议记录档案的质量,做好会议记录,应该注意以下事项:

1) 使用固定的会议记录本

记录人员应选用纸质较好的会议记录本,按会议性质分别记录,并按照会议的时间顺序,规范、完整地做好会议记录。会议记录本前三页应写有目录,包括会议日期、内容摘要、页码、备注等栏目。会议记录人应把每次会议的情况,按目录栏中的要求逐项填写清楚,这样不但查找起来一目了然、十分方便,而且有利于档案的保密和保护。

2) 按照规范格式做好会议记录

会议记录一般分为两个部分,即会议基本情况和会议内容。

(1) 会议基本情况

包括会议名称、开会时间(要写明年、月、日及会议开始时间)、会议地点、出席人(人数不多的会议,要把出席者的姓名都写上,注明其他人员全部到会;人数过多的会议,可仅写出席范围和人数)、列席人、主持人、记录人。上述内容要在会议主持人宣布开会前填写好。

(2) 会议内容

包括会议议题、会议发言、会议结论等。会议内容是会议记录的重点,记录时必须聚精会神,边听边记,耳、脑、手并用,不能因注意力分散而出现疏漏。

3) 掌握并灵活运用会议记录的技巧

做好会议记录,速度要快,要认真听取别人的发言,做到一快、二要、三省、

四代。

一快：即书写运笔要快，记得快。

二要：即择要而记。就记录一次会议来说，要围绕会议议题、会议主持人和主要领导同志发言的中心思想，与会者的不同意见或有争议的问题、结论性意见、决定或决议等作记录。就记录一个人的发言来说，要记其发言要点、主要论据和结论，论证过程可以不记。就记一句话来说，要记这句话的中心词，修饰语一般可以不记。但要注意上下句子的连贯性。

三省：即在记录中正确使用省略法。如使用简称、简化词语和统称。省略词语和句子中的附加成分，比如"但是"只记"但"；省略较长的成语、俗语、熟悉的词组，句子的后半部分，画一曲线代替，省略引文，记下起止句或起止词即可，会后查补。

四代：即用较为简便的写法代替复杂的写法。可用姓代替全名；可用笔画少、易写的同音字，代替笔画多、难写的字；可用一些数字和国际上通用的符号代替文字；可用汉语拼音代替生词难字；可用外语符号代替某些词汇等。但在整理时，均应按规范要求办理。

任务3 会议的翻译工作

有的人认为翻译只是传声筒，是一个工具，所以会议翻译的安排就如同其他道具那样简单，只要"采购"就可以了。其实，翻译是工具不假，但翻译是个特殊的工具，是担负思想传递的、具有思维方式的人，有时候还是会谈僵局的润滑剂或者缓冲剂。所以翻译，特别是临时聘请的翻译需要认真对待。

7.3.1 会议的口译

1) 口译标准

口译通过"听"理解原话，获取信息。译员要在听完讲话人的话后要立即用目标语言表达出来，甚至一边听一边表达，几乎没有时间进行思索推敲，在多数情况下不可能查阅词典或工具书，或者请教别人。译员的单位时间劳动强度大大超过了笔译。因此，对口译的质量不能太苛求，一般更多地要求快、准、顺。

快：指的是说话者话音一落，译员就要开始把话中的重要信息传达给对方。

"快"有两方面的含义:一是译员说话不能太慢,其语速应相当于或略快于讲话的语速;二是讲话人停顿后,译员应立即开始译,中间的间隔一般不能超过三秒,否则就会影响口译效果,引起听众的不满。

准:是指忠于原话的内容与精神,不随意增、减,不胡编乱造,所译的语言风格应尽量贴近原话。准确地把最基本的、最实质性的内容译出,即说话者的观点、要点,包括数字、日期、地名、人名以及人的职务或职称等,而不是译出每一个字、每一句话。

顺:指通顺自然,表达流畅,干脆利落,不拘泥于原话的词语和结构,用符合习惯的话把原话的思想内容表达出来。当然,译员也可以借助于讲话人的手势、语调和表情来理解原话。

三条标准之中,"准"是主要标准,是口译的基础和核心。

2)会前准备

对于一些专业性较强的会议议题,译员需要有充分的时间,在会前阅读有关的发言稿或相关资料,以确保较高的翻译质量。译员翻译前需要参考有关的文献、手稿、录像或幻灯片,一经授权这些翻译时间,都要按照每天收费标准予以收费。

3)口译条件

①4小时以内(含4小时)的同声翻译任务,需要用两名译员;
②超过4小时的同声翻译任务,需要三名译员;
③超过4小时的交替翻译任务,需要两名译员;
④必须要给翻译安排在一个能够纵观全场的位置;
⑤同声翻译需要安装一个独立的翻译间和传播/接收系统。

不鼓励像耳语翻译这样极其困难的翻译任务,但是如果客户需要的话,会增加收费标准。由于耳语翻译会带来一些噪声的干扰,因此,它会破坏其他与会者的听讲,建议提供手提式传送/耳机接收设备,并且要有一条专线从发言者的麦克风传到翻译身边。

7.3.2 会议的笔译

1)笔译的内容

笔译是指书面翻译。会议笔译的内容主要是各种场合的讲话稿,如在会议上的讲话稿,在宴会、招待会上的祝酒词,以及商务合同等正式商务文件。

笔译的成果是书面译文,它是供对外提供、公开发表、长期保存的,必须经得起审查、琢磨和推敲。

2)笔译者的要求

领导人讲话稿、祝酒词等政策性很强。合同、协议等文件则具有法律性质。所以,对笔译要求很高,不仅要求译文正确、准确、完整、严谨,而且要求译文通顺、优美。译出的中文应是地地道道的中文,要符合中文的习惯;译出的外文应是地道的外文,要符合外文的用语。这就要求笔译人员具有较高的外语功底和母语基础,要有事业心、责任感和埋头苦干的奉献精神。

3)笔译的标准

笔译与口译是两种既有密切联系又有很大差别的工作。由于两者各有自己的特点和要求,因此,标准不尽相同。笔译通过"读"理解原文,获取信息。笔译人员可以有充分的时间进行斟酌,可以查阅词典和各种工具书,可以请教他人。因此,笔译要求做到"信、达、雅",三者相辅相成、缺一不可。

4)笔译需遵守的原则

会议中笔译需遵循的原则是,译员在进行翻译当中所获得的任何属于独享性或隐私性的内容都必须加以保密,未经过客户的准许,或者未通过必要的法律程序,不得向外界透露。

翻译不是通才。换言之,翻译者除本身已经掌握的知识外,可能对其他领域并不熟悉。会议的专业术语涉及面广,通常有许多生僻的单词或者组合词,因此事前沟通是十分有必要的。再者,应当告诉翻译发言者通常的语速,有条件的可以把以往的映像资料交给翻译,让其尽早熟悉,并告诉翻译本次会议大致的研讨或者涉及的内容。当然,为了商业秘密不外泄,对翻译必要的约束是应该的。通常以书面形式约定,在多长时间内接触机密的翻译不得对外界透露。在此期间内,雇用方有权要求翻译保密,并有权要求翻译赔偿由于泄密而带来的损失。

任务 4　会议的摄像和摄影工作

7.4.1　会议摄像

在会议开始之前,项目经理要与摄像师沟通好论坛流程,并给摄像师一份论坛流程表。摄像师在拍照的时候,主要拍的是以下几点内容:

①会前,要拍 VIP 室里面的嘉宾、领导进场的照片,会议开始前领导、嘉宾在一起讨论的照片以及签到处观众人潮涌动签到的照片。

②在会场内,要拍大场景:背景板的内容要清晰可见、会场人潮涌现。拍的大场景可发给各大媒体作新闻图稿用。

③签到处,工作人员认真工作、众多观众签到的照片。

④坐在会场第一、第二排佩戴胸花的重要嘉宾,每个人都要有特写,尽量拍到名牌正面。

⑤重要领导上台讲话的照片。最好从不同角度拍多一些,以供选择。

⑥抓拍现场观众做笔记、认真听讲的情况以及观众鼓掌的照片。

⑦互动环节:台上嘉宾全景照及特写以及台下提问者的照片。

⑧组委会重要工作人员认真工作的照片。

⑨拍照时机要与大会流程对应:如果大会有茶歇,摄像师就得去茶歇那里抓拍,接下来如果大会有签约仪式、颁奖仪式、圆桌会议,摄像师应该根据大会不同的流程,到不同场地摄取照片,而不是一味地在会场内部拍摄。

⑩论坛结束后,摄像师需要拍摄现场观众散场的照片,最好抓拍到观众面带微笑走出会场的照片。摄像师还要拍摄嘉宾接受记者采访的情景。

备注:摄像师除了拍摄论坛的照片之外,还有一个非常好的作用,就是当工作人员发现会场内出现小偷,可以告知摄像师,让摄像师在小偷旁边不断闪光,让小偷知难而退。也避免了大动干戈抓小偷造成会场的尴尬气氛。

另外,摄像师对嘉宾的仔细拍摄,也会让他们感到大会充分的重视,让其很快进入演讲者的角色。会后我们建议挑选出 VIP 嘉宾的近照并用发邮件或者刻光盘的方式给他们作为会后留念。

7.4.2　会议摄影

在大会开始之前,事先与摄影师沟通大会流程,除了拿一份大会流程表给他外,最好拿多一份主持人稿给摄影师。摄影师还要清楚重要嘉宾的位置,以便现场控场。摄影师拍摄主要注意以下几点内容:

①提前安装摄像设备,调试设备,让所有设备的画面、灯光、角度趋于最佳。

②注意设备的布线,要避开人较多的地方,如果避开不了,要用胶布黏住电线,以免绊倒。

③安装好设备后,进行彩排,彩排时主要演练拍摄领导上台方位以及主持人介绍的那些嘉宾的位置。

④坐在第一、二排的重要领导、嘉宾,要用摄像机来回拍摄几次,提高他们的曝光率,也让他们感觉到自己的地位。

⑤领导做长篇演讲的时候,摄影师需要切换不同的角度拍摄,适时切换观众的反应,不要一直持续拍摄演讲嘉宾,会显得枯燥无味。

⑥摄影师也要拍摄一些论坛花絮:签到处工作人员准备情况、嘉宾室内嘉宾准备情况、会场工作人员筹备情况等。

⑦会后剪切:主要是把会场内所有摄像机的内容融合在一起。这要求我们事先与客户沟通需要如何剪切,如果客户提出特殊的要求,我们要尽量满足其要求。

⑧字幕:这里需要注意的是,我们事先要与客户沟通重要领导的职务,确定之后,再做进字幕里面。

【案例】活动项目总结会

会议纪要

会议名称:第一届广州肿瘤内科高峰论坛及"春华秋实 德高医馨"晚会活动总结研讨会

会议地点:公司会议室

会议内容:活动组织的经验总结

参会人员:项目经理、助理 A、助理 B、助理 C

会议记录人:助理 A

一、活动概况及社会评价

首先,项目经理简单介绍了活动的概况及社会各界的评价:

(一)客户评价

客户:"整体来说,领导都还比较满意,只是有一些小细节需要注意。"

（二）媒体评价

《信息时报》："庆典也成了肿瘤内科界的一次家庭大聚会。"

（三）同行评价

供应商——X师傅："这次晚会气氛很好，是我拍摄这么多场活动里面比较漂亮的。"

酒店——Y小姐："这次晚会办得很好，效果很靓，我们同事都赶过来参观。"

旅行社——Z先生："这次晚会办得很成功，在医学界比较少见，你们创了肿瘤医院活动的先河，整体很漂亮。"

二、存在的不足及解决方案

之后，与会人员就本次活动存在的不足及解决方案展开积极讨论，现将问题和解决方案整理如表7.1所示。

表7.1　解决方案表

活动流程	存在的问题	解决方案
设计	资料收集混乱	1.由项目经理做一次设计流程方面的培训； 2.专人负责收集整理资料，同客户沟通，确定提案、定稿、下单时间，负责安排送货，及时处理好文件提供给设计师。
	时间安排不合理	1.预先进行项目的时间分配； 2.催资料时，定好截止日期；超过此日期，合同里面要注明加急费。
	开会次数太多，浪费时间和精力	1.每次开会都要明确目的和要沟通的问题，事先知会客户准备回复，并列出需要客户出席的负责人名单； 2.客户每次开会，要详细记录时间、会议纪要、接下来的工作安排等事宜； 3.记录下客户的每个要求，哪位提出的、跟进情况如何、最后是否已经解决。
	打样浪费	两次彩样，第一次最好提供黑白样。
	出货时间延迟	1.一定要和客户确认好出货时间，客户如果要提前，应该在我们允许的时间范围内，和客户谈加急费； 2.进行设计流程培训。

续表

活动流程	存在的问题	解决方案
物料	没有找到真正的物美价廉的供应商	建立起供应商数据库,每一种物料都要准备3~5个供应商;同等价格的情况下,比较质量和服务;询价的时候需电话联系问准,谈到价格的时候用QQ聊天记录作为记录。
	和供应商没有谈好条件(比如吃住等问题)	同供应商合作前,一定要分清楚界线,哪些是需要我们出的,哪些是不需要我们出的,这些都要明确,千万不要临时涨价,或者让我们出现被动的局面。
	资金支出不规范	1.所有物料都需要提供合同、发票或收据; 2.每天账,每天毕! 养成一花钱就拿收据或者发票的习惯; 3.提早和供应商沟通,让对方先准备好有公司盖章的收据。
	物料验收时,没有一个统一的单据给客户去签收	规范验货程序,所有物料给客户的同时需要客户在签收单上签字。
	办场地提供的物资和向场地提交的资料不了解	1.看场地时,要明确哪些物资是可以由酒店提供的,如:指引牌、LED屏幕、签到牌、水、活动场地的尺寸、舞台用电的容量、特装用电的走线情况等; 2.我们提供给酒店的资料:舞台搭建效果图、特装效果图、晚会节目时间流程、酒店大堂的布置图、走廊展位布置图等。
活动现场	分工不明确,效率低下	1.详细对每一块进行分工,如:搭建、灯光音响、舞台、视频、后勤、吃住方面,都要对责任人进行分工,按照分工表统一分工,每一个区域(类别)需要一个负责人,总负责人对这些人负责; 2.活动分配及时间表需要提前一周做出,最好在活动前两天预演一次; 3.重要岗位要熟悉的人员负责。
	彩排和活动准备时间不充分	开场前一小时要所有音响、LED、投影仪等设备调试人到位,并调试到可用水平; 有LED屏幕时,要提前12个小时进行搭建。

续表

活动流程	存在的问题	解决方案
活动现场	后勤工作不到位	1.提前到活动举办地踩点,做好充分的预案,尽量减少不必要的麻烦; 2.提早确定吃住情况,让专人负责。
	与供应商沟通不够	各个负责人负责协助各供应商的工作以顺利进行,有问题及时向上级反映。
	音源不行	寻找好音源下载网站。
	临时改变节目、演出者晚到	1.临时改变的和晚到的音乐,要当面播放,并和演唱者确认。 2.活动策划者要有中立的态度,不能跟甲方太过妥协,需要有硬性指标要求。
	歌词和现场音乐不同步	1.不同步的节目一定要多沟通、多排练,争取尽量保持同步; 2.提前做好突发预案,准备节目抢场。

【复习思考题】

1.如何做好会议的记录?

2.会议记录注意的事项有哪些?

3.口译的要求和标准是什么?

4.笔译应遵循什么原则?

项目 8
会议礼仪

礼仪是指人们在社会交往中,受历史传统、风俗习惯、宗教信仰、时代潮流等因素的影响而形成,既为人们所认同,又为人们所遵守,以建立和谐关系为目的,并且符合礼仪精神及要求的行为准则或规范的总和。

中国自古以来崇尚礼仪,素有"礼仪之邦"的美誉。在中国大体有五种礼仪起源说:一是天生礼仪;二是礼仪为天地人的统一体;三是礼仪产生于人的自然本性;四是礼仪为人性和环境矛盾的产物;五是礼仪生于理,起于俗。

我国礼仪的发展大体可以划分为以下四个阶段:

①礼仪形成阶段(约公元前 21 世纪—公元前 771 年);

②封建礼仪阶段(公元前 771—1911 年);

③近代礼仪阶段(1911—1948 年);

④当代礼仪阶段(1949 年以来)。

改革开放以来,随着国际交往日益频繁,我国又吸取了世界上一些先进的文明礼仪融入我国当代礼仪部分。经过数千年的发展,我国现代礼仪可分为政务礼仪、商务礼仪、服务礼仪、社交礼仪、涉外礼仪等五大类。本章主要阐述的是会议礼仪。

任务1 会议礼仪内容与要求

会议礼仪是在会议活动的人际交往中,以一定的约定俗成的程序和方式来表示尊重对方的过程和手段。会议礼仪是召开会议前、会议中、会议后及参会人应注意的事项。知晓并遵守会议礼仪,对会议取得圆满成功,具有较大的积极作用。

1)会议礼仪的内容

会议礼仪包括会议座次排序礼仪、会议发言人礼仪、会议参加者礼仪、主持人礼仪。

(1)会议座次排序礼仪

如果受邀参加早已排定了座位的会议,最好随引导员去到自己的座位上,以免自己东张西望寻找座位,或在找不到位子时流露出焦虑的心情,有失礼节和文雅。

会议主席的座位一般在离会议门口最远的桌子末端。会议主席两边是为参加公司会议的客人和拜访者的座位,或是高级管理人员、助理的座位,以便能帮助会议主席分发有关材料、接受指示,或完成会议主席在会议中需要做的事情,同时也是表示对会议主席的尊重。

如果会议中有重要或特殊的来宾,例如,有外宾代表或者其他公司的重要人物,那应该让他们坐在会议桌的中间,以示对来宾的重视和礼貌。

有关座次的排序,可参阅项目5任务2中"会议会场布置"的相关内容。

(2)会议发言人礼仪

会议发言有正式发言和自由发言两种,前者一般是领导报告,后者一般是讨论发言。正式发言者,应衣冠整齐,走上主席台应步态自然,刚劲有力,体现一种成竹在胸、自信自强的风度与气质。走到主席台时,应面向观众鞠躬致意。发言时应口齿清晰,讲究逻辑,简明扼要。如果是书面发言,要时常抬头扫视会场,不能低头读稿,旁若无人。发言完毕,应对听众的倾听表示谢意。

自由发言则较随意,有些细节仍要引起注意。如发言应讲究顺序和秩序,不能争抢发言;发言应简短,观点应明确;与他人有分歧,应以理服人,态度平和,听从主持人的指挥,不能只顾自己。

如果有会议参加者对发言人提问,应礼貌作答。对不能回答的问题,应机智而礼貌地说明理由。对提问人的批评和意见,应认真听取。即使提问者的批评是错误的,也不应失态。

(3)会议参加者礼仪

与会者就是参加会议的正式成员,包括主持人,也包括秘书,但不包括在会场上的其他服务人员。

会议参加者应衣着整洁,仪表大方,准时入场,进出有序,依会议安排落座。开会时应认真听讲,不要私下小声说话或交头接耳。会议中要将手机关闭,或者使之处于静音状态。发言人讲话结束时,应鼓掌致意。中途退场应轻手轻脚,不影响他人。

(4)主持人礼仪

衣着整洁,大方稳重,精神饱满。如站立主持,应双腿并拢,腰背挺直。持发言稿时,右手持发言稿的中底部,左手五指并拢自然下垂。双手持发言稿时,应与胸齐高。坐姿主持时,身体挺直,双肩前倾,两手轻按桌沿。主持过程中切忌出现揉眼、抖腿等不雅观的动作。言谈应口齿清楚,思维敏捷,简明扼要。应根据会议性质调节会议气氛,或庄重、或幽默、或沉稳、或活跃。在会场上不能与熟人打招呼,更不能寒暄交谈。

(5)礼仪工作人员礼仪

礼仪工作人员指在一些礼仪场合(譬如剪彩仪式、开幕仪式、签约仪式、婚礼仪式、展览活动、会议活动等)进行服务或协助的工作人员。

礼仪工作人员主要以年轻女性为主,她们的工作有迎宾,引领,站立现场烘托气氛,陪伴和协助主要人员,服务在场人员,拉彩、捧花、托盘等。迎宾者的任务,是在活动现场负责迎来送往。引领者的任务,是在进行仪式时负责引领主要人员登台和退场。服侍者的任务,是为在场人员提供饮料,安排休息等。拉彩者的任务,是在剪彩时展开、拉直红色缎带。捧花者的任务,则是在剪彩时手托花团。托盘者的任务,则是为剪彩者提供剪刀、手套等剪彩用品。

2)会议礼仪的要求

①按时到场、入场,遵守秩序。
②遵守会场纪律,不得任意走动、喧哗、喝倒彩、吹口哨。
③关闭通信工具,认真倾听,做好记录。
④不宜中途退场。特殊原因需中途退场的,应向有关人员说明情况,征得同意后方可离席。

任务 2　会议主持人礼仪

会议的主持人,一般由具有一定职位的人来担任。主持人的礼仪表现,对会议能否取得圆满的成功有着重要的影响。

8.2.1　会议主持人必备素质

一般来讲,一名卓越的会议主持者应该具备以下六点素质:

①会议主持人必须具有较高的政治思想水平,强烈的社会责任感,高尚的道德情操,完美的人格,良好的心理素质。

②思路清晰敏锐。即要求会议主持人在会议之前全面搜集、阅读、分析资料,做详细周到的准备。

③言语表达流畅。会议主持人应对语言具有较高的掌握能力,以便将会议的思想观念正确地表达出来,从而推动讨论,疏导与会者的思维方向。

④分析能力强。会议主持人善于澄清问题,透视问题,能准确地分辨问题的利弊得失和轻重缓急。

⑤平等公正。会议主持人必须平等地对待每一位与会者,公正地对待不同的思想和观点。不能站在个人的立场发言,而必须以会议主持人的身份说话。

⑥会议主持人应具备一定的临场应变能力和即兴发挥能力,使会议顺利进行。具有幽默感,以消除紧张气氛,形成个性鲜明的主持风格。还应具备良好的语言素养,语音纯正,音色优美,音域宽广。能将标准的普通话,语言有较强的表现力、穿透力、感染力。

8.2.2 会议主持人主持技巧

会议主持人在会议上开始讲话时,是否受到与会者欢迎,第一步将取决于与会者的初步印象。这个印象取决于很多因素,如:会议主持人是否做好充分准备;眼睛是否闪亮而活泼;声音是否悦耳动听;脸部表情是否生动;对周围的反应是否机智灵活;是否能用简明扼要的话陈述自己的观点。

大致说来,要成功地主持一场会议,其技巧主要有以下五点:

1)主持人要果断而自信

会议开始前,会议主持人可以用数秒的时间,面带微笑、友好真诚地审视全场与会者,这样做可以起到两个作用:一是让与会者感觉到对他们的尊重。二是可以让主持人在瞬间调节情绪。因为当主持人巡视与会者时,台下的无数双眼睛也会同时聚焦观察主持人,与会者将会对主持人的精神、热情、知识、学识、声音、目光接触以及身体语言等各方面做出评价,形成对主持人的初步印象。

2)准时宣布会议开始

会议是否能准时开始,是与会者最为关注的问题。许多主持人不能准时开会,令与会者不满。有的主持人认为推迟会议时间,责任不在自己,他们的理由是因为还有人未到。不要为某个人或某几个人未到而延误开会时间,因为假如那样,下次其余的人便都会迟到。准时开会是主持人的责任和魄力之所在,也是准时闭会的必备条件。

3)开场出奇制胜

会议开始的时候,为了同与会者拉近距离,主持人可以先简要地介绍自己,也可以让与会者互相介绍,以便于他们能互相认识,缓和会议的严肃气氛。

会议主持人的开场白应当简洁,讲清要讨论的问题,强调问题的紧迫性,提醒与会者集中精力。开场白的时间控制在一分钟左右为宜,应注意以下三点:

①如果本次会议与以前的会议内容相关,主持人可以简要地概述上次会议的结论。切记本次会议的重点和问题,避免离题万里;

②明确地阐述本次会议所要讨论的主题或需要解决的问题;

③指出本次会议的目的,并声明已安排了紧凑的会议事项。

4)注意语速

语速影响表达效果。在主持会议时,主持人要根据会议内容和现场情况,不时地变换说话速度,保持适度的停顿,以引起与会者对会议内容的关注和重视。

5)甘当"配角"

所谓"配角"是指主持人在主持会议时,说话应秉持"少而精"的原则。只不过在开头和结尾部分有点"戏"。会议之中,则根据情况进行引导。会议的主角应该是与会者。

8.2.3　会议主持人的礼仪

①主持人应衣着整洁,大方庄重,精神饱满,切忌不修边幅,邋里邋遢。

②走上主席台应步代稳健有力,行走的速度因会议的性质而定。一般来说,对热烈的会议步频应较慢。

③入席后,如果是站立主持,应双腿并拢,腰背挺直。主持时,若单手持镐,则用右手持稿的底中部,左手五指并拢自然下垂。若双手持稿,应与胸部齐高。坐姿主持时,身体要挺直,双臂前伸。主持过程中,切忌出现搔头、揉眼、跷腿、抖腿等不雅动作。

④主持人言谈应口齿清楚,思维敏捷,简明扼要。

⑤主持人应根据会议性质调节会议气氛,或庄重,或幽默,或沉稳,或活泼。

⑥主持人对会场上的熟人不能打招呼,更不能寒暄闲谈。会议开始前,或会议休息时间,可点头或微笑致意。

任务3 会议参会者礼仪

8.3.1 会议参会者

会议参会者即与会者,就是参加会议的正式成员,包括主持人,也包括秘书,但不包括在会场上的其他服务人员。开会需要花费时间和精力,俗话说:时间就是效益,就是财富。因此,从原则上讲,参加会议的人应做到:该参加的一个不少,不该参加的一个不多。

与会者的资格是根据会议的目的、性质、议题以及议事规则确定的,他们是会议活动的主体,是会议活动成功与否的重要因素。即与会者应具有必要性、重要性与合法性。

必要性,是指与会者必须是与会议直接有关的人员,也就是符合会议确定范围的人员;是有权了解会情、提出意见、表示态度、作出决定的人;或是能提供信息、深化讨论、直接有助于会议达到预期效果的人。

重要性,这里指的是与会者虽与会议没有必然的、直接的关系,但却有利于会议的进展或扩大效果的人员。这些人员通常是临时邀请的。

合法性,是指有些重要的会议,与会者必须具有合法的身份和法定的资格。如:人民代表大会的与会者必须是依法选举产生的各级人民代表;党的代表大会首先必须是党员,其次必须是各级党组织全体党员选举产生的代表;公司董事会或股东大会的与会者,必须是按照公司组织法和公司章程,正式确定的董事或股东。

8.3.2 与会者的礼仪

1) 衣着整洁、仪表大方

如果是隆重的会议或是涉外会议,着装要求更加规范。一般而言,男士穿西服,打领带;女士穿套裙,也可以穿裤装和长裙。公务员要穿制服,不能穿休闲装、运动装参会。

2）遵守时间

出席会议时，遵守时间是基本的会议礼节之一。只要承诺出席会议，不论职位高低，是否预备发言，都应准时到会。迟到者会令人反感。

3）遵守会议纪律

这是每个与会者必须做到的，这既是对会议组织者的尊重，也是对其他与会者的尊重。会议纪律通常包括以下五个方面：
①按时到会和离会。
②中途不随意进出。
③听报告时集中注意力，不交头接耳、不打瞌睡、不翻阅资料。
④保持会场安静，不大声喧哗。
⑤中途不无故退出会议，如需退出应向主持人打招呼并解释原因。

4）有序就座

服从会议组织者的安排。若在主席台上就座，在走上主席台时，要井然有序。如果与会者对主席台就座者表示鼓掌致意，主席台就座者应该微笑着鼓掌作答。

5）认真参与

会议一旦开始，就该全神贯注地聆听会议主席和其他各位发言人的讲话。不要在别人发言时看报纸、玩手机，昏昏欲睡。不能无故早退，无故早退通常别理解为一种"无声的抗议"，从而引起误会。在会议进行时如要离开会场，时间较短的，行走时应注意不要影响其他会议代表。如果时间较长或者需要提前离会，应向有关人员说明原因，并表示歉意，一般应在征得同意后方可离席。主席台就座者要注意倾听发言人的讲话，不要阅读其他文件；也不要与主席台上其他就座者，长时间地交头接耳。

6）发言应简练

会议发言人或报告人来说，在发言之前，可以面带微笑环顾一下会场周围。如果会场里掌声四起，可实时地鼓掌应答。要掌握好讲话节奏。如果会场里交头接耳之声不断，要考虑适当转换话题，或将发言、报告内容适当压缩，使时间尽量紧凑。

8.3.3 与会者应注意的事项

①出席会议前，要做好准备工作。比如准备好笔记本、记录笔等。会议中不要随便向别人借东西，以免打扰别人。

②进入会场之后，要把手机关闭或调成振动状态。

③开会的时候，要尊重会议主持人和发言人。当别人讲话的时候，要认真倾听，记录下与自己工作相关的内容。如果想发言应该举手，等待会议主持人示意后，再站起来发言。发言时声音要洪亮，保证所有与会者都能听到。如果是小型会议，诸如圆桌会议，可以坐着发言。不要在别人发言的时候交头接耳、随意走动、看书、抽烟、吃零食、睡觉、打哈欠玩手里的东西，这都是非常失礼的行为。即使对发言人的意见不满，也不可以有吹口哨、鼓倒掌、喧哗起哄等失礼行为。

④会中尽量不离开会场，如果必须离开，要轻手轻脚，尽量不影响发言者和其他与会者。如果长时间离开或提前退场，应与会议组织者打招呼，说明理由，征得同意后再离开。

⑤开会讨论，最好不要保持沉默，这会让人感到你对工作或对单位漠不关心。发言前，心里应先有准备，用手或目光向主持人示意或直接提出要求。发言应简明、清楚、有条理，实事求是。反驳别人的观点时，不要打断对方的发言，应等待对方讲完，再阐述自己的见解。别人反驳自己的观点时，要虚心听取，不要急于争辩。

【案例】大型论坛礼仪工作方案

一、工作内容

1.负责组织、培训礼仪人员；礼仪人员服装订购或租用；与酒店协调化妆间位置。

2.负责协调、管理礼仪人员的现场工作。

二、工作细项

1.会前，论坛组委会会开一次动员大会，所有工作人员包括酒店负责人、翻译负责人以及礼仪负责人需要到场，分配协调好工作细致。如果礼仪负责人没能到场，礼仪组工作人员要安排与其另外开会，沟通工作细节。

2.礼仪组要给一些资料给礼仪负责人：大会流程表、嘉宾室平面图、会场图、礼仪人员站位图（分工表）、座位区域图、主持人稿以及事先做好的绶带。

3.与礼仪讲明注意的细项：高跟鞋高度、礼仪仪容仪表、精神风貌等。

4.礼仪分工情况

①嘉宾室礼仪:负责迎宾、为嘉宾戴胸花、与酒店协调为嘉宾添茶以及送热毛巾、引领嘉宾入会场。

②签到处礼仪:欢迎签到的嘉宾,询问其是否参加本次论坛,以免走错;再问其是什么单位,方便分类,并现场维持秩序,让嘉宾排好队签到。

③会场门口礼仪:引导嘉宾入场(需知晓洗手间位置,以便嘉宾询问)。

④会场内礼仪:安排观众按指定区域坐好;引领重要领导上台讲话(让其小心台阶);上台后调好麦克风的位置才下台;领导讲完话,上前引领其下台至座位。

⑤互动环节礼仪:负责传递麦克风(会场左右两边各安排一名礼仪随时准备递麦,速度要快,最好把麦克风打开后再递给提问者)。

⑥茶歇礼仪:如果大会流程有茶歇,要安排礼仪引领嘉宾。

备注:

1.引领领导上台演讲的礼仪要是众礼仪中最出色的(最机灵、最漂亮、身材最好的)。

2.大会开会之前1~2小时,要跟礼仪讲明大会情况,仪容仪表需要注意的地方。礼仪需要提前一个小时到位,可以的话,配一台传呼机给礼仪负责人,方便与礼仪组的沟通。

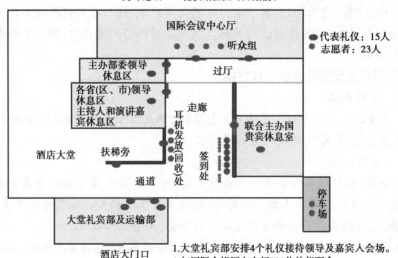

图8.1 礼仪站位图(会议前)

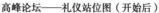

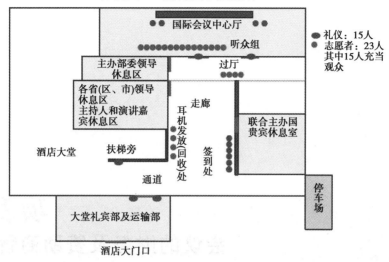

图8.2　礼仪站位图(会议后)

【复习思考题】

1.在会议中,与会者应该注意的礼仪有哪些?

2.会议主持人要具备哪些主持技巧和礼仪?

3.会议过程中,如何做好礼仪人员的管理?

项目9

会议的财务及赞助商管理

任务1　会议预算

9.1.1　会议预算的含义和类型

1)预算的含义

预算是一种将资源分配给特定活动的数字型计划工具,在筹备会议过程中,用货币形式表示会议的各项活动是必不可少的一个环节,掌握了会议预算就掌握了整个会议。

预算通常由会议举办方的财务部门负责。预算常用于收入、支出编制计划,用预算来改进对时间、空间和人力、物力的利用也很常见。

预算一般在会议举办之前就要制定出来,因为在进行会议策划的时候需要考虑预算因素。若会议地点和其他因素发生变化,预算也会随着发生变化。因此,会议方面应该根据情况变化,不断对预算进行重新检视和调整。即使进入会议筹划的后期,预算已相对固定下来,也仍然要保持一定的灵活性。

2)预算的类型

会议的预算大体分为收入预算和费用预算。其中,费用预算又可以分为固定预算和可变费用预算。

(1)收入预算

收入预算指收入预测的一种特定类型,是规划会议未来收入额的预算。会议的收入来自与会人员(团体)的缴费、广告收入和赞助等。同时,还包括会议完毕后形成的录像带、出版物等,在市场公开发售所获得的后续收入。

(2)费用预算

费用预算是指列出会议举办方为实现目标而开展的主要活动(项目),并且将费用额度分配给各种活动(项目)的行为。在收入既定的情况下,较低的费用意味着较高的收益率。当竞争激烈或收入来源紧张时,首先削减费用预算的做法是比较得当的。

固定费用预算是指不随与会人数而变动的那部分费用预算。固定费用一般都是召开会议时必须支付的费用,如给承办者的报酬、宣传营销等费用。即使实际收入少于预期收入时,固定费用通常不变。

可变费用预算是指根据预算期可预见的不同业务量水平,分别确定相应的预算额,以反映不同业务量水平下所应开支的费用水平。

在筹划会议的过程中要注意,要留出一定预算以应付因天气或其他因素而产生变化情况,并留出足够预算确保任何谈妥的定金或违约费,在需要支付时能够支付。同时,人工成本、餐饮费用等都是随着业务量的变化而变化的,因此对于可变费用预算这项内容也应做好计划。

9.1.2 预算的相关部门

在举办会议时,通常会成立相应的会议策划委员会来主持各方面的事务。会议策划委员会由主办方和承办方共同组成,其中主办方制定预算,承办方负责预算控制,这是比较科学的责任分配方式。

主办方负责对会议收入及各方面的费用支出进行全面的估计预测,拟出计划,该计划反映主办方对会议活动的整体安排。承办方参与商讨预算的制定,针对会议可能面临的变动情况,对主办方的预算计划进行补充。如果需要的话,会议策划委员会还可以下设专门的预算管理办公室,部门人员由主办方和承办方的财务人员共同组成,制定的预算方案呈报会议策划委员会的领导审批。预算的相关部门关系如图9.1所示。

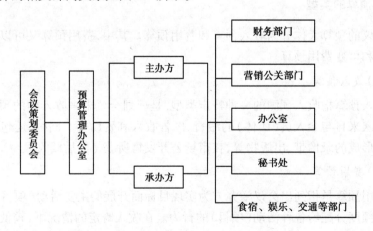

图 9.1　预算的相关部门关系图

1) 预算部门的职责

预算既可以自下而上制定,也可以自上而下制定。

自上而下制定预算是指预算管理办公室根据以往承办会议的经验和本次会议的承办目标,制订出预算计划,然后将预算计划交给协助部门考察其现实性和可行性,再根据协助部门的建议,对预算计划进行修改整理,最后交会议策划委员会审批。

自下而上制定预算是指各协助部门,据以往承办会议的经验和本次会议的承办目标,制订出预算计划,交到预算管理办公室;预算管理办公室对各部门提供的预算计划进行必要的初步审查、协调与综合平衡,汇总编制成总预算计划,最后报会议策划委员会审核。

受会议策划委员会领导的预算管理办公室主要是以利润为导向,通常由财务主管担任领导,由各相关部门负责人如营销公关的主管、秘书处的主管等协助。预算管理办公室的主要职责,在于组织有关人员预测、研究、协调、审核各种预算事项,具体如下:

①组织有关部门或聘请有关专家对收入预算进行预测。

②审议、确定收入的项目及金额,提出预算编制的方针和程序。

③在预算编制、执行过程中发现部门间有彼此抵触现象时,予以必要的协调。

④将初步成形的预算提交会议策划委员会审核,通过后下达正式预算。

⑤接受预算与实际执行情况比较的分析报告,再予以认真研究的基础上提出改善的建议。

⑥根据需要就预算的修正加以审议,并做出相关决定。

2) 预算部门的制衡关系

预算相关部门可以分为三类:会议策划委员会、预算管理办公室、协助部门。这三者之间及内部的制衡关系如下所述:

(1) 相辅相成、相互约束

在整个预算制定的过程中,相关部门都积极参与,共同负责预算的制定、协调和修改,最终形成一份可行的预算计划报告。在会议过程中可能会发现一些潜在的提高效益的方法,或者出现某些部门为了完成预算目标而采取一些短期行为的现象,这就决定了预算的执行控制、差异分析、业绩考评等环节必须由协助部门、预算管理办公室及会议策划委员会共同把关。预算管理办公室和协助部门相互监控的工作方式,使它们之间具有内在的互相牵制关系。

(2)预算管理办公室内部的协调关系

预算管理办公室是制订预算计划的核心部门,由主办方和承办方组成,双方须明确职责,共同协调。在会议预算必须得到正式的认可时,所有相关的人员都应该清楚地知道谁有权认可预算。

9.1.3 预算的原则和方法

1)预算的原则

制定会议预算时,一般要遵循下述四条原则:

(1)树立全局观念,搞好综合平衡

举办会议不能只依靠某一个部门,必须由多个部门共同协调完成。因此,预算也必须考虑到各部门的具体情况,在科学、充分的预测与决策的基础上,由会议策划委员会制定出明确、切实、可行的预算总体方针,具体包括会议方针、总体目标、细分目标、有关政策、保证措施等,并下达到各预算部门,在保证整体目标的基础上,兼顾部门内部预算目标。

(2)先进、经济、合理

预算的方式和方法要先进合理,采用各种预算表格、控制表格是必不可少的。同时要注意参考各种财务指标和数据,在会议召开的过程中还要根据具体情况,随时修改预算方案,使之更为合理、经济。采用科学的财务模型,已成为未来会议预算的趋势,即利用模型建立起健全、严格的预算体系,通过多级控制体系确保会议成本最低、收入最大。

(3)量入为出

在总收入既定的情况下,根据会议举办方和承办方的利润目标,来调整费用支出;通过缩减可变成本等方式,提高会议的经济性。

(4)分清轻重缓急,精打细算

旅费、宣传材料费、电话传真费等是召开会议时必不可少的开销,应当优先支出。诸如奖品和纪念品、观光等是会议的附属支出,可以根据收入情况及利润目标进行弹性收缩。即便是必要的支出,也要根据具体情况精打细算、厉行节约。

2）预算的方法

（1）编制预算的主要依据

①主办方和承办方的利润目标；

②上一年同类会议的预算情况及会议评估报告；

③最近的会议市场情况及预期情况；

④主办方在会议方面的政策和策略；外部环境的变化。

对于费用预算，要在分析研究各项预算支出的必要性和可能性的基础上，来确定开支数额的大小。具体分三个层次：

第一层次，要求各部门根据预算期间的总目标和具体目标，以零位基础，详细讨论预算期内需要发生哪些费用、各项费用数额多少、未来效果如何。

第二层次，将各部门提出来的费用项目，分为必须全额保证的费用和可适当增减的费用。对可适当增减的费用项目进行成本效益分析，将所费与所得作对比。在权衡各个项目的轻重缓急的基础上，将其分成若干层次，排出先后顺序。

第三层次，按上一步骤所定的费用开支层次和顺序，结合预算期内可动用的资金来源，分配资金，落实预算。

（2）预算项目

会议的收入及费用项目，详见任务2会议的收入与支出。

任务2　会议的收入与支出

9.2.1　会议的收入

会议的收入主要由与会人员所交的会议费以及广告费、赞助费等构成。

（1）会员及非会员交费

在举办会议时，可以对不同的与会者收取不同的费用。以某专业协会举办的会议为例，主办者通常会为该专业协会的会员提供优惠的收费标准，而非会员就不能享受这一优惠。为了吸引非会员参会，主办者有时也会制订一些优惠措施，如按报名的先后时间予以不同的收费标准。

（2）陪同人员交费

如果会议策划中有为陪同人员安排的活动,那么也可以为陪同人员提供和与会者平行的优惠收费标准。

与会者的交费是上述两种交费之和减去给予与会者一定的优惠和折扣后的余额,其计算公式为:

与会者交费 = 预期的与会者人数 × 交费额 + 预期陪同人数 × 交费额 − 交费折扣额

（3）参展商交费

大型的会议往往具有召开展览会的能力和场地,因此,参展商缴纳的费用也是会议收入的一个重要来源。

（4）联合主办者交费

某些会议可能是几个机构或公司出于共同的兴趣和目标而合作主办的,其中协办公司或机构所缴纳的一定费用,也作为会议收入。

（5）广告、赞助和捐助

会议主办方有时可能会从个人、基金会、民间机构、政府部门获得实物或资金形式的赞助或捐助,也是会议收入之一。

（6）公司分配

会议主办方在做预算时,可能先要从自身账户拨一定的款项作为会议预算资金,待盈利后再将该款项金额拨回。

（7）其他项目收入

①音像制品和出版物

会议发言录像和录音、展览会录像、会议记录和报告出版等,可以公开发售,所得利润作为会议的收入。

②旅行、餐饮服务

会议期间提供的各种旅行服务、特色或高档餐饮服务等,都可以向与会者收取一定比例的费用。

9.2.2　会议的支出

1)固定费用

（1）承办者的报酬和开销

会议主办方通常要给承办方提供一定的报酬。如果主办方以举办会议为主业,而该承办者是固定的协作方,那么报酬可以工资的形式来支付。如果主办方举办每次会议都使用不同的承办方,那么报酬要根据每次会议的预算分别支付。

(2)会议策划委员会的支出

会议的策划委员会通常是从主办公司各个部门抽调人员组成,因此常不为其付报酬,委员会的支出由差旅费、餐饮费和一些设备材料费用组成。

(3)营销支出(宣传、广告、邮寄等费用)

会议预算时,要对宣传材料的制作成本、宣传广告的花费、寄送宣传物品时的邮寄费用等做出成本预算。

(4)办公室开销

有时可以从会议预算中规定一个百分比作为这项支出,有时则需要特意为这部分做出预算。办公室开销中,电话、传真和邮寄费用所占比重很大,一般由会议的主办方决定使用哪些办公设备,通常来说都使用主办方的电话和传真等系统。

(5)提前支付的开销

会议的主办方有时需要支付各种各样的定金。其中,会议地点、展览区等的定金可能收回,而预定视听设备、地面运输、娱乐活动等的定金可能不可收回。会议发言人也许也要收一部分定金,如果会议取消了其发言,该定金便作为补偿金。召开会议前,主办方还要为了预防意外,如坏天气而购买保险,为与会的老年人和外国人购买健康险和医疗险等。

2)可变费用

(1)购租设备(如视听设备、计算机等)费用

大多数会议都要使用某种形式的视听设备。如果会议规模较小,可以争取免费使用会议地点的视听设备。有时参展商或承办者,也能提供部分设备以减少预算。经常举办会议的主办者,可以购买一部分常用设备。

(2)会议现场布置费用

会议常常需要布置活动现场,例如舞台主背景板、投影、LED、指引牌、水牌、座椅的摆放、签到处背景板、易拉宝或 X 架、横幅等,具体布置的费用与会议预算、规模和主题有关。

(3)娱乐、旅行费用

会议往往会安排多种娱乐旅行项目,因此要做出这部分的预算。

（4）交通、运输成本

交通、运输成本主要是会前将材料和设备，从会议主办者或者承办者处运到会议地点，会后再运回所需要的成本。如果会议地点分散，这部分支出将成为一笔很大的开支。

（5）人员酬劳（包括服务人员、现场翻译人员等）

翻译人员和现场服务人员通常要临时雇佣，可以和专门的翻译公司和劳务公司签约，商定报酬标准。报酬标准根据不同的城市位置有所不同，但大致已有一个行业标准供参考。会议中可能发生的人员酬劳分类如表 9.1 所示。

表 9.1　可能发生的人员酬劳分类表

餐饮类	运输类	其他类
酒吧服务生	运输经理	总控人员
餐饮服务领班	导游	现场指引人员
餐饮经理	运输服务人员	客房服务人员
餐饮领班	司机	房间管理人员
餐会的服务人员	行李搬运工	会场服务人员
		现场速记人员
		调度人员
		翻译人员

（6）食宿费、会场费

举办会议之前，通常主办方要与会场方面协商决定租金事宜，作为该项支出，如果会议手册中说明免费为与会者提供食宿，这部分开支就算做成本预算，会议中可能发生的餐饮开支如表 9.2 所示。

表 9.2　餐饮开支表

日期	餐饮类型	有关事项	金额（元）
第一天	早餐		人数×费用＝
	午餐		人数×费用＝
	下午茶		人数×费用＝
	晚餐		人数×费用＝
	招待会		人数×费用＝

（7）发言人的报酬、旅费

一般情况下，演讲者除了得到酬金之外，还可以要求会议方面报销所有的相关开支、对旅费必须明确规定旅行级别、中途停滞的花费及在机场的地面运输费用等项目。

(8)与会者手册、名卡的制作费

会议方需要为与会者提供各种手册和名卡,包括印有会议信息的信笺等,有时还包括介绍当地的餐厅、休闲区、历史名胜等的材料。

(9)秘书处、保安、公共关系活动经费

秘书处在会议中的各种补给、出席餐会和其他会议活动的开支,都须在预算中列明;公共关系的所有用度等也在预算中列明;保安的费用则可计入会场费之中。

(10)奖品和纪念品费用

会后为与会者准备奖品和纪念品是目前比较流行的做法。奖品和纪念品可以由赞助商无偿赠送,也可以由主办方专门订制,此时需在预算中作为成本支出。

(11)印刷和复制费用

如果会议开始后还需要准备每日新闻等材料分发给与会者,就可以使用复印机来自行复印;如果与会人员较多,可以找专门的印刷厂来制作。

(12)指导委员会的开销

主要指饮食成本。

(13)评估和后继工作活动经费

这个步骤也非常重要,可以为下次会议的召开奠定良好的基础,因此也要列入预算。评估主要涉及会后调研、采访、人员培训等开支,后继工作一般来说是会议策划委员会的一些总结性会议,也需要安排一定的预算。

任务3　会议预算的审核

9.3.1　会议预算审核的相关要素

1)审核部门

在召开会议时,一般由会议策划委员会的领导负责审核总体预算计划。由预算管理办公室负责审核,各基本预算单位报呈的详细预算报告及完成情况报告。各基本预算单位的负责人,负责审核有关管理人员递交的预算计划及完成的情况报告。通过这种形式,可以将各类预算落实到部门和个人。待审的预算表格中,主要包括预算指标、完成要求、奖惩措施等内容,附件中应包括经批准的预算文件、完成预算的具体措施等内容。

2)审核原则

①目标导向明确,明确开会的目的。

②预算表和预算报告清晰合理,各项支出必须要有预算,且要符合财务管理规定程序。不符合财务管理规定的,不得列支。

③执行预算时,开支要合理,审批要符合程序。

④在预算经费的使用上,要严格把关,层层负责。

3)审核程序

(1)明确形式

审核预算人员要仔细审查,明确各项合理费用,力求收入最大、成本最低。

(2)确定目标

将举办会议的目标具体化、明确化,将目标尽量定量化,用指标表达。

(3)评价预算方案的可行性

在对预算方案进行评价的同时,可以回顾一下上一届会议的历史,如果有的话,对降低会议的相关成本是非常有帮助的。

(4)审核通过并组织实施、跟踪反馈

9.3.2 会议预算的调整和追加审核

1)预算的调整审核

预算调整是指在不改变预算总额的情况下,将预算额在不同时间或不同会议项目之间相互转换或增减。在具体执行的时候,由于会议管理的需要和其他不确定性的影响,预算可以在各个不同会议项目之间进行调整,但必须保证调整后的结果与总体预算持平。

在对项目预算进行调整时,一般来说,应召开会议项目管理人员共同参与的预算调整会议,在研究会议进行的时间、项目、具体安排后应形成书面决议,编制新的预算表,明确具体执行事项、执行时间以及具体预算额度。编制新预算表后,原始预算要另行保存,作为最终预算考核的依据。调整后的预算应报财务部门核准,并经会议预算委员会审批。

2)预算的追加(减)审核

预算的追加(减)要根据会务管理的需要,来改变预算总额。如新的会务内容不在原来预算之内;有的即使在原预算之内,也会发生需要追加或追减的情况。一般来说,需要申请追加补充和追减的预算,主要是费用预算和资金预算等。

(1)重大会议项目预算的追加(减)

必须召开由会议策划委员会主持的预算调整会议,讨论会议项目的可行性,并对会议形势进行分析,确定追加项目的预算额度,并形成书面的会议决议,由预算管理办公室编制新的追加预算。

(2)会议部门预算的追加(减)

会议部门在具体执行预算的过程,需要追加小额支出时,要由会议部门负责人以签呈形式,向预算管理办公室提出,并详细列出追加的理由。

在预算追加(减)后,应形成新的预算追加(减)后的预算表,注明追加时间、追加次数、具体的执行时间并编写追加说明。原预算方案另行保存,作为会议终了时预算考核的参考资料。

9.3.3 会议实际支出的金额

一般来说,在会议结束以后,要对会议经费的实际支出情况做出审核,作为对预算的补充审核。在审核时需要注意:

1)预算与实际的比对

做预算时,对各个项目的支出都是建立在以往的经验或粗略调查的基础上,会议结束后,要将实际支出与预算逐一对应,审核每笔支出的超支和结余情况,并据此对负责人员进行评估和奖惩工作,并为下次会议的举办积累经验。

2)根据各种指标进行分析

指标分析通常由会议预算部门的负责人主持,主要利用预算损益表、财务比率等工具,对会议举办的整体盈利情况、收支合理状况等进行判定。该判定是预算报告的补充,并交由会议策划委员会负责人负责终审。

3)做出总结报告并归档

总结报告一般是指举办某次会议后的终审报告,由会议策划委员会负责完成,完成后送交主管部门进行归档,作为会议主办方战略决策的重要参考资料。

9.3.4　会议预算审核工具

会议预算与策划是分不开的,有时会议策划部门会拿出若干方案备选,而不同的备选方案对应不同的会议预算,审核时就需要利用预算选择工具进行最终决策。

1)确定性方案审核

如果每项策划活动的预期成本和收益都是确定的,那么很容易做出理想而精确的审核决策。

2)不确定性方案审核

如果预期的成本、收益和概率都无法确定,这时审核的结果就会受到审核者自身态度的影响。

任务4　会议的成本控制

会议进入执行阶段后,在前一阶段形成的监控和评估系统会产生反馈,会议组织者就可以利用这些反馈,来改善会议某些方面的服务。只有对执行过程进行严格控制,会议策划才可能是有效的。

9.4.1　控制

控制,监视各项活动以保证它们按计划进行并纠正各种重要偏差的过程。从这一点看,所有的控制过程的实施者都是各个部门的管理者,而一个有效的控制系统可以保证各项行动完成的方向是朝向会议目标的。

9.4.2 会议成本控制部门

预算部门同时也承担着会议成本控制的责任,成本控制部门运作流程如图9.2 所示。

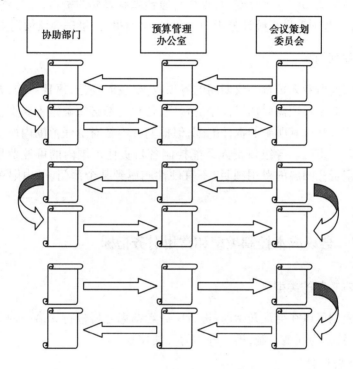

图 9.2 成本控制部门运作流程图

1)会议策划委员会

会议策划委员会作为领导和审核部门,不仅能控制成本和收入,还能控制占用资金的部门,也就是说,会议策划委员会对成本、收入和利润的预算全面负责。会议策划委员会对预算草案的每个项目进行分析,决定金额的分配。

在会议进行过程中,监督预算管理办公室收集预算执行信息,检查执行情况;会议结束后,研究预算评估汇总报告。

2)预算管理办公室

预算管理办公室要对固定成本和可变成本两个方面进行控制。固定成本大多是不可控成本,变动成本大多是可控成本。对固定成本来说,一般预算与执行的差别不大,只要该部分在合理范围内变动,预算管理办公室无须干预。而可变成本与与会人数、举办会议的目标有很大关系,在与会人员到场后,预算管理办公室需要根据统计,重新调整原预算。在会议进行中,预算管理办公室需要监督各协助部门的预算变动,收集与原预算有差异的资料,即时整理预算。会后,要将这些预算进行统计分析,并编写出书面报告,呈送会议策划委员会。

3) 协助部门

各部门要由专人负责会议期间的各项收支,及时登记,每日总结,并主动与财务对账。对于每项需要加以控制的费用,各部门都必须确定主要责任人。尽管每个负责人都有其明确的责任范围,但他们并不是对责任范围内所发生的费用都负有全部责任。各级负责人只能控制各自责任范围内的可控费用。对有些难以确定责任归属的费用项目,不宜硬性归属到某个部门,可由财务部门直接控制。

9.4.3 会议成本控制类型和常用财务指标

1) 成本控制的类型

成本控制可以在会议开始前、进行中或者结束之后进行。第一种称为前馈控制,第二种称为同期控制,第三种称为反馈控制。

(1) 前馈控制

指会议主办者为了避免预期出现的问题,而在实际工作之前,采取方法进行补救的一种未来导向型的控制方式。这种控制方法的缺点是,需要及时掌握准确完备的信息,事实上,这是很难办到的。

(2) 同期控制

是指发生在会议进行中的控制。它的优势在于,通过直接观察、及时收集分析预算的执行情况,可监督成本的支出是否符合预算计划,同时可在发生问题时马上予以纠正。

(3) 反馈控制

这种控制方式可以提供真实的信息,用以检验预算效果,反映了目标与现实之间的偏差。

2)常用财务指标(见表9.3)

会议举办的首要目的是获取一定的利润,为实现该目标,主办者必须进行费用控制。财务预算为管理者提供了一些用以衡量支出的定量标准,管理者可以通过比较标准与实际花费之间的偏差来控制成本。

表 9.3　常用财务比率指标

目　的	比　率	计算公式	含　义
营利性	收入利润率	税后净利润/收入	说明举办会议带来的利润
	成本收益率	税后净利润/总成本	度量投入的成本创造利润的效率

9.4.4　会议成本控制方法和过程

1)成本控制的方法

(1)提交报告和召开例会

由具体的会议操作部门向预算管理办公室提交预算执行报告;会议策划委员会在会议期间,定时召开预算控制例会,对预算执行情况进行分析。

(2)授权与自我控制

成本控制权从会议策划委员会自上而下层层下放,并实施层层监督,会议的具体操作部门则按照预算进行自我控制、自我监督。

(3)控制会议质量

如果成本在预算的范围内,要检查各个细节是否按照原定计划执行,以保证会议的质量。

(4)使用损益平衡表

比较各项成本的预算和实际值,在损益预算结算表中计算出二者的差额,并对该差额做出说明。下表为经典控制表格示例,见表9.4、表9.5。

表 9.4　预算控制表

预算编号：　　　　　　　月份：　　年　　月

预算科目：　　　　　　　预算金额：

日　期	凭证号码	摘　要	支付金额/元	累计金额/元	超支金额/元	备　注

说明：备注中应填写是否为"变更"或"追加"，并说明理由。

表 9.5　损益预算结算表

项　目	预　算		实　际		差　额		说　明
	金额/元	比例/%	金额/元	比例/%	金额/元	比例/%	

（5）比率分析

计算用于控制财务预算的各项指标，以分析成本对利润的贡献率。

2）成本控制的过程

可以将会议的成本控制过程分为三个步骤：衡量实际成本，将实际成本与预算成本进行比较，采取管理行动来纠正偏差或不适当的成本支出。

（1）衡量实际成本

为了确定会议期间的实际成本金额，主办者需要根据统计报告、口头汇报和书面报告等收集必要的信息，及时检查、追踪预算的执行情况。

（2）比较实际成本和预算成本

通过比较可以确定实际成本和与本预算之间的偏差。在制定会议预算之前，需要确定可以接受的偏差范围。

（3）改进成本支出

若成本偏差是由具体操作部门的不慎造成，就应该及时采取纠正行动。如果某个项目的成本偏差在预算允许的范围内，则无须改进。通常情况下，允许会议的承办者自主决定将某个项目预算的10%转移到另一项目上去。

任务5 会议预算与策划的关系

会议预算与策划是相辅相成的关系,会议策划师对会议整体的计划,涉及参与举办会议的各个部门,由会议策划人将各种关系和矛盾调整统一,最后形成一套合理可行的方案。会议预算可以理解为将该策划方案数字化的过程。会议策划的每个环节和项目都与会议预算项目逐一对应。会议策划为会议预算提供了方向,会议预算为会议策划提供了资金的保证。

9.5.1 预算与策划的时间关系

在筹备会议的时候,是先进行策划还是先制定预算,这个问题的答案并不是绝对的,需要针对具体问题进行具体分析。

如果举办会议的目标仅仅在于解决商务问题而不是赢利的,那么主办方可能会先规定一个总体预算数字,要求相关的策划部门在该金额范围内拟定一个合理的预算草案,然后提交到财务部门将预算金额分配到每项策划活动中,这也是一种先制定预算再安排会议策划内容的方式。

如果举办会议的机构或公司为了赢利而接受委托承办会议,他们往往会精心做一番会议内容的策划来吸引委托方,被认可后再由财务部门精打细算地为每项策划内容配备一定的金额。这使得预算要从委托方和承办方自身两方面的利益来考虑了,一方面需要以尽可能丰富的活动、尽可能低廉的预算,来满足委托方的要求;另一方面往往还要以一定的收入额或利润为基础,来安排会议的具体预算项目。

9.5.2 预算与策划的对应关系

预算与策划的过程往往是相互对应的,在策划时就要考虑相应的预算,在预算时要考虑成本。

1) 策划包含预算

在会议策划和实施过程中,有两个关键性的环节需要经过预算后才能完成。

策划方案的可行性研究是一项十分重要的工作步骤,既需要考虑该会议的环境和目标公众的适应性,又要考虑财力的适应性、效益的可行性、物质水平的适应性和应急能力的适应性。

①从财力的适应性来说,会议的每项活动内容是否有足够的资金支持,是否有更好的方案来节约成本?

②从效益的角度考虑,举办会议后是否能够弥补成本还有结余? 用哪些方法和指标可以预测出来?

③从物质水平的适应性来讲,举办会议需要动用许多物质资源,这些物质资源来自哪里? 怎么进行核算才能使成本最低?

④从应急能力的适应性来说,在会议举办过程中,必然要建立一些应急措施来预防难以预料的结果。如要组织与会人员进行户外活动,就要考虑天气的情况,在野外活动要考虑与会人员的安全与保险问题。

以上都是策划人员要进行可行性研究的内容,研究时也必然要考虑到预算的可行性。

2)策划是预算的基础

(1)策划方案的总体目标也是预算方案的目标

如果方案最终要达到盈利的目的,预算部门就要尽可能地缩减成本、扩大收入;若策划方案想要形成市场效应,预算部门就要给宣传、市场营销和公共关系部门多划拨资金。

(2)策划的内容构成预算的内容

预算要根据策划方案中的流程、列表来匹配资金。小到礼仪鲜花的摆放要求,大到会场布置等,都要由预算部门根据市场行情和以往数据计算出预期成本。

任务6 赞助商管理

赞助商管理的工作主要是招徕论坛的赞助商和维护与赞助商的关系的工作。对于商业性活动论坛来说,赞助商是其不可或缺的重要部分,是其盈利的最主要部分。所以,论坛主办方很重视赞助商的招徕,并相应拟订赞助方案进行招徕赞助商的工作。

9.6.1 拟订赞助方案

在拟订赞助商名单之前,我们要针对论坛的性质找适合的赞助商,要使我们论坛邀请的关总和赞助商产品的受众一致,当然也要了解赞助商的情况,根据赞助商的需求拟订我们的招商计划。知己知彼才能百战不殆!

(1)受众一致

如何寻找合适的赞助商,吸引赞助商为我们的论坛赞助,这就要求我们论坛邀请的观众跟赞助商产品的受众是大致相同的,赞助商可以把自己的产品宣传出去,扩大它的知名度,自然就会愿意为我们的论坛赞助了。所以这就要求招商组在观众组邀请观众之前,与观众组协调好邀请的观众,尽量使得邀请的观众与赞助商的目标受众一致。如果赞助商产品受众与我们论坛邀请的观众不一致,他们是不会考虑做出赞助的,例如一个生产动漫产品的公司就不会赞助我们这样经济性的论坛,因为我们邀请的观众都是企业家,很少中年人会去关注甚至购买动漫产品,动漫公司的受众主要是年轻人,如果是一个动漫展或是活动,他们才会愿意去赞助。如果是关于企业投融资的论坛,我们可以找一些金融服务机构(金融信息咨询、贷款服务、担保服务等)进行赞助。

(2)了解赞助商情况

要寻找合适的赞助商,单凭论坛观众与赞助商产品受众一致还是远远不够的,要提高赞助商的赞助率,还得从以下五个方面入手:

①赞助商赞助过同类型活动,或赞助过其他会展活动。如果赞助商赞助过同类型活动或是其他会展活动,他会更加清楚赞助这类的活动带来的效益,在洽谈赞助事宜的时候,就少了一层隔阂,可以交流得更顺畅。

②赞助商年度赞助预算的时间安排。一般企业每年都会制定一个年度的赞助预算,这部分的资金是用来为企业自己的产品、形象进行宣传的费用,如果我们能在企业制定好预算还没有把预算用出去之前,去找他们谈赞助,我想成功率会高很多。

③企业有新产品推出。如果企业有新产品即将推出,必定会花大量资金对其新产品进行宣传,而赞助就是一种很好的宣传手段,而且比企业去做电视或是网上媒体广告划算很多。

④企业的市场占有率下降。如果企业的市场占有率下降了,会通过大力宣传来扩大企业市场份额,赞助就是一个非常经济的宣传手段,这个时候我们去谈赞助也会相对容易些。

⑤企业要树立和加强企业形象。就算企业没有新产品推出,市场占有率没有下降,但是一个企业的存活与长远发展还是离不开宣传,有些企业要树立和将强企业自身形象,让同行业还有他的受众知道它的存在,就需要做宣传,以这个为切入点,我们就可以和他们谈赞助了。

通过以上分析,我们就可以就我们论坛的性质拟订出我们要邀请的赞助商名单,并把赞助商进行细致分类,不同类型的赞助商由不同的工作人员负责邀请。

9.6.2 邀请赞助商(与赞助商洽谈赞助事宜)

1)联系赞助商

会议主办方通过赞助商数据库与赞助商取得联系(最好能够与企业的负责人直接取得联系,不然就找该企业销售部门的负责人联系),简单介绍下论坛的情况,争取与负责人约定面谈时间,然后亲自到该企业拜访。(面谈远比在电话里谈有效率得多)

2)与客户面谈

在去拜访客户前,要带上论坛背景资料、赞助方案还有赞助合同。然后与客户进行洽谈。谈话中,要把论坛的亮点体现出来,客户可以从中获得的利益也要重点突显出来,客户当然也会就赞助方案里面的内容进行协商、讨价还价,如果洽谈得很顺利的话,所有条款都达成一致后,就可以和赞助商签订合同了。这里也涉及一个开发票问题,我们要尽量引导客户把尾款付清后再开发票,当然具体情况再做具体分析。如果工作人员口头承诺了赞助商一些事项,也一定要满足他,要让他感受到我们的诚信,也为以后的进一步合作打下基础。

3)赞助工作协调

签订合同后,我们要时常与赞助商联系,共同把赞助的具体工作协商好、安排好,以保证赞助工作顺利进行。我们要重点关注赞助商,因为他们是我们真正的客户,是为我们带来最大利益的伙伴,所以如果可以的话,我们要尽量满足他们的要求。

4)回馈赞助商

论坛结束后,要回馈给赞助商以下一些资料:

①参会人员的资料(从数据库中调出来),一般只回馈给高等级的赞助商;

②提供现场照片、录像;

③提供现场回顾PPT,包括现场照片、大会议程、现场亮点、赞助商照片(现场所有做该赞助商广告的东西),以及到会代表的数据分析图表(数据包括到会代表的工作地区、行业、职位等)。

9.6.3 客户关系维护

论坛圆满结束后,如果赞助商满意宣传效果,有意进一步合作或建立长期合作关系,我们将尽量满足,提供以后活动的优先赞助机会。

对于一些好的赞助商,我们要积极与之建立良好关系,并给予他们一些优惠政策:

①老客户介绍新客户,可以有优先赞助权或是多提供一个广告位给他。

②赞助我们的活动3次以上,我们也会提供相应的优惠。

③常年进行较高级别赞助的赞助商,我们也会给予折扣优惠。

④除了这些赞助方面的优惠,我们还有温馨的客户维护:逢年过节,发短信或是邮件给赞助商送上祝福。

⑤定期宴请所有赞助商(每年一次),这是一个很好的联络感情的平台。

【案例】赞助商管理

××论坛赞助方案

主题:

时间:

地点:

规模:××人

主办:

承办:

论坛简介:

活动议程(略)

部分嘉宾名单   职务

给您带来的价值

高端人士聚集地

权威话语权的交流

| 影响最有影响力的人：银行家、投资商、管理咨询人士……人才聚集地，进行品牌互动及宣传。 | 与同学身份获得密切合作机会：品牌通过在活动中与华工同学交流，搭建沟通合作的桥梁，创造延续性合作的机会。 | 树立品牌的高端权威形象：华工EDP年会无论从规模、级别还是参会嘉宾方面看，都是国内标杆性的一次权威盛会，与本次活动的绑定，将为品牌进一步树立高端权威的品牌形象。 |

合作方式

一、冠名权：××万

（一）企业领导人尊贵权属

1.企业领导人可担任年会特邀嘉宾，以尊享身份全程出席论坛，并全程 VIP 席位预留。

2.企业领导人可在晚宴上致辞，在主宾桌就座。

3.筹委会为企业领导人专设 VIP 服务全程服务，个性化安排年会日程，全程跟拍记录。

4.筹委会全程协助企业领导人现场精准拓展高端商务人脉，协助邀请部分与会重要嘉宾进行私人会晤。

（二）现场回报

1.酒店外墙 2 幅广告展示。

2.免费获得 10 张年会嘉宾邀请函。

3.贵公司名称或标志将在论坛主会场背板，主会场外区域的赞助商鸣谢板、所有背景板的显著位置得以体现。

4.在年会间隙，在大厅 LED 显示屏上循环播放企业宣传片（时长 5 分钟，由赞助商提供）。

5.贵公司宣传页入年会资料袋：贵公司可向与会者和与会媒体提供企业印刷品和纪念品。

6.贵公司或个人名字会由晚会主持人口头鸣谢。

7.在宴会厅入口处有一个 2.3 m×2.3 m 的展台。

（三）宣传回报

1.自签订协议起，年会所有推广物（年会形象广告、邀请函、会议文件、宣传品等）均展现企业标示或名称。

2.在论坛网站首页上做一年的企业宣传。

3.在《××》杂志上做一期封面人物、1P 的广告、2P 的内页宣传。《××》杂志每期发行在 10 000 本以上,企业可实现后续宣传。

4.赠送 100 本《××》杂志,让赞助企业发向自己的客户,实现大规模的纵向宣传。

(四)其他回报

1.可获得价值 10 万元的课程券。

2.享有主办者颁发的荣誉证书及制作精美纪念品。

3.贵公司或个人名字将公布在论坛网站。

4.可与××建立长期的友好往来:贵公司管理人员或高端客户可以免费获邀参加××大学工商管理学院主办的企业家活动。

5.贵公司主办的企业家活动,我院可以作为协办单位之一,并提供场地。

6.××大学工商管理学院 EDP 校友目前达 15 000 多名,可在 2015 年度内为贵公司做 VIP 高端数据营销 2 次。

二、协办方:××万(限两家)

(一)企业领导人尊贵权属

1.以尊享身份全程出席年会。

2.企业领导人可在晚宴上致辞,在主宾桌就座。

3.筹委会全程协助企业领导人现场精准拓展高端商务人脉,协助邀请部分与会重要嘉宾进行私人会晤。

(二)现场回报

1.免费获得 5 张年会嘉宾邀请函。

2.贵公司名称或标志将在年会主会场背板,主会场外区域的赞助商鸣谢板、所有背景板的显著位置体现。

3.在年会间隙,在大厅 LED 显示屏上循环播放企业宣传片(时长 2 分钟,由赞助商提供)。

4.贵公司宣传页入年会资料袋:贵公司可向与会者和与会媒体提供企业印刷品和纪念品。

5.贵公司或个人名字会由晚会主持人口头鸣谢,并担任颁奖嘉宾。

6.在宴会厅入口处有一个 2.3 m×2.3 m 的展台。

(三)宣传回报

1.在同学会网站首页上做半年的企业宣传。

2.在××杂志上做 1P 的硬广、1P 的软文宣传。××杂志每期发行在 10 000 本以上,企业可实现后续宣传。

3.赠送 50 本××杂志,让赞助企业发向自己的客户,实现大规模的纵向宣传。

(四)其他回报

1.可获得价值 4 万元的课程券。

2.享有主办者颁发的荣誉证书及制作精美纪念品。

3.贵公司或个人名字将公布在学院网站。

4.可与××大学工商管理学院建立长期的友好往来:贵公司管理人员或高端客户可以免费获邀参加××大学工商管理学院主办的企业家活动。

5.贵公司主办的企业家活动,我院可以作为协办单位之一,并提供场地。

6.××大学工商管理学院 EDP 校友目前达 15 000 多名,可在 2015 年度内为贵公司做 VIP 高端数据营销 1 次。

三、钻石赞助:××万

(一)企业领导人尊贵权属

1.以尊享身份全程出席年会。

2.企业领导人可在晚宴上致辞,在主宾桌。

3.筹委会全程协助企业领导人现场精准拓展高端商务人脉,协助邀请部分与会重要嘉宾进行私人会晤。

(二)现场回报

1.免费获得 3 张年会嘉宾邀请函。

2.在人手一份的礼品袋中投放公司产品或宣传材料。

3.××杂志 1 广告、1P 软文,赠送 20 本××杂志。

4.晚会现场设有大屏幕,享有 45 秒钟企业宣传短片的播放权,可循环播放2 次(短片由赞助商自行提供)。

5.赞助商或个人名字将公布在学院网站及晚会鸣谢板上。

6.在宴会厅入口处有一个 2.3 m×2.3 m 的展台。

(三)宣传回报

1.享有主办者颁发的荣誉证书及制作精美的礼品。

2.赞助商或个人名字会由晚会主持人口头鸣谢,并将有机会担任颁奖嘉。

3.获得××大学工商管理学院 EDP 课程学习券,价值可获得××元课程券,其中:战略营销研修班的学习名额 1 个,价值××元;总裁研修班 4 天课程,价值××元的;经理研修班 4 天课程价值××元。

4.可与××大学工商管理学院建立长期的友好往来关系:贵公司管理人员或

高端客户可以免费获邀参加××大学工商管理学院主办的企业家活动。

5.贵公司主办的企业家活动,我院可以作为协办单位之一,并提供场地。

6.主办方颁发荣誉证书及制作精美纪念品。

四、祥龙冠名:××万(限8家)

(一)企业领导人尊贵权属

1.以尊享身份全程出席年会。

2.企业领导人可在晚宴上致辞,在主宾桌就座。

(二)现场回报

1.一条"祥龙"以贵公司冠名权。

2.免费获得3张年会嘉宾邀请函。

3.贵公司名称或标志将在年会主会场背板,主会场外区域的赞助商鸣谢板、所有背景板的显著位置得以体现。

4.在展示区醒目位置为贵公司个性化设计专属展示区域(尺寸和摆放地点由主办方最终认可)。

5.在年会间隙,在大厅LED显示屏上播放企业宣传片2次(时长30秒,由赞助商提供)。

6.贵公司宣传资料入年会资料袋:贵公司可向与会者和与会媒体提供企业印刷品和纪念品。

7.贵公司或个人名字会由晚会主持人口头鸣谢,并担任颁奖嘉宾。

8.在宴会厅入口处有一个2.3 m×2.3 m的展台。

(三)宣传回报

1.在同学会网站首页上做3个月的广告宣传。

2.在××杂志上做1个硬广+1个软文。××杂志每期发行在10 000本以上,企业可实现后续宣传。

3.特邀媒体,借此机会大力宣传企业。

(四)其他回报

1.可获得××元课程券,其中:战略营销研修班的学习名额1个,价值××元;总裁研修班4天课程,价值××元;经理研修班2天课程,价值××元。

2.享有主办者颁发的荣誉证书及制作精美纪念品。

3.贵公司管理人员或高端客户可以免费获邀参加××大学工商管理学院EDP同学会主办的企业家交流活动。

4.贵公司主办的企业家活动,我院可以作为协办单位之一,并提供场地。

五、翡翠赞助:××万

(一)企业领导人尊贵权属

1.以尊享身份全程出席年会。

2.企业领导人可在晚宴上主宾桌就座。

3.筹委会全程协助企业领导人现场精准拓展高端商务人脉,协助邀请部分与会重要嘉宾进行私人会晤。

(二)现场回报

1.免费获得1张年会嘉宾邀请函。

2.贵公司名称或标志将在年会主会场背板,主会场外区域的赞助商鸣谢板、所有背景板的显著位置得以体现。

3.贵公司宣传页入年会资料袋:贵公司可向与会者和与会媒体提供企业印刷品和纪念品。

4.贵公司或个人名字会由晚会主持人口头鸣谢。

5.在宴会厅入口处有一个 2.3 m×2.3 m 的展台。

(三)宣传回报

1.享有主办者颁发的荣誉证书及制作精美的礼品。

2.赞助商或个人名字会由晚会主持人口头鸣谢,并将有机会担任颁奖嘉宾。

3.在××杂志上做1P的广告宣传,赠送10本××杂志,让赞助企业发向自己的客户,实现大规模的纵向宣传。

4.获得 EDP 课程学习券,价值××元。

5.主办方颁发荣誉证书及制作精美纪念品。

联系方式

公司名称

地址: 邮编:

电话: 传真: 网址:

联系人: 联系邮箱:

【复习思考题】

1.简述会议预算的类型。

2.简述会议收入和支出。

3.简述会议成本控制的类型。

4.如何开拓赞助商?

项目 10
会 议 善 后 服 务

任务 1 会议送别服务

送别会议代表是会议结束阶段工作中的一个重要环节,这一环节如果处理得不好,就会使整个会议的总体效果在与会人员的印象中大打折扣,使先前的工作努力和成果前功尽弃。因此,要使整个会议完整有序,有始有终,完美无憾,就一定要认真,周到地做好送别会议代表的各项工作,切不可掉以轻心或疏忽大意。秘书人员应该根据与会人员的要求,提前发放为其预定的回程票,结清会议费用,安排足够的车辆送站。

10.1.1 送别工作的主要内容

送别会议代表的主要工作有:结清包括餐费、住宿费、交通费等会务费用,分发回程票(如火车票、机票、船票);安排车辆送站(如小面包车、普通中巴、大巴、旅游客车等);安排领导、专人送客;握手告别,送至大门外、电梯口或车门口。

1)结清会议费用

会议通知上一般均会提示与会人员餐节会议时准备好会务费,会议结束后,会议主办方应及时安排与会者结算会务费用,同时向缴费者提供相关发票,以供与会者回单位后报销。

2)发放回程票、安排人员送站

会议结束时,应通知与会人员到会务组领取代为预订的回程票,同时,提前安排车辆和人员根据与会人员离去时间组织送站。会议组织者应根据车辆的承载量安排合适的车辆为与会人员送行。如果在炎热潮湿的地区使用车辆,可考虑安排空调车。在多尘或吵闹的地区,空调设备也可以使与会者感到比较舒适。在送离与会客人时,应该提醒他携带好个人物品,不要有遗漏。这样既可以减少与会者匆忙回头寻找遗落物品的可能,又可为自己省去保遗落物品,甚至送递和邮寄的麻烦。如有必要,还可以安排有关领导或专人为与会者送行。有时,因工作需要,有些与会者必须暂时留下来,这就需要做好这些滞留代表的食宿安排。

送别,根据情况安排好与会者的交通工具,使其愉快、及时地踏上归程。

10.1.2 送客细节

送客服务要特别注意细节,从交通工具、安全、及时舒适等几个方面体现主人送别服务的周到。

1)安排交通工具和行走路线

离场时,应考虑各与会人员离场方向,然后安排交通工具和行车路线,确保每个与会人员安全离场。

2)安全

无论是自有车辆,还是租赁车辆,会议组织者都有责任保证其安全性:包括每辆车合法承载量的确认,各种安全检查以及司机的安全教育等。

3)及时

赶往下一个目的地的,要提前备好机票、火车票,并尽量安排专人专车送往机场或火车站。

4)舒适

会议组织者在安排交通工具时,应考虑当地气候,旅途长短等因素。比如,如果当地气候潮湿闷热,就应安排有空调装备的车;如果旅途较长,可以安排有配备移动电视的车等。

中国人常说:"迎人迎三步,送人送七步。"可见,中国人是非常注重送客礼节的,其中有一些细节是不可忽视的。

10.1.3 握手致意,礼貌周到

送客要有送客的样子。客人要离开时,应起身与客人握手告别,并送出门去。坐着不动,只是点头表示知道客人要走或者面无表情,没有任何表示都是不礼貌的。确实不能脱身也应打声招呼表示歉意或者另外安排送客人员,以便给与会者留下美好的记忆。

1）提醒与会者携带好个人物品

与会人员离场时，应提醒他携带好个人物品，不要有遗漏。这是一种体贴入微的行为，既可以减少与会者匆忙回头寻找遗落物品的可能，又可以为自己省去保管遗落物品，甚至送递和邮寄的麻烦。

2）送客真诚，送离视线

一般在送客时可送至大门外、电梯口甚至送上车，并帮与会者关车门。对待身份、地位越高的贵宾，各种礼仪越要做到位。此外，送客人员不可在与会者上车后就离开，应等待与会人员乘车离开自己的视线后再离去。

任务 2　会议会场善后

会议善后工作是把会中的讨论决定布置下去贯彻的先决条件。如果是内部会议，会场的善后工作就简单得多。如果是外借会场，则需与租借方结算会议开支费用，归回会议所借物品，清理会场，将会场中公司自带的东西拿走，包括会标，通知牌和方向标志等物品。

会议善后主要包括清理会场、归还所借物品、结算会议开支费用等几方面的内容。善后是会议工作的又一重要内容，对于会议的成功与否也是至关重要的。

10.2.1　清理会场

1）拿走通知牌和方向标志

在会议结束后，通知牌和方向标志失去了其必要性，应及时拿走，恢复场地的原有模样，以便归还租借的场地。一次性说明标志或通知牌应予以销毁，对于可重复利用的应统计、归类入库以便下次使用。这样做有利于节约材料、资源，节省人力和物力。

2）清理会场内其他物品

在会议结束后有宴会，秘书或服务人员要为客人做好向导，随后要注意清理会场,要撤去会场上布置的会标等宣传品,要把会议上使用的幻灯片、手提电脑、席卡等东西收拾好。如果发现会场有遗失物品,要妥善保管,并同失主联系。要认真打扫收拾,使会场恢复原状。

在会议结束后,会产生大量的废弃纸张。这些纸张或是草拟的文件或是会议的资料或是财务的报表,会议结束后秘书人员首先要收回所有你该收回的会议资料,要将所有纸张进行整理、清点、归类,找出有用的资料,不能再利用的纸张要销毁。会议都有其保密性,会议结束后的声誉文件也要注意,避免在无形中泄露国家或商业机密。在清理文件时要对文件的密级分类并及时销毁,这是会后秘书工作中最重要的一个环节,切不可麻痹大意。

3)通知配电人员和服务人员

会场清理完毕后要通知配电人员切断会场不需使用的电源,关闭会场。

10.2.2　归还所借物品

会议结束后,要及时归还从公司内部其他部门或其他单位借用的相关物品,归还前要检查是否完好,如果损坏要按约定予以赔偿;不需赔偿的,归还时要特别说明或修好后再归还。

10.2.3　结算会议开支费用

如果是外借的会场,会议结束后,秘书人员应及时与会场出租方结清会议的各项费用,主要包括:会议室租借费、会议中借用设备的使用费、开会期间的其他相关费用。

任务3　会议致谢与评估

10.3.1　会议评估

1)会议评估的概念

评估就是收集与特定目标相关的信息及类型并且据此开展评价的活动。

有时人们把评估与调查混同起来,但是两者是具有很大差别的。它们在概念上的主要区别在于评估的目的是找出发生了什么,而调查则着重于为什么事情会发生。每一个会议都需要进行各种形式的评估,但是很少有会议需要进行调查。如果会议需要进行调查的话,最好把这项工作委托给外部的专业公司来完成。

2)会议评估的意义

通过评估,可以发现会议实施与策划之间的关系,了解会议目标是否实现、核算会议的成本与效益情况、与会者满意情况以及不足之处等内容,可以为以后提高会议效果找到相关依据。总的来说,就是评估会议进行得如何,以及与会者从会议中得到了什么收获。如果会议是以培训为目的,就应该设定某种行为指标。不过,这并不意味着一定不需要评估,相反对这些会议进行评估可能比对有特定性为指标的会议进行评估更为困难。

3)会议评估的实施者

经常主办会议的组织常常在自身内部由专人或专门的部门来负责会议评估的工作,公司领导可能把这项工作交给人力资源部门负责,主办者也可以把会议评估工作外包给专业公司,不过这样做成本比较高。为了有效完成评估工作,外部专业公司可能需要从策划阶段开始参与会议的整个过程,会议评估也需要在会议过程中做一些现场工作。

4)会议结束后进行后续工作的意义

进行后续工作的原因和方法有许多。进行后续工作的一个原因与会议评估有关,运用评估结果是进行后续工作的一个方法。例如,关于会议地点的评估结果将对策划另一个主题和日程完全不同的会议很有借鉴意义。

有效的后续工作可以对与会者产生激励,因为虽然正式的会议在特定的时间已经结束了,但仍旧可以鼓励与会这在此后参与一些与该会议有关的活动。后续工作对以后的会议将产生一定的作用,而对这一次会议没有什么影响,那么会议承办者为什么要将这些工作的成本纳入本次会议的预算中呢,这些政策性问题应在研究预算的时候与会议主办者协商决定。

虽然评估和后续工作要在会议结束后才能进行,但是相关的策划却要与会议的策划一同开始。

10.3.2 会议评估的内容

要对会议的所有因素都进行评估将耗费大量资源,而且结果也往往得不偿失。下表中列出了可以进行评估的各种因素。会议承办者应该根据具体的会议决定最后的评估内容(见表 10.1)。

表 10.1 会议评估内容表

事　项		满意度	满意	比较满意	不满意
会议的开始		自我介绍的清楚程度			
		与会者介绍的清楚程度			
		主持人开场白			
		相关资料准备介绍的清楚程度			
		会议引入正题的顺利程度			
主持人	发言	主持人打断他人发言情况			
		主持人发言时间的控制程度			
		主持人发言内容的组织性			
		主持人发言表达顺利程度			
	控制会议的能力	对与会者发言时间的控制			
		对与会者情绪的控制状况			
		应对反对意见的态度			
		对反对意见的控制情况			
		对会议破坏者的控制状况			
		对行为特殊者的控制状况			

总体来说,对于会议任何部分进行评估时都要关注哪些进展顺利,哪些进行不顺,哪些应该在将来的会议中进一步改善,以及会议带来了哪些新的想法。

10.3.3 会议评估的常用方法

1)定量和定性评估

多年来,大多数会议评估都强调定量的一方面或数字处理。定量评估将各种数字进行运算和统计分析,从而建立各种方式(方法、中介、模型),用以进行比较或深入分析。毫无疑问,任何评估都要包括定量操作的部分,而计算机的使用更促进了人们使用定量研究方法。

最近,人们对定性方法给予了更多的重视(这也被称为"软"数据),出现了更多收集和处理数据的新方法,但是要进行评估依旧比较困难。定量研究比定性研究更容易设计、操作和分析。不过,两个方法都有其各自的优势和局限,在进行会议评估策划的时候应充分考虑到。

2)问卷调查评估

问卷,就是根据研究课题的需要而编制的一套问题表格,由调查对象自填回答的一种收集资料的工具,同时又可以作为测量个人行为和态度倾向的测量手段。设计问题卷需要一定的技巧,而不是简单地提几个问题,问卷是最常见的评估方法。问卷在使用之前必须经过测试,以保证上面的问题都清楚了,而且回答者可以很容易地作答。

问卷的类型主要有以下三种:

(1)开放式调查问卷

即对问题不提供任何具体的答案,而由被调查者人自由回答的调查问卷。开放式问卷的优点是可以使调查得到比较符合被调查者实际的答案,缺点是有时意见比较分散,难以综合。

(2)封闭式调查问卷

即答案已经确定,由调查者从中选择答案的调查问卷。封闭式调查问卷的优点是便于综合,缺点是不能了解被调查者深层次的想法。

(3)半开放式问卷

即通常给出主要部分答案,而将未给出的答案用其他一栏表示,或留空格,由访问员或被调查者自行填写。

3）资料的收集与处理

收集数据的方式必须与数据处理成分分析的方式相适应，计算机可以出色地对问卷中的定量数据进行处理，但是在处理开放型问卷时就不是很有用了，不过，如果各类数据收集得都很多，还是应该考虑使用计算机。

小型会议可使用问卷或采访的方式从所有的回答者那里收集数据，但是对于大型会议的评估者来说，要采访所有的与会者就不大可能了，所以在这种情况下应该运用一些取样技巧，大型会议可以用问卷来收集数据，但是在分析结果中应该显示出回收的问卷与全体评估人群之间的比例。

在会议期间采用适当的方法鼓励与会者对会议做出评估，要鼓励与会者提供评估数据的方法有很多种办法。各场会议结束时进行，并给与会者留出几分钟时间当场填写表格，然后再离开会场。

收集评估表格的过程应该尽量简单，在小型会议中，可以安排一名或几名会议管理者或志愿者等候在会场的各个出口，当与会者退场时收集评估表格。另一个方法是在会场或大厅中设立回收箱，但是这样做能够收回的问卷不如前一种方法多。

有时也可以向与会者提供一些激励，激励他们填写并交还评估表格，如与会者可以在交还表格的时候得到抽奖彩票，用于会议结束时候的抽奖。在使用这类激励的时候应该谨慎，因为可能有一些与会者填写多份评估表格，或者只对某一类型的与会者具有激励作用，最后使评估结果受到扭曲。

4）资料的分析

评估数据的分析是一项极其重要的工作，而不是简单地将数据相加，然后写个报告完事。会议承办者或其他负责人必须阅读并解释所有的数据，从中了解人们对会议、与会者、市场宣传以及其他各个方面的看法。

承办者可能并不是进行数据分析的最佳人选，因为他本身也是被评估的对象之一，这样说并不是出于不信任，但是任何被评估的人在做出判断的时候都难免受到影响，承办者也不例外。

10.3.4　会议评估报告

非正式的分析甚至不需要被总结成书面报告，不过有一份书面记录通常还是有好处的，至少承办者应该写出一份基本的评估数据陈述，如果评估使用定量的方法,可以用表格或图表来反映结果。在有可做定量分析的数据时,人们常常想使用统计方法,但是应该谨慎行事,因为并不是所有收到分析结果的人都熟悉统计学,而且复杂的统计学表现形式可能会影响到报告的可用性。

定性数据可以用描述的报告来表现。一些阅读报告的人只对大致的结论感兴趣,而另一些人则希望得到相关的细节,所以在设计报告结构的时候需要考虑这两类受众的需要,可以在报告的开始总结性地提出评估结论,然后再详细展开说明。

要制作一份好的报告需要各种资源,所以应该把这项工作纳入预算范围(除非承办者愿意负担这部分费用)。报告可以制作得比较简单,因为它一般不需要漂亮的封面和彩色印刷。非营利性公众大会的主办者可能必须在评估报告上比其他类型的会议主办者投入更多的时间和精力,因为会议可能是由几个不同的组织赞助的,赞助者想看看自己的投入得到了什么结果。

评估的设计者应该同时考虑到如何使用评估结果,人们往往在对会议做完评估之后,就把结果放在一边,不再采取任何相关的行动了。

会议评估反馈结果的两个主要用途就是总结本次会议,以及为今后的会议提供参考。评估结果可以由各类回答者共同分享,不过这并不意味着他们每一个人都要得到一份评估报告。例如,如果分析关于会议地点的数据并没有得出任何显著的结果,那么就没有必要给会议地点邮寄评估报告了,对评估结果最重要的使用在于以后的会议,有关的负责人应该保有这方面的评估结果。会议结束后,向与会者发送的评估问卷的回收率是不同的。

收集和记录人们对未来会议好的建议。在进行会议策划的时候,承办者和策划委员会常常有一些好主意,但是由于不适合当前的会议而被否决了,应该建立一个系统来记录这些想法,以便人们以后举办会议时参考。

在会议进行过程中,作用显著的想法应该引起人们的格外重视,并记录下来作为以后会议的参考。从与会者和其他人提供的评估信息中也可能有一些很好的想法,这些想法也应该记录下来为以后的会议提供参考。

【案例】××医院论坛及晚会项目总结

一、感谢各界支持

感谢两位领导对我们这个项目工作的支持。

感谢团队这一个多月以来的努力,以及其他部门的支持。希望经过这一次的磨合,未来大家工作起来默契度会更高。

感谢医院客户对我们的严格要求。

二、活动简介

高峰论坛

庆祝晚会

晚会地点：××大酒店××厅

三、自我检讨

本人也是第一次做整场论坛、晚会活动的项目统筹，各个方面都有做得不到位的地方。希望大家见谅并及时、迅速地指出！这段期间存在分工不明晰、过于独断、工作效率不高、缺乏沟通（每次与医院沟通的情况没有形成文字，也没有与团队各个成员沟通好）、行动不够统一、经验不足、过于依靠记忆，工作未列成文字等问题。但经过这次活动的磨炼，我认清了许多可以改进的地方，希望经过这次总结，为今后可以有条不紊地操作各种项目提供帮助。

四、活动概述

（一）高峰论坛

整体控制良好，指引系统比较到位，基本上没有死角。设计和布置方面也不错，纸袋制作得很精美。

（二）庆祝晚会

整体效果不错，各方评价还不错。不过其中有两个环节出现了比较大的错误：

1.××临时把音乐带到现场，他的文件我们打开就会死机，而且他要唱的歌曲更改了无数次都无法确认。现场播放之前的音乐时，直接被他暂停了，现场气氛比较僵。

2.××教授唱歌环节，歌词和现场音乐不同步，因为老人家唱起来不太顺畅，后来黄主任让直接跳到下一个节目了。

（三）各界评价

1.客户评价（医院×主任）

晚会整体来说，领导都还比较满意，只是有一些小细节需要注意。纸袋制作出来的效果不错，颜色很鲜艳。LED效果还可以接受，但是晚会和论坛的亮点模式要调整。音响效果可以，但是音源不行，应该花钱去买好的音源。（寻找好音源的下载网站）

2.同行评价

● 拍摄徐师傅："这次晚会气氛很好，是我拍摄这么多场活动里面比较漂亮的。"

● 酒店许女士："这次晚会办得很好，效果很靓，我们同事都赶过来参观。"

- 旅行社范先生:"这次晚会办得很成功,在医学界比较少见,你们创了肿瘤医院活动的先河,整体很漂亮。"

五、客户关系

(一)××医院

1.做好分析工作,找出决策人和关键人,决策人(××主任)要求以及性格分析、关键人(×教授)历史分析。

2.按照我们的服务内容,明确医院内部分工。例如画册照片××医生负责、文字××医生负责、晚会××医生负责等。

3.建立沟通机制

- 此次和医院开会的回合太多,浪费了许多时间和精力。每次开会都需要明确目的,需要沟通哪几个问题,事先发邮件知会医院准备,并列出需要医院出席的负责人名单。

- 每次前往医院开会,必须至少两个人,一位沟通,一位记录,要详细记录时间、会议纪要、接下来的工作安排等事宜。

- 每个医院的要求,要记录下来,哪位提出的,跟进情况如何,最后是否已经解决。

(二)药厂(此次我们主要负责万乐和罗氏两个展位的)

1.特装设计制作工作流程

- 去酒店量尺寸

- 了解客户的需求、预算

- 做报价、方案、制作特装效果图(可能需要多次回合)

- 收款开发票

2.客户分析

- 万乐

××女士

××先生(晏总助理)

晚会最大赞助商,交接人比较爽快,价格不太敏感,可以是长期合作伙伴。

- 罗氏

××女士(李先生上司)

××先生——比较怕事,凡事请示领导,价格很敏感,难缠!

3.失误:忘记在11月5日下午(由于太忙)与这两位单位的老总交换名片。

(三)旅行社

负责整场活动的人员接收、住宿、餐饮、晚会后勤,接多种小型会务工作。

今后有合作空间。

×× 经理

×× 女士

本地人,工作细致到位

(四)凤凰城酒店

销售部 ×× 小姐

1.明确哪些物质是可以由酒店免费提供的:指引牌、LED 机、签到牌、水等;

2.酒店提供尺寸,我们制作的:横幅、指引牌、LED 机、签到牌等;

3.了解酒店的情况:舞台用电的容量和特装用电的走线情况;

4.提供给酒店:舞台搭建效果图、特装效果图、晚会节目时间流程、酒店大堂的布置图、走廊展位布置图。

备注:活动期间,酒店免费租借了电插座、热水机、茶歇桌子给万乐公司。

六、财务管理

(一)每一笔费用支出都需要省之又省。

(二)每天账,每天毕!

(三)需要支出,提早做好预算。

(四)养成一花钱就拿收据或者发票的习惯,提早和供应商沟通,让对方先准备好有公司盖章的收据。

七、内部统筹

(一)具体人员分工

1.项目经理:整体统筹、客户沟通、现场控制;

2.A:画册、会务手册设计及制作、物料设计、部分供应商跟进、酒店踩点、客户沟通、现场布置、晚会场地灯光控制;

3.B:画册、PPT 素材搜集、晚会流程整理、供应商跟进、现场晚会 LED 切换、购买部分物资。

4.C:画册整体资料收集、购买物资、开车接送、了解晚会流程(看同类晚会视频),现场即拍即得照片服务;

5.D:早期创意支持、相机支持、晚会现场灯光,餐饮预订;

6.E:配合 B 做晚会 LED 切换、现场植物布置、餐饮预订;

7.F:早期物料的购买、晚会现场音乐跟进、现场植物布置。

(二)存在的问题

各个同事的工作分工不够细致,还有重叠的情况出现。本人手头上的工作没有充分分配出去,究其原因:一是对于同事的信任度不够;二是大家工作的默契度不够。

失误:晚会最重要的音乐工作分配给不熟悉整体流程的F负责。所以今后晚会关键的岗位,例如音乐和屏幕切换需要找熟悉晚会整体流程的人负责。

八、供应商清单

1.画册、会议手册设计;

2.印刷厂;

3.物料设计购买及制作;

4.胸卡;

5.舞台搭建;

6.特装展位搭建;

7.植物;

8.视频制作;

9.现场同步视频系统+视频剪切;

10.晚会节目外包(黄梅戏、电小提琴);

11.即拍即有服务;

12.晚会导演;

13.投影仪租赁。

九、活动执行

(一)高峰论坛

1.每个交给医院的物料,都需要明确交接时间,免得临时赶工导致效果不好,也浪费运费;

2.开场前一小时要所有音响、LED、投影仪设备调试人员到位,并调试到可用水平;

3.暖场和退场音乐准备;

4.每位嘉宾上台需要配备上台音乐;

5.演讲人的麦克风需要调试好最佳音质;

6.如果放PPT,LED需要调到亮点等事宜(可与现场一位负责人沟通,以他的标准为准)。

(二)庆祝晚会

1.由于舞台上有大型LED屏幕,舞台的高度要把控好。当时就由于舞台高度的问题,临时把LED少装了一排,好在没有大问题。

2.舞台搭建方面,一旦出现有LED屏幕,就需要至少12个小时的搭建时间。一定要早一点搭建,不然彩排的时间将会拖到很晚。

3.曲目音乐一定要尽量确定和收集,特别是要配合LED准备PPT的情况,晚来的音乐一定需要播放和演唱者确认。遇到大牌一定要小心,再小心!

4.不同步的节目一定要多练习如何达到同步率。

5.导演经验不够丰富,面对突发状况不知如何解决,没有准备应急处理方案。

十、今后工作

(一)准备一套对外宣传画册;

(二)准备一套对外宣传PPT,并组织中心内部培训,组织员工对外宣传广告业务;

(三)一套画册、手册等宣传品设计制作流程培训;

(四)做好医院、药厂后续的公关工作,做好成本预算;

(五)通过各种渠道宣传本中心广告业务。

【复习思考题】

1.送别工作的主要内容是什么?

2.送客要注意的细节有哪些?

3.会议会场善后有哪些内容?

4.会议评估的内容还有哪些?

5.会议评估常用的方法有哪些?

参考文献

[1] 张丽琍.会议组织与管理[M].北京:中国人民大学出版社,2005.

[2] 罗烈杰.会议实务[M].深圳:海天出版社,2003.

[3] 郑建瑜.会议策划与管理[M].天津:南开大学出版社,2014.

[4] 纳德勒.成功的会议管理——从策划到评估[M].刘祥亚,周晶,译.北京:机械工业出版社,2003.

[5] 张晓彤.高效会议管理技巧[M].北京:北京大学出版社,2004.

[6] 陆永庆,阮益中.现代会务服务[M].上海:上海交通大学出版社,2005.

[7] 苏伟伦.高效会议[M].广州:南方日报出版社,2003.

[8] 王萍,张卫东.现代文秘工作实务[M].北京:机械工业出版社,2007.

[9] 许传宏.会展策划[M].上海:复旦大学出版社,2014.

[10] 向国敏.现代会议策划与实务[M].上海:上海社会科学出版社,2003.

[11] 葛红岩,施剑南.会议组织与服务——知识·技能·案例·实训[M].上海:上海财经大学出版社,2007.

[12] 谭红翔.会议运营管理[M].2版.重庆:重庆大学出版社,2014.

[13] http://www.chinameeting.com/

[14] http://www.niwota.com/submsg/3863817

[15] http://www.meeting.edu.cn/

[16] http://www.1390744.com/

[17] http://www.zjjyxt.net

[18] http://baike.baidu.com/subview/2726906/2726906.htm